KB021863

대장 몬느

부클래식
013

대장 몬느

알랭 푸르니에

김현화 옮김

부북스

차례

일러두기

1. 이 책의 원본은 Alain-Fournier, *Le Grand Meaulnes,* Paris, Editions Garnier, 1986, pp. 159-381.이다.
2. 편집시 참조한 책은 Alain-Fournier, *The Lost Estate (Le Grand Meaulnes),* Penguin Classics, 2007이다.

나의 누이 이자벨에게

제1부

제1장
하숙생

그는 189X년 11월의 어느 일요일에 우리 집에 왔다.

나는 계속해서 '우리 집'이라고 부르지만, 그 집은 이제 더 이상 우리 것이 아니다. 우리는 거의 15년 전에 고향을 떠나왔고 다시는 그곳으로 돌아가지 않을 것이다.

우리는 생트—아가트 학교의 상급반 건물에서 살고 있었다. 다른 학생들처럼 나도 '므슈 쇠렐'이라고 부르는 나의 아버지는 그곳에서 교사자격증 시험을 준비하는 상급반과, 중급반을 동시에 지도하고 있었다. 어머니는 초급반을 가르쳤다.

마을의 맨 끝자락엔 개머루 나무에 둘러싸인 다섯 개의 유리문이 달린 붉은 색의 기다란 건물 한 채. 운동장과 세탁장이 있는 넓은 안마당은 커다란 대문을 지나 마을 쪽으로 쭉 나 있었다. 북쪽으로는 작은 철문을 지나 3킬로미터 떨어진 라 가르 역으로 이어지는 길이 나있었다. 남쪽과 그 너머로는 밭과 정원, 초원이 도시 변두리와 이어져 있었다…… 이것이 바로 내 인생에서 가장 파란만장하고도 가장 소중한 시절이 흘러간 그 집, 우리의 모험이 황량한 바위에 부딪치는 파도처럼 밀려갔다가 되밀려와 부서지곤 했던 바로 그 집에 대한 간략한 도면이다.

장학관이나 도지사의 결정, 바로 '교원 발령'이라는 우연이 우리를 그곳으로 이끌었다. 아주 오래전 방학이 끝날 무렵, 한 농부의 마차가 우리의 이삿짐이 미처 도착하기도 전에, 어머니와 나를 녹슨 조그마한 철문 앞에 내려주었다. 정원에서 복숭아를 훔쳐 따고 있던 개구쟁이들이 울타리 구멍을 통해 조용히 달아났다…… 우리가 밀리라고 부르는, 내가 알기에 가장 체계적인 주부인 어머니는 곧바로 먼지가 덮인 짚으로 가득 찬 방으로 들어갔고, 그 즉시 우리 가구들이 그토록 형편없이 지어진 집에는 결코 들어맞지 않는다는 것을 실망한 기색으로 확인했다. 매번 이사 때와 마찬가지로……. 그녀는 밖으로 나와 내게 한탄을 늘어놓았다. 내게 이야기하는 내내 그녀는 여행으로 더러워진 내 얼굴을 손수건으로 부드럽게 닦아주었다. 이윽고 그녀는 그 건물을 살 만한 곳으로 만들기 위해서 막아야할 통로를 세어보러 다시 들어갔다…… 리본 달린 커다란 밀짚모자를 쓰고 있던 나는 그 낯선 운동장의 자갈 위에 섰다가, 우물 주위와 창고 밑을 가만히 뒤지면서 기다리고 있었다.

　　어쨌든 우리의 도착에 대해 오늘날 떠올릴 수 있는 것은 이 정도뿐이다. 왜냐하면 내가 생트-아가트의 운동장에서 기다리던 그 첫날 저녁의 오래전 기억들을 떠올리려 할 때마다, 실제로 내가 기억하는 그것들은 이미 다른 기다림의 시간들이 되기 때문이다. 어느새 나는, 대문의 창살을 두 손으로 잡고, 누군가 큰길을 내려오지 않을까 걱정스럽게 지켜보던 것을 기억하고 있다. 그리고 만약 내가 2층 고미다락방 한가운데에서 보내야 했던 첫날밤을 상상하려고 하면, 벌써 나는 다른 날 밤을 기억하고 있었다. 나는 더 이상 그 방 속에 혼자 있지 않다. 불안하고도 친근한 큰 그림자가 쉼 없이 벽을 따라 지나가고 또 지나간다. 이 모든 평화로운 풍경—학교와 호두나무 세 그루가 있는 마르탱 신부의 밭과 매일 오후 4시경 찾아드는 동네 부인들로 가득 찬 정원—은 늘 활기찼다. 또한 내 기억 속에선, 우리의 청년기를 완전히 뒤흔들어놓았고, 심지어 그가 떠난 후에도, 우리를 편안하게 두지 않았던 그 사람의 존재로 인해 이 풍경은 다른 모습으로 변했다.

몬느가 왔을 때 우리는 그 지방에서 산 지 이미 10년이 되어가고 있었다.

나는 열다섯 살이었고, 그때는 겨울을 생각나게 하는 11월의 어느 추운 첫째 일요일이었다. 밀리는 추운 날씨에 쓸 모자를 가져오기로 되어있는 라 가르 역에서 오는 마차를 하루 종일 기다리고 있었다. 그날 아침, 어머니는 미사에 참석하지 않았고, 설교 때까지 다른 아이들과 함께 성가대석에 앉아서, 나는 새로운 모자를 쓰고 들어설 어머니를 보기 위해 가슴 졸이며 종각 쪽을 쳐다보았다.

오후에도 나는 저녁 기도에 혼자서 가야만 했다.

어머니는 나를 달래려고 손으로 내 옷을 털어주면서 말했다. "그런데, 그 모자가 도착했다고 해도 그걸 다시 고치려면 오늘 일요일을 다 보내야 하지 않았겠니?"

겨울날의 일요일들은 종종 이렇게 흘러갔다. 아침만 되면 아버지는 저 멀리 안개 덮인 어느 연못가로 작은 배를 타고서 곤들매기 낚시를 하러 갔고, 어머니는 밤늦게까지 어두컴컴한 방에 틀어박혀 보잘것없는 옷을 수선하곤 했다. 어머니는 자기처럼 가난하지만 자존심 강한 그녀의 친구들 중 하나라도 갑자기 자기를 방문할까봐 두려워서 그렇게 틀어박혀 있곤 했다. 그리고 나는 저녁 기도가 끝나면 추운 식당에서 책을 읽으며 어머니가 만든 옷이 당신에게 얼마나 잘 맞는지를 내게 보여주기 위해 문을 열고 들어오기를 기다리곤 했다.

바로 그 일요일, 저녁 기도가 끝난 뒤 성당 앞에서의 어떤 소란스러움이 나를 밖으로 이끌었다. 입구 아래에서 거행되는 세례식이 개구쟁이 아이들을 불러 모았다. 광장에는 여러 마을 사람들이 소방관 작업복을 입고 있었고, 추위에 얼어붙은 발을 동동 굴러 가며 제 이론에 빠져 뒤죽박죽 말하는 반장 부자르동의 말을 듣고 있었다.

세례식의 종소리가, 마치 시간과 장소를 혼동하여 한 번 울린 축제의 종소리처럼, 울렸다가 갑자기 그쳤다. 소총을 등에 비스듬히 둘러멘 부자르동과 그의 대원들은 약간 빠른 속도로 소방펌프를 운반했고, 나는 그들이 첫 번째 골목으로 사라지는 것을 보았다. 그 뒤를 개구쟁이 아이들 넷이 조용히 따랐고, 그들은 두꺼운 구두 바닥으로 내가 감히 따라갈 엄두조차 내지 못했던 서리로 뒤덮인 길의 잔가지들을 짓밟으며 가고 있었다.

이제 마을에서 활기가 넘치는 곳이라고는 다니엘 카페뿐이었고, 나는 거기에서 술꾼들의 대화 소리가 높아졌다가 이윽고 잠잠해지곤 하는 것을 어렴풋이 들었다. 그리고 나는 늦은 귀가를 약간 걱정하며, 마을과 우리 집을 분리하는 큰 운동장의 낮은 담을 따라 작은 철문 앞에 도착했다.

철문은 반쯤 열려 있었고, 나는 즉시 뭔가 기괴한 일이 일어나고 있는 것을 알아차렸다.

실제로 운동장 쪽으로 나있는 다섯 개의 유리문 가운데 가장 가까운 곳에 자리한 식당 문에서 반백의 부인이 허리를 구부린 채, 커튼 너머를 들여다보려고 하고 있었다. 그녀는 작은 키에 구식 검은색 벨벳 두건을 머리에 쓰고 있었다. 그녀는 마르고 예민한 얼굴을 하고, 걱정으로 초췌해져 있었다. 그래서 나는 그녀를 보자 왠지 모를 두려움에 사로잡혀 철문 앞 첫 번째 계단에서 멈춰 섰다.

그녀는 나지막한 목소리로 말했다.

"어디로 갔지? 세상에! 방금 전까지도 나와 함께 있었어. 그 애는 이미 집을 한 바퀴 다 둘러보았는데. 어쩌면 도망갔을지도 몰라……"

그리고 말 중간 중간마다 그녀는 겨우 들릴까 말까 할 정도로 창문을 작게 세 번 두드렸다.

아무도 그 정체불명의 방문객에게 문을 열어주러 오지 않았다. 틀림없이 밀리는 라 가르 역으로부터 온 모자를 받았을 것이다. 그리고 그녀는 모든 것을 잊은 채 붉은색의 방 안에서 반반한 깃털들과 낡은 리본들이 널려 있는 침대 앞에서 그 보잘것없는 모자를 꿰맸다 뜯고 다시 만들었다하고 있을 것이다…… 내 뒤를 따라온 방문객과 함께, 실제로 내가 식당을 통과했을 때, 어머니는 아직도 완전히 모양이 잡히지 않은 깃털과 리본, 구리줄을 두 손으로 머리에 받치고 나타났다. 그녀는 해질 때까지 일한 탓에 피곤해진 푸른 눈으로 내게 웃어보이고는 소리쳤다.

"이것 봐! 너에게 보여주려고 기다리고 있었어."

그때 식당 안쪽의 큰 안락의자에 부인이 앉아 있음을 알아차린 어머니는 당황해서 멈춰 섰다. 그녀는 재빠르게 모자를 벗고, 뒤이어 오른팔을 접어 그것을 새집처럼 뒤집어서 가슴에 꼭 쥐고 있었다.

보닛*을 입고, 무릎 사이에 우산과 가죽 가방을 끼고 있던 그 부인은 남의 집을 방문한 여자들이 그러하듯 고개를 가볍게 흔들고 혀를 끌끌 차면서 설명하기 시작했다.

그녀는 매우 침착해졌다. 그녀는 심지어 자기 아들에 대해 말을 하자마자 우리에게 의아심을 품게 할 정도로 거만하고 이상한 태도를 보였다.

그들은 둘 다 생트-아가트에서 14킬로미터 떨어진 라 페르테-당지옹에서 마차를 타고 왔다. 과부—그리고 그녀가 우리에게 이해시킨 바에 따르면 대단한 부자—인 그녀는 두 아들 중 둘째 아이인 앙투안을 잃었다. 그는 어느 날 저녁 학교에서 돌아오는 길에 형과 함께 더러운 연못에서 수영을 하다가 죽었다. 그녀는 장남인 오귀스탱이 상급 학년을 마칠 수 있도록 우리 집에서 하숙을 시키기로 결정했다.

그 즉시 그녀는 자신이 우리에게 데려온 이 하숙생을 칭찬했다. 나는 조금 전까지만 해도 문 앞에서 허리를 구부리고 마치 제 새끼한 마리를 잃어버린 암탉처럼 애원하는 듯하고 얼이 빠져 있던 모양새를 한 회색빛 머리를 한 그 여인을 더 이상 찾아볼 수 없었다.

그녀가 감탄을 하며 자기 아들에 관해서 이야기한 것은 매우 놀라웠다. 그 아들은 그녀를 기쁘게 해주는 것을 좋아해서 때때로 물새나 들오리의 알들을 그녀에게 가져다주기 위해서 가시양골담초 속을 헤매며 맨발로 강변을 따라 수 킬로미터를 걷고, 그물을 쳐놓기도 했으며, 어느 날 밤에는 숲에서 그물 올가미에 걸려든 꿩 한 마리를 발견하기도 했다……

---

* 두건 달린 외투-옮긴이

내 블라우스에 흠집 하나만 있어도 감히 집으로 돌아오지 못했던 나는 놀라서 밀리를 쳐다보았다.

그러나 어머니는 더 이상 그 이야기를 듣고 있지 않았다. 그녀는 심지어 부인에게 입을 다물라는 표시까지 했다. 그리고 식탁 위에 그녀의 '새집'을 조심스럽게 놓고는 누군가를 깜짝 놀라게 하려고 하듯 조용히 일어섰다……

사실 우리 머리 위로, 작년 혁명 기념일에 쏜 검게 그을린 폭죽들이 쌓여 있는 다락방에서, 정체불명의 발걸음이 천장을 울리며 확실히 왔다 갔다 하더니 2층의 어둡고 큰 고미 다락방들을 지나 마지막으로 참피나무를 말리고 사과를 익히는 데 쓰는 빈 골방 쪽으로 사라졌다.

"이미 조금 전에 난 아랫방에서 이 소리를 들었단다. 그리고 내 생각엔 들어온 사람이 바로 너인 것 같구나, 프랑수아……" 밀리가 낮은 소리로 말했다.

아무도 대답하지 않았다. 우리는 셋 다 선 채로 식당 계단 쪽으로 나 있는 고미다락방 문이 열릴 때까지 뛰는 가슴으로 있었다. 누군가 계단을 내려와서 부엌을 가로질러 식당의 어두컴컴한 입구에 나타났다.

"너였구나, 오귀스탱?" 부인이 말했다.

그는 바로 열일곱 살가량 되어 보이는 키 큰 소년이었다. 나는 날이 저문 밤인지라 언뜻 뒤로 젖혀 쓴 농부들의 펠트 모자와 초등학교 학생들이 입는 것처럼, 허리띠로 졸라맨 그의 검은 블라우스밖에는 보지 못했다. 나는 그가 미소 짓고 있는 것 또한 알아볼 수 있었다……

그는 나를 보고는 그 누가 그에게 설명을 요구하기도 전에 내게
말했다.

"운동장으로 나갈래?"

나는 잠시 망설였다. 그러고는 밀리가 나를 붙들지 않았기 때문에
나는 모자를 쓰고 그에게로 갔다. 우리들은 부엌문을 통해 밖으로 나
와 이미 어둠이 드리워진 체육실로 갔다. 나는 노을빛 속을 걸으며 곧
은 코에 솜털로 뒤덮인 윗입술을 지닌 그의 각진 얼굴을 쳐다보았다.

"자, 내가 네 다락방에서 이걸 찾아냈어. 너는 거기서 절대 못 봤
을 거야." 그가 말했다.

그는 손에 나무로 만들어진 검은색 작은 바퀴를 들고 있었다. 너
덜너덜한 폭죽의 끈이 온통 주위에 감겨 있었다. 그것은 해나 달 모양
의 혁명 기념일 폭죽임에 틀림없을 것이었다.

"터지지 않은 것이 두 개 있어. 우린 언제든 거기에 불을 붙일 수
있다고."

그는 그 결과를 더 잘 알고 싶어 하는 사람의 표정으로 조용하
게 말했다.

그는 모자를 땅에 던졌고 나는 그가 농부처럼 완전히 빡빡 깎은
머리를 하고 있는 것을 보았다. 그는 불길이 끊겨 새까매진 채 버려
진 종이 심지가 붙어 있는 두 개의 폭죽을 내게 보여주었다. 그는 모
래에다 그 바퀴의 막대를 꽂고 주머니에서 성냥 한 갑—내가 대단히
놀랐던 것은 이러한 것들은 우리에게는 엄격히 금지되어 있었기 때
문이었다—을 꺼냈다. 조심스럽게 몸을 구부리며 그는 심지에 불을

붙였다. 그러고는 내 손을 잡으며 그는 재빨리 나를 뒤로 끌어당겼다.

잠시 후, 어머니는 몬느의 어머니와 함께 하숙비를 확정한 후에 문밖으로 나와 하얀색과 빨간색의 두 불꽃 다발이 풀무 소리를 내며 체육실 밑에서 솟아오르는 것을 보았다. 그리고 곧 그녀는 새로 온 키 큰 소년의 손을 붙든 채 비틀거리지도 않고 그 마술의 불빛 속에 서 있는 나를 보았다……

이번에도 여전히 어머니는 아무런 말도 하지 못했다.

그날 저녁, 식사 때 가족 식탁에서 그 친구는 그에게로 쏟아지는 우리 셋의 시선을 전혀 개의치 않고 말없이 고개를 숙이고 식사를 했다.

제2장

오후 4시 이후

나는 그 당시까지 동네 아이들과 거리에서 거의 뛰어놀지 않았다. 189X년경까지 앓았던 고관절통은 나를 겁 많고 움츠러들게 만들었다. 우리 집을 둘러싸고 있던 골목길에서 재빠른 학생들의 뒤를 한쪽 다리로 애처롭게 깡충깡충 뛰면서, 쫓던 것을 나는 여전히 기억하고 있다……

그래서 우리 가족은 나를 거의 밖에 나가지 못하게 했다. 나를 대단히 자랑스럽게 여기시던 밀리가 동네 장난꾸러기들과 함께 한 발로 뛰어노는 나와 마주치자마자 힘껏 따귀를 때리고는 여러 번 집으로 끌고 갔던 것을 기억한다.

내 회복 시기와 거의 일치되는 오귀스탱 몬느의 출현은 새로운 생활의 시작이었다.

그가 오기 전에는 오후 4시에 수업이 끝나면 나에게는 외롭고 긴 저녁이 시작되곤 했다. 아버지는 교실의 난롯불을 우리 집 식당의 벽난로로 옮겨오곤 했고, 점차 늦게까지 교실에 남은 마지막 아이들은 연기의 소용돌이에 묻힌 그 추운 교실을 떠나가곤 했다. 여전히 운동장에서는 달리기와 몇몇 놀이들이 이어지기도 했다. 그러면 밤이 된다. 교실 청소를 했던 두 학생이 창고 밑에서 모자와 외투를 찾아, 바구니를 팔에 끼고 커다란 현관문을 열어 놓은 채로 아주 빨리 가 버리곤 했다……

그러면 나는 아직 햇빛이 남아 있는 동안에 읍사무소 건물에 머물며, 죽은 파리들과 바람에 펄럭이는 포스터들로 가득 찬 자료실에 틀어박혀, 정원 쪽으로 나있는 창가의 낡은 흔들의자에 앉아 책을 읽곤 했다.

날이 어두워지고 이웃 농가의 개들이 짖기 시작하고 우리 집 작은 부엌 창문에 불이 켜지면 나는 그때야 돌아오곤 했다. 어머니는 식사를 준비하기 시작했다. 나는 다락방 계단을 세 칸 올라갔다. 나는 말없이 앉아 난간의 차가운 손잡이에 머리를 기댄 채 촛불이 흔들리고 있는 좁은 부엌에서 그녀가 불을 붙이고 있는 것을 쳐다보곤 했다……

그러나 누군가가 와서, 평화로운 어린 시절의 이 모든 기쁨을 내게서 빼앗아갔다. 그 누군가가, 저녁식사를 준비하고 있는 어머니의 부드러운 얼굴을 밝혀주고 있던 촛불을 불어서 꺼 버렸다. 아버지가 유리문에 나무 덧문을 닫았던 날 밤에 우리의 행복한 가정을 비춰주던 램프를 누군가 꺼 버렸다. 그가 바로 다른 학생들이 오래지않아 '대장 몬느'라고 불렀던 오귀스탱 몬느였다.

그가 우리 집의 하숙생으로 오자마자, 즉 12월 초부터 학교는 4시 이후 저녁에도 텅 비지 않았다. 열렸다 닫혔다 하는 문 때문에 춥고 청소당번들의 고함소리와 물 양동이 소리에 소란스러웠음에도 불구하고 수업 후 교실에는 늘 마을과 시골에 사는 20명 남짓의 키 큰 학생들이 몬느 주위에 모여들었다. 그리고 긴 토론이나 끝없는 논쟁이 있곤 했는데, 거기에 나는 불안하면서도 즐겁게 끼어들곤 했다.

몬느는 아무 말도 하지 않았지만, 매번 그를 위하여 가장 말 많은 애 중의 하나가 그 모임 한가운데로 나아가 자신을 목청껏 지지하는 친구들 하나하나를 차례로 증인으로 내세우며 농작물 도둑질에 관한 어떤 긴 이야기를 하곤 했는데, 다른 애들은 모두 입을 벌리고 말없이 웃으며 그 이야기를 들었다.

몬느는 책상 위에 걸터앉아 다리를 흔들면서 생각에 잠겨 있었다. 때때로 그는 웃기도 했지만 마치 그 혼자만이 알고 있는 어떤 재미있는 이야기가 생각나 웃음을 터뜨리는 것같이 슬그머니 웃었다. 이윽고 밤이 되고 교실 유리창의 빛이 어린 소년들의 뒤섞인 무리를 더 이상 비추어주지 못하게 될 때, 몬느는 갑자기 일어나서 밀집해 둘러싼 친구들을 뚫고 가며 말했다.

"자, 가자!"

그러면 모든 이들이 그를 따라 나섰고, 어두워진 밤까지 마을 언덕에서 그들의 외침 소리가 들려오곤 했다……

이제는 나도 그들과 함께 다니게 되었다. 몬느와 함께, 나는 암소 젖을 짜는 시간이면 교외의 외양간 문으로 가곤 했다…… 우리들이 가게로 들어가면 어둠 속에서 두 개의 베틀이 삐거덕 하는 소리가 들리는 가운데 방직공이 말을 하곤 했다.

"학생들이 왔군!"

보통 저녁식사 시간에 우리들은 학교 아주 가까이에 있는 대장장이이자 목수이기도 했던 데누의 집에 가 있었다. 그의 가게는 항상 열려 있는 두 문짝으로 된 큰 문이 달린 옛 주막이었다. 길가에서부터 화덕 풀무의 삐걱거림이 들렸고 어둑어둑하고 소리가 울리는 그곳에서는 때때로 화로 불빛에 잠깐 이야기하려고 마차를 멈춘 시골 사람들이나 가끔 문에 등을 기대고 아무런 말없이 쳐다보고 있는 우리들과 같은 학생도 보였다.

크리스마스를 약 8일 남겨두고 바로 거기에서 모든 것이 시작되었다.

제3장
나는 광주리 가게에 자주 드나들었다

비가 하루 종일 내리더니 저녁이 되어서야 그쳤다. 낮에는 죽도록 지루했었다. 쉬는 시간에도 아무도 나가지 않았다. 그리고 교실에서는 매 시간마다 나의 아버지 쇠렐 선생님이 외쳐대는 소리가 들렸다.

"이 녀석들아. 그렇게 방해하지 좀 말아라!"

우리가 마지막 '15분'이라고 말하는 마지막 쉬는 시간 후, 쇠렐 선생님은 잠깐 생각에 잠긴 듯이 이리저리 서성거리다가 멈추더니 지루한 수업이 끝날 무렵의 그 어수선한 웅성거림을 멈추게 하기 위해 자를 책상에 크게 내리쳤다. 그러고는 그가 조심스런 침묵 가운데 물었다.

"누가 내일 프랑수아와 함께 샤르팡티에 부부를 모시러 마차를 몰고 라 가르 역에 갈 수 있지?"

그들은 나의 조부모님이었다. 할아버지는 회색 양모로 된 두건 달린 큰 외투를 입고 있는 분으로 은퇴한 늙은 삼림감시원이었으며 스스로 장교 군모라고 부르는 토끼털 모자를 쓰고 다니셨다…… 어린 아이들은 그를 잘 알고 있었다. 매일 아침마다 그는 세수를 하기위해 물 한 동이를 퍼서, 늙은 군인이 하는 방식대로 한두 번 물을 뿌려가며 애매하게 턱수염을 문질러 닦고는 했다. 한 무리의 아이들이 뒷짐

진 채 존경어린 호기심을 가지고 그를 쳐다보곤 했다…… 그리고 그들은 또한 털실로 짠 모자를 쓰고 다니는 키 작은 시골 아낙인 할머니도 잘 알고 있었는데 밀리가 적어도 한 번은 할머니를 초급반에 모셔왔었기 때문이다.

해마다 우리들은 크리스마스를 며칠 앞두고 4시 2분 기차로 오는 그들을 맞으러 역으로 나가곤 했다. 우리를 보기 위해, 그분들은 크리스마스에 먹을 밤과 먹을거리를 보자기에 싸들고 온 지역을 거쳐서 오시곤 했다. 온몸을 따뜻한 옷으로 감싼 두 분이 미소를 지으며, 다소 당황하며 우리 집 문턱을 넘어서자마자 우리는 모든 문을 닫았고, 그때부터 즐거움 가득한 멋진 일주일이 시작되곤 했다……

나와 함께 마차를 몰고 그들을 모셔 오기 위해서는 도랑에 빠지지 않을 만큼 조심스럽고 대단히 유순한 누군가가 필요했다. 왜냐하면 할아버지는 사소한 일에도 곧잘 욕을 하셨고 할머니는 약간 수다스러웠기 때문이다.

쇠렐 선생님의 물음에 10여 명의 목소리가 일제히 외치며 대답했다.

"대장 몬느요, 대장 몬느요!"

그러나 쇠렐 선생님은 못 들은 체했다.

그러자 어떤 아이가 외쳤다.

"프로망탱이요!"

다른 애들이 외쳤다.

"자스맹 들루슈요!"

암퇘지에 올라타 전속력으로 들판을 달리곤 하는 루이 가의 막

내가 찢어지는 듯한 목소리로 "저요! 저요!"하고 소리쳤다.

뒤트랑블레와 무슈뵈프는 소심하게 손만 들었다.

나는 몬느가 되기를 바라고 있었다. 그러면 당나귀가 끄는 마차를 타고 갈 이 작은 여행이 훨씬 더 중요한 사건이 될 것이다. 그 또한 그러고 싶었을 텐데도 거만하게 입을 다무는 척했다. 우리가 휴식 때나 즐거운 일이 있을 때 그러하듯, 키가 큰 모든 아이들은 몬느처럼 뒤에서 의자 위에 발을 얹은 채 책상 위에 앉아 있었다. 블라우스가 올라가서 허리에 감겨 있는 코팽은 교실의 대들보를 떠받치고 있는 쇠기둥을 끌어안고는 환희의 표시로 기어오르기 시작했다. 그러나 쇠렐 선생님이 다음과 같이 말하자 모두가 낙심했다.

"자! 무슈뵈프가 가거라."

그러고는 모두들 조용히 제자리로 되돌아왔다.

4시, 빗물에 패어 반짝거리는 대운동장에 나와 몬느만 남아 있었다. 우리 둘 다, 아무 말도 하지 않은 채 돌풍이 말리고 떠나 반짝이는 마을을 쳐다보고 있었다. 오래지 않아 작고 모자를 쓴 코팽이 손에 빵 한 조각을 들고 집에서 나와서는 담을 따라 휘파람을 불며 목수의 문 앞으로 갔다. 몬느가 교문을 열고 그를 소리쳐 불렀다. 그리고 잠시 후, 우리 셋은 빨갛고 따뜻한 그 가게 안에 자리를 잡았다. 차가운 돌풍이 때때로 지나간 뒤 코팽과 나는 진흙 묻은 발을 하얀 대팻밥 속에 묻은 채 화덕 옆에 앉았고, 몬느는 주머니에 손을 넣고 조용히 입구 문의 문짝에 등을 기대고 있었다. 이따금 길에는 정육점에서 나오던 마을 부인이 바람 때문에 고개를 숙이고 지나갔고 그때마다 우리는 그게 누구인지 보기 위해 코를 들어올렸다.

아무도 말을 하지 않았다. 제철공과 그의 직공은, 후자가 풀무질을 하고 전자가 쇠를 두드리며 벽에 불쑥 커다란 그림자를 만들고 있었다…… 나는 그날 저녁을 내 청년기의 가장 중요한 저녁 중의 하나로 기억한다. 그것은 나에게 있어 기쁨과 불안의 뒤섞임이었다. 즉, 나는 내 친구가 나에게서 마차를 타고 라 가르 역으로 가는 그 보잘것없는 기쁨을 빼앗아 갈까 봐 걱정했다. 하지만 그러면서도 감히 고백할 수는 없었지만 나는 그에게서 모든 것을 뒤집어 놓을 만한 뭔가 놀라운 일을 기대하고 있었다.

때때로 그 가게의 평화롭고 규칙적인 일이 잠깐씩 중단되었다. 제철공은 망치로 철침을 육중하고 정확하게 조금씩 두들겼다. 그는 작업한 쇳조각을 그의 가죽 앞치마 쪽으로 당겨서 살펴보았다. 그러더니 고개를 들고 잠시 숨을 돌리기 위해 우리에게 말을 했다.

"어이, 젊은이들, 괜찮아?"

직공은 풀무질하던 손은 두고 왼쪽 주먹을 허리에 대고 웃으며 우리를 쳐다보았다.

그러고는 귀 먹을 정도로 시끄러운 작업이 다시 시작되었다.

이 잠깐의 휴식 동안, 열린 문 사이로 세찬 바람 속에서 숄을 꽁꽁 두른 어머니가 작은 보따리들을 들고 지나가는 것이 보였다.

제철공이 물었다.

"샤르팡티에 씨가 곧 온다지?"

"내일, 할머니와 함께요. 제가 마차를 타고 4시 2분 기차로 도착하는 그들을 맞으러 갈 거예요." 내가 대답했다.

"아마 프로망탱의 마차로 가겠지?"

나는 재빨리 대답했다.

"아니에요. 마르탱 신부님의 마차로요."

"아! 그러면 돌아오지 못할 텐데."

그러고는 제철공과 직공 둘 다 웃기 시작했다.

직공이 무언가를 말하려고 천천히 지적해나갔다.

"프로망탱의 암말을 가지고서는 비에르종으로 그들을 맞으러 갈 수 있을 거야. 15킬로미터에 한 시간을 쉬지. 심지어 마르탱 신부님의 당나귀가 마차를 달기도 전에 프로망탱의 말은 이미 돌아오고 있는 중일 거야."

"그건 바로 걸어가는 말이지!……" 제철공이 말했다.

"그리고 내 생각엔 프로망탱이 말을 쉽게 빌려줄 거야."

대화는 거기서 끝났다. 새로이 그 가게는 소음과 불꽃으로 가득 찬 곳이 되었고, 그곳에서 각자는 자기만의 생각에 잠겼다.

그러나 떠나야 할 시간이 되어 내가 대장 몬느에게 가자는 신호를 보내기 위해 일어섰을 때 그는 나를 단번에 알아차리지 못했다. 문에 등을 기대고 고개를 숙인 채 그는 방금 주고받은 말에 깊이 몰두하고 있는 것 같았다. 생각에 잠겨, 평화롭게 일하고 있는 사람들을 마치 짙은 안개 너머로 바라보는 듯하는 그를 보면서 나는 갑자기 《로빈슨 크루소》의 한 장면, 즉 대항해를 떠나기 전 '광주리 가게에 자주 드나드는' 영국 청년의 이미지가 갑자기 떠올랐다.

나는 그 뒤로도 종종 그 장면을 다시 떠올리곤 했다.

제4장

탈주

그 다음 날 오후 1시, 상급반의 교실은 바다 위의 배 한 척처럼 얼어 붙은 풍경 한가운데서 밝게 빛나고 있었다. 어선 위에서처럼 소금과 엔진 기름 냄새가 나는 것은 아니었지만, 거기에 들어서자마자 너무 불을 가까이에서 쬐는 학생들의 털옷이 살짝 눈는 냄새와 난로 위에 서 구워지는 청어 냄새가 났다.

연말이 가까웠기 때문에 작문 공책을 나누어 받았다. 쇠렐 선생 님이 칠판에 문제를 적고 있는 동안, "선생님! 누가 나를……" 하며 옆 친구를 놀라게 하기 위해 말의 첫마디만 꺼내거나 작고 둔한 외침이 나, 또 낮은 소리로 하는 대화로 인해 잠깐씩 침묵이 흐르고 있었다.

쇠렐 선생님은 문제를 옮겨 적는 동안 다른 것을 생각하고 있었 다. 때때로 그는 돌아서서 엄하면서도 그러나 멍한 표정으로 모두를 바라보았다. 그러면 그 은밀하게 이루어지는 소란이 잠시 완전히 중 단되었다가는, 이윽고 다시 시작되어 처음에는 아주 소곤거리다가 모 터의 웅웅거리는 소리 같아진다.

그런 소란 속에서 나만이 입을 다물고 있었다. 큰 유리 창문 가 까이, 교실에서 가장 어린 애들이 앉는 책상들 중 하나의 끝에 앉아 서, 나는 정원과 저 아래 개울과 들을 보려고 허리를 다소 세우고 있었을 뿐이다.

때때로 나는 까치발을 하고 서서 벨-에투알 농장 쪽을 걱정스럽게 바라보았다. 수업이 시작되자마자 나는 몬느가 정오 쉬는 시간 이후에 돌아오지 않은 것을 알아차렸다. 그의 짝꿍도 또한 그것을 잘 알고 있었음에 틀림없었다. 그는 작문에 열중하여 아직 아무런 말도 하지 않았다. 그러나 그가 고개를 들자마자 그 소식은 온 교실 안으로 퍼질 것이고, 보통 그렇듯 누군가가 틀림없이 큰 소리로 다음과 같은 문장 첫마디를 외칠 것이었다.

"선생님! 몬느가……"

나는 몬느가 떠났다는 것을 알고 있었다. 더 정확하게 말하면 그가 도망쳤음을 짐작하고 있었다. 점심시간이 끝나자마자 그는 작은 담장을 넘어 비에유플랑슈에 있는 시내를 건너며 밭을 지나서 벨-에투알로 달려갔음에 틀림없었다. 그는 샤르팡티에 부부를 맞으러 가기 위해 말을 빌렸을 것이다. 지금쯤 그는 말을 마차에 매고 있을 것이다.

벨-에투알은 저 아래 시내 저편 언덕의 비탈에 있는 큰 농장인데, 여름에는 느릅나무와, 뜰의 참나무, 생나무 울타리로 덮여 있었다. 그곳은 한쪽으로는 라 가르 역으로 통하고, 다른 쪽으로는 우리 마을의 교외로 가는 길이 맞닿는 작은 길에 위치하고 있었다. 부벽으로 받쳐진 높은 담들이 둘러싼 영지의 큰 건물은, 아랫부분은 퇴비 속에 잠겨있고, 6월에는 나뭇잎에 파묻혀 있다. 그리고 학교에서는 단지 해가 떨어져서야 마차 구르는 소리와 목동의 외침 소리가 들린다. 그러나 오늘, 나는 잎이 떨어진 나뭇가지 사이로, 창문을 통해 농가의 회색빛 도는 높은 벽과 출입문을 보았고, 울타리 사이로는 라 가르 역으로 통하고 개천을 따라 뻗어 있는 서리 내린 하얀 길을 보았다.

겨울의 이 맑은 풍경 속에서 아직 아무것도 움직이지 않는다. 아직 아무것도 변하지 않았다.

그때 쇠렐 선생님은 두 번째 문제를 다 옮겨 쓴다. 그는 보통 때에는 세 문제를 내놓는다. 만약 오늘, 혹시 그가 두 문제만 낸다면……그는 곧 교단 위로 다시 올라갈 것이고, 몬느가 없음을 알아차리게 될 것이다. 그는 몬느를 찾으려고 마을을 뒤지도록 두 녀석을 보낼 것이고, 분명 그들은 말이 마차에 매어지기도 전에 그를 찾아낼 것이었다……

두 번째 문제를 옮겨 적은 쇠렐 선생님은 잠시 그의 지친 팔을 늘어뜨리고 있었다…… 이윽고 천만다행히도 그는 행을 바꾸고는 다음과 같이 말하며 다시 쓰기 시작했다.

"지금, 이 문제는 어린아이 장난에 불과한 거다!"

…… 벨-에투알의 벽 위에 두 개의 작고 검은 줄, 마차를 붙들어 맨 두 개의 끌채임에 틀림없을 그 줄이 사라졌다. 나는 지금 저기에서 몬느가 떠날 준비가 되었으리라 확신하고 있다. 입구의 두 기둥 사이로 말의 머리와 가슴이 나타나고 멈췄다. 틀림없이 몬느가 모셔올 여행객을 위해 마차 뒤에 두 번째 좌석을 설치하고 있을 동안에 말이 움직이지 않았다. 마침내 마차 전체가 천천히 마당에서 나와 잠깐 울타리 뒤로 사라졌다가는, 울타리의 두 나무 기둥 사이로 보이는 하얀 길 끝을 따라 똑같이 느리게 다시 지나가고 있었다. 나는 그때 고삐를 쥐고 있는 그 어두운 형체에서, 농부들이 대게 그러는 것처럼 한쪽 팔꿈치를 마차 옆에 무사태평하게 기대고 있는 내 친구 오귀스탱

몬느를 알아보았다.

　다시 잠깐 모든 것이 울타리 뒤로 사라졌다. 벨-에투알의 현관에서 마차가 떠나는 것을 보며 서 있던 두 남자가 점차 더 열정적으로 함께 의논하고 있었다. 결국 그들 중 한 사람이 입에 손나발 모양을 만들어 몬느를 소리쳐 부르다가 그가 간 방향으로 길을 따라 몇 걸음 달려가기 시작했다…… 그러나 그때, 마차가 천천히 라 가르 역으로 가는 길로 접어들어 작은 골목에서는 더 이상 보이지도 않게 되자, 몬느는 갑자기 자세를 바꾸었다. 로마 시대 이륜마차의 마부처럼, 한 발을 앞으로 내밀고 몸을 곧추세우더니, 두 손으로 채찍을 흔들며 그는 전속력으로 말을 내달리게 하더니 눈 깜짝할 사이에 다른 쪽 언덕길로 사라졌다. 길에서는 그를 부르던 남자가 다시 달리기 시작했다. 다른 남자는 밭을 가로질러 질주해왔는데 우리에게로 오는 것 같아 보였다.

　몇 분 뒤, 쇠렐 선생님이 칠판에서 나와 분필가루를 털려고 두 손을 문지르는 순간에, "선생님! 대장 몬느가 떠나버렸어요"라고 두세 사람의 목소리가 동시에 교실 뒤편에서 들려왔고, 파란 블라우스를 입은 남자가 갑자기 문을 벌컥 열어젖히더니 모자를 벗으며 문턱에 서서 물어보았다.

　"죄송합니다, 선생님. 선생님께서 그 학생한테 마차를 빌려 선생님의 부모님을 모시러 비에르종에 가게 허락하셨나요? 우리가 보기엔 수상해서 말이죠……"

　"아니, 절대 그런 적 없어요!"

　쇠렐 선생님이 대답했다.

그리고 그 즉시 교실 안에선 굉장한 혼란이 일었다. 맨 먼저 뒷문 가까이 있던 세 명이 서둘러서 문 쪽으로 달려갔다. 평소에 운동장에 이베리스를 뜯어 먹으러 오는 염소나 돼지들에 돌을 던져 쫓아내는 책임을 맡았던 아이들이다. 밖에서 징이 박힌 아이들의 구두가 학교 포석 위를 지나자 세차게 발 구르는 소리가 났고 뒤이어 급히 운동장의 모래 밟는 그들의 둔한 발자국 소리가 이어지더니 열려있던 작은 철문을 돌아 길 쪽으로 미끄러져 사라졌다. 교실에 남아 있던 모두는 정원 쪽의 창문에 몰려들었다. 어떤 녀석들은 더 잘 보려고 책상 위로 기어 올라갔다……

그러나 너무 늦었다. 대장 몬느는 달아났다.

쇠렐 선생님이 내게 말했다.

"어쨌든 너는 무슈뷔프와 함께 라 가르 역으로 가거라. 몬느는 비에르종 길을 몰라. 그는 교차로에서 길을 잃을 거야. 3시 기차에도 못 가겠지."

초급반 문턱에서 밀리가 고개를 내밀고 물었다.

"그런데 무슨 일 있어요?"

마을의 거리에서 사람들이 모이기 시작했다. 고집 센 그 농부는 손에 모자를 들고 마치 판결을 기다리는 사람처럼 움직이지 않고 여전히 거기에 있었다.

제5장

돌아온 마차

라 가르 역에서 조부모님을 모셔와 저녁식사 후 높은 벽난로 앞에 앉아 그들이 지난 방학 이후 그분들에게 일어났던 모든 자질구레한 일들을 이야기하기 시작했을 때, 나는 그분들의 이야기를 전혀 듣고 있지 않고 있음을 곧 깨달았다.

운동장의 작은 철문은 식당 문 아주 가까이에 있었다. 그 문은 열릴 때마다 삐걱거렸다. 보통 초저녁에 저녁 식사 후 나는 남몰래 그 철문의 삐걱거리는 소리를 기다리곤 했다. 문턱을 스치거나 부딪치는 구두 소리가 이어지곤 했고, 때때로 들어오기 전에 서로 의논하는 사람들의 속삭임처럼, 속삭이는 소리가 들리기도 했다. 그러고는 누군가 문을 두드리곤 했다. 그것은 이웃이거나 여선생님들…… 혹은 저녁식사 후 그 긴 시간의 무료함을 달래주려 온 어떤 사람이었다.

그런데 그날 저녁 나는 밖에서부터 기대할 것이 더 이상 아무것도 없었다. 왜냐하면 내가 좋아하는 모든 이들이 우리 집에 모여 있었기 때문이다. 그렇지만 나는 끊임없이 밤의 모든 소리에 온통 귀를 기울였고 우리 집 문이 열리기를 계속 기다렸다.

분위기가 가스코뉴 지방의 위대한 목자 같은 털이 덥수룩한 늙은 나의 할아버지는 두 발을 힘껏 앞으로 내밀고 앉아 다리 사이로 지팡이를 놔두고, 구두에 파이프를 두들기기 위해 어깨를 기울이며 거기에 계셨다. 할머니가 여행과 암탉, 이웃 사람들, 그리고 아직도 소작료를 지불하지 않은 농부들에 관해서 이야기하고 있는 것을 그는 선량하고 촉촉이 젖은 눈으로 동의하고 있었다. 그러나 나는 더 이상 그들의 말에 귀 기울이지 않았다.

나는 문 앞에서 마차 구르는 소리가 갑자기 멈추는 것을 상상하고 있었다. 몬느가 그 마차에서 뛰어내릴 것이고, 마치 아무 일도 없었다는 듯이 들어올 것이다…… 혹 어쩌면 그는 먼저 벨-에투알에 말을 되돌려주러 갔을지도 모른다. 그리고 나는 곧 길 위에서 나는 그의 발소리와 철문이 열리는 소리를 듣게 될 것이다……

그러나 아무 소리도 나지 않았다. 할아버지는 정면을 물끄러미 바라보고 있었고 그의 깜빡거리던 눈꺼풀은 졸린 듯 눈 위로 오래 덮여 있었다. 할머니는 마지막 말을 걱정스레 되풀이했는데 아무도 그 이야기를 듣고 있지 않았다.

"그 아이 걱정을 하고 있구나?"

결국 할머니가 말했다.

사실 역에서 내가 공연히 그것을 물어보았던 것이다. 그녀는 비에르종의 정거장에서 대장 몬느와 닮은 그 누구도 보지 못했다고 했다. 내 친구는 오는 길에 늦어졌음에 틀림없었다. 그의 시도는 실패했던 것이다. 돌아오면서 마차 안에서 할머니가 무슈뵈프와 이야기하고 있는 동안 나는 실망스러움을 되새기고 있었다. 하얗게 서리가 내린 길에는 종종걸음을 치고 있는 당나귀의 발 주변을 작은 새들이 퍼덕거렸다. 때때로 몹시 추운 겨울 오후의 깊은 고요함을 깨트리며 멀리 목동들의 외침이나, 한쪽 솔밭에서 다른 쪽 솔밭으로 친구를 부르는 아이들의 고함소리가 들려왔다. 그리고 매번 텅 빈 언덕 위로 퍼지는 그 긴 외침이, 마치 멀리서 나보고 자기를 따라오라고 초대하는 몬느의 목소리를 들은 것처럼 나를 떨게 했다……

내가 머릿속에서 이 모든 것을 다시 더듬고 있는 동안 잠잘 시간이 되었다. 벌써 할아버지는 지난겨울 이래로 잠가두어 온통 습기가 차고 차가운 응접실 겸 침실인 붉은색 방으로 들어가셨다. 우리는 할아버지가 거기에서 계실 수 있도록 안락의자에서 레이스 달린 의자 머리덮개들을 떼어냈고 양탄자를 걷어 올렸고, 깨지기 쉬운 물건들을 한쪽으로 치워 놓았다. 그는 지팡이를 의자 위에 놓고 큰 구두를 안락의자 아래에 벗어두었고, 곧 촛불을 껐다. 우리는 서서 저녁 인사를 하며 자러 가기 위해 각자 흩어질 채비를 하고 있었는데, 바로 그때 마차 소리가 우리의 입을 다물게 했다.

마차 두 대가 앞뒤로 천천히 종종걸음으로 오는 것처럼 들렸다. 마차는 걸음을 늦추고 마침내 길 쪽으로 나 있지만 폐쇄해버린 식당 창문 아래에서 멈춰 섰다.

아버지가 램프를 들고 즉시 열쇠로 이미 잠겨 있던 문을 열었다. 그러고는 철문을 밀며 계단 쪽으로 다가가며 그는 무슨 일이 일어났는지를 보기 위해 불빛을 머리 위로 들어 올렸다.

그것은 분명 한 마차의 말이 또 다른 마차의 뒤에 묶여 있는 멈춰선 두 대의 마차였다. 한 사내가 땅으로 뛰어내리고는 머뭇거렸다……

그가 다가서며 말했다.

"여기가 면사무소입니까? 저에게 벨-에투알의 소작인인 프로망탱 씨 집을 가르쳐주실 수 있나요? 생-루-데-부아로 가는 길 근처의 좁은 길가에서 마부도 없이 지나가는 마차와 말을 제가 발견했습니다. 제 초롱을 가지고서 마차 판자 위에 쓰인 이름과 주소를 볼 수 있었지요. 마침 제가 가는 길이어서 사고가 나는 것을 막으려고 여기까지 마차와 말을 끌고 왔습니다만 제가 대단히 지체가 되었습니다."

우리는 어리둥절한 채 거기 서 있었다. 아버지가 다가갔다. 그는 램프로 마차를 비추어보았다.

그 사내가 계속해서 말했다.

"거기엔 어떠한 승객의 흔적도 없었습니다. 담요 한 장조차도 없었어요. 말은 지쳐 있습니다. 다리를 약간 접니다."

나는 맨 앞까지 다가가 사라졌다가 우리에게 돌아온 그 마차를 다른 사람들과 함께 살펴보았다. 그것은 넓은 바다가 돌려보낸 하나의 난파선의 잔해—아마도 몬느의 모험의 처음이자 마지막 잔해일지 모르는—와도 같았다.

그 남자는 말했다.

"프로망탱 씨 집까지 너무 멀다면 당신께 마차를 두고 가겠습니다. 저는 이미 많은 시간을 허비해서 틀림없이 제 집에서 모두들 걱정하고 있을 거예요."

아버지는 받아들였다. 이렇게 해서 우리들은 그날 저녁에 무슨 일이 있었는지를 이야기하지 않고 벨-에투알로 마차를 되돌려 보낼 수 있었다. 그런 다음 우리는 마을 사람들에게 이야기하고 몬느의 어머니에게 편지를 쓰기로 결정했다…… 그리고 그 남자는 우리가 그에게 대접한 포도주 한 잔도 거절하고는 자신의 말에 채찍질을 가했다.

우리가 아무 말 없이 되돌아오고 아버지가 농장으로 마차를 몰고 가는 사이 할아버지는 촛불을 다시 켠 그 방 안에서 우리를 불렀다.

"그래서? 그 여행자는 돌아온 거냐?"

여자들은 잠깐 동안 눈짓으로 주고받더니 이렇게 말했다.

"아 네, 그 애는 자기 어머니 집에 갔었어요. 자 주무세요, 걱정하지 마시고요!"

"좋아, 잘됐군. 바로 내가 생각했던 대로야." 할아버지가 말했다.

그리고 안심한 할아버지는 불을 끄고는 침대로 돌아가 잠을 청했다.

우리가 마을 사람들에게 한 설명도 이와 같았다. 그 탈주자의 어머니에게는 좀 기다려본 다음에 편지를 쓰기로 결정했다. 그러고는 오로지 우리 가족만이 꼬박 사흘에 걸쳐 걱정을 해야 했다. 아버지가 11시쯤 농장에서 돌아와 수염이 밤이슬에 축축하게 젖은 채 매우 불안해하고 화를 내며 아주 낮은 목소리로 밀리와 다투었던 것을 나는 아직도 기억한다……

제6장
누군가 창문을 두드리다

나흘째 되던 날은 그해 겨울의 가장 추운 날 중 하나였다. 이른 아침부터 운동장에는 먼저 온 학생들이 우물 주위에서 미끄럼을 타며 몸을 덥히고 있었다. 그들은 교실로 뛰어 들어갈 수 있도록 학교에 난롯불이 피어지기를 기다리고 있었다.

현관 뒤에서 우리 몇몇은 시골 아이들이 오기를 기다리고 있었다. 그들은 서리 내린 시골 풍경을 지나가다 산토끼들이 도망친 잡목림과 얼어붙은 연못을 본 것에 완전히 마음이 사로잡혀 도착하곤 했다…… 그들이 벌건 난로 주위로 몰려들었을 때, 그들의 블라우스에서는 교실 공기를 무겁게 하는 건초와 외양간 냄새가 났다. 그리고 그날 아침, 그들 중의 하나가 길에서 발견한 얼어 죽은 다람쥐 한 마리를 바구니에 담아 가지고 왔다. 내가 기억하기로는 그가 뻣뻣하고 기다란 그 동물을 발톱을 가지고서 체육실의 기둥에다 걸어놓으려고 애썼던 것 같다……

그러고는 겨울날의 그 힘겨운 수업이 시작되었다……

갑작스레 창문 두드리는 소리에 우리는 고개를 들었다.

우리는 들어오기 전 블라우스에 묻은 서리를 털며 고개를 쳐들고 경이로운 모습으로 문 뒤에 똑바로 서 있는 대장 몬느를 보았다!

문에서 가장 가까이 있던 두 학생이 그에게 문을 열어주려고 달려갔다. 교실 문 입구에서는 우리에게 들리지 않는 밀담이 오고갔고, 마침내 그 탈주자는 교실로 들어오기로 결심했다.

인적 없는 운동장에서 언뜻 불어오는 신선한 공기, 대장 몬느의 옷에 붙어 있는 지푸라기들, 그리고 특히 피곤하고 굶주렸지만 경이로움에 가득 찬 그 여행자의 분위기, 그 모든 것들이 우리에게 기쁨과 호기심이 뒤섞인 야릇한 감정을 불러 일으켰다.

우리에게 받아쓰기를 시키고 있던 쇠렐 선생님은 작은 책상에서 두 걸음 내려왔고, 몬느는 적극적인 태도로 그에게 걸어갔다. 나는 그 순간, 분명 밖에서 밤을 새운 탓에 붉게 충혈된 그의 두 눈과 지친 표정에도 불구하고 그 대단한 친구가 얼마나 잘생겨 보였던가를 기억한다.

그는 교단까지 와서 어떤 보고를 하러 온 사람처럼 아주 또렷한 목소리로 다음과 같이 말했다.

"선생님, 돌아왔습니다."

"잘 알겠다. 가서 네 자리에 앉아라."

쇠렐 선생님이 호기심 어린 눈빛으로 그를 쳐다보며 대답했다……

그 친구는 불량 학생들이 벌을 받을 때 그러는 것처럼 비웃는 태도로 미소를 지으며 등을 약간 구부정하게 한 채 우리 쪽으로 돌아서더니 한 손으로 책상 모서리를 붙들고 자기 자리에 미끄러지듯 앉았다.

"네 친구들이 받아쓰기를 끝낼 때까지 너는 내가 정해주는 책을 읽어라." 선생님이 말씀하셨다. 모든 아이들의 고개가 일제히 몬느 쪽으로 돌아갔다.

그렇게 수업은 전과 같이 계속되었다. 때때로 대장 몬느는 내 쪽으로 몸을 돌렸다가는 창문을 통해서 이따금 까마귀가 내려오는 황량한 들판과 얼어붙어 솜같이 하얀 정원을 바라보곤 했다. 교실 안은 벌건 난로 주변으로 열기가 차올랐다. 내 친구는 머리를 양손에 파묻은 채 팔꿈치를 괴고 책을 읽었다. 두 번이나, 나는 그의 눈꺼풀이 감기는 것을 보았고 그래서 나는 그가 곧 잠들 거라고 생각했다.

"선생님, 저 자러 가고 싶어요. 사흘 동안이나 잠을 못 잤거든요."

마침내 그가 팔을 반쯤 들고 말했다.

"가거라!"

무엇보다도 마찰을 피하고 싶었던 쇠렐 선생님이 말했다.

우리 모두는 고개를 들고 펜을 쥔 채 등쪽이 구겨진 블라우스를 입고 흙 묻은 신을 신고 나가는 그를 아쉬운 마음으로 쳐다보았다.

그날 아침은 왜 그리도 느리게 지나가던지! 정오가 가까웠을 때쯤 우리는 저 위 고미다락방에서 그 여행자가 내려올 준비를 하는 소리를 들었다. 점심 때, 시계가 12시를 치자 큰 학생들과 아이들이 눈 쌓인 운동장에 흩어져 그림자처럼 식당 문 앞으로 달려 나갔고, 나는 난로 앞에서 당황하신 조부모님 곁에 앉아 있는 그를 다시 발견했다.

그날 점심시간에 관해서 나는 무거운 침묵과 불편함밖에는 기억하지 못한다. 모든 것이 얼어붙어 있었다. 아마실이 없이 밀랍을 입힌 식탁보, 잔에 담겨 있던 차가운 포도주, 우리가 발을 놓고 있던 빨간색 타일…… 식구들은 그 탈주자가 반항하지 않게 아무것도 묻지 않기로 했다. 그리고 그는 한 마디도 폭로하지 않기로 한 그 휴전을 이용했다.

마침내 후식이 끝나고, 우리 둘은 운동장으로 뛰어나갈 수 있었다. 나막신들이 눈을 짓밟아 버린 오후의 학교 운동장…… 체육실의 지붕에서 눈이 녹아 떨어져 더러워진 운동장…… 날카로운 고함 소리와 장난으로 가득 찬 운동장! 몬느와 나는 달려서 학교 건물로 갔다. 이미 동네 친구 중 두세 명이 같이 놀던 친구들을 남겨두고 환성을 지르며 신발로 진창을 튀기면서 주머니에 손을 찌르고 목도리를 풀어헤친 채 우리를 향해 달려오고 있었다. 그러나 내 친구는 큰 교실로 달려갔고 나도 그 뒤를 따라갔다. 그러고는 우리를 뒤따라온 친구들의 습격을 막기 위해 바로 그 순간 유리가 끼워진 문을 다시 닫아버렸다. 흔들리는 유리창 소리와 문턱 위에서 쾅쾅 부딪쳐 나는 구두의 날카롭고 격렬한 굉음이 들려왔다. 그들이 한 번 미니 문에 달린 두 개의 고리를 붙들고 있던 쇠막대기가 휘어져 버렸다. 그러나 벌써 몬느는 부서진 고리에 상처를 입을 수 있는 위험을 무릅쓰고 자물쇠를 잠그는 작은 열쇠를 바꿔 넣었다.

우리는 그러한 행동이 매우 기분을 상하게 한다는 것을 잘 알고 있었다. 여름에는 그렇게 문밖으로 쫓겨난 애들은 정원으로 얼른 달려가서 모든 창문이 닫히기 전에 한 창문으로 종종 기어들어 오곤 했다. 그러나 때는 12월이었고 창문들은 모두 단단히 닫혀 있었다. 잠시 동안 그들은 밖에서 문을 밀었고, 우리에게 욕을 외쳐댔다. 그런 다음 한 명 한 명 등을 돌리고 고개를 숙이고 그들의 목도리를 고쳐 매고는 가버렸다.

밤과 피케트 냄새가 나는 교실 안에는 책상을 옮겨 놓는 청소 당번 두 명만 있었다. 몬느가 선생님의 교탁과 학생들의 책상에서 무언가를 찾고 있는 동안, 나는 되돌아가기를 기다리며 난롯가로 다가가 가만히 불을 쬐었다. 그는 곧바로 작은 지도책을 찾아내더니 교단 위에 서서 교탁에 팔꿈치를 기대고 두 손에 머리를 파묻은 채 열중해서 정독하기 시작했다.

나는 단지 그의 곁으로 갈 생각이었다. 나는 그의 어깨에 손을 올려놓을 것이고 우리는 틀림없이 지도 위에서 그가 한 여행 코스를 함께 쫓아갈 것이다. 그때 갑자기 초급반으로 통하는 문이 전력을 다해 미는 힘에 의해 활짝 열렸고, 자스맹 들루슈와 뒤따라온 마을 아이 한 명과 시골 아이 세 명이 승리의 함성과 함께 나타났다. 아마도 초급반에 있는 창문 중 하나가 잘못 닫혀 있어 그들이 그곳을 통해 밀고 뛰어넘어 들어온 것이 틀림없었다.

자스맹 들루슈는 비록 키는 매우 작았지만 상급반에서 가장 나이 든 학생 중의 하나였다. 그는 몬느의 친구로 자처했음에도 불구하고 대장 몬느를 상당히 질투하고 있었다. 우리의 하숙생이 오기 전까지만 해도 우리 반에서 가장 인기 있던 사람이 바로 자스맹 들루슈였다. 그의 얼굴은 대단히 창백했고 멋이 없었으며 머리에는 포마드를 발랐다. 여관업을 하는 과부 들루슈의 독자인 그는 어른인 체했다. 그는 베르뭇주를 마시는 사람들과 당구치는 사람들이 하는 말을 듣고 와서는 쓸데없이 그것을 되풀이했다.

그가 들어오자 몬느는 고개를 들고, 눈살을 찌푸리면서 서로 떼밀며 난로 쪽으로 달려가는 아이들에게 소리쳤다.

"여기서 잠깐만 조용히 있을 수 없어!"

"불만이 있으면 네가 있던 곳에 가면 될 거 아니야." 그의 친구들을 믿고 있던 자스맹 들루슈가 고개도 들지 않은 채 대답했다.

나는 오귀스탱이 몹시 피곤한 상태여서 말릴 수도 없을 만큼 놀랄 정도로 화가 치밀어 올랐다고 생각했다.

"너, 너나 여기서 나가지 그래!"

그는 약간 창백한 얼굴로 몸을 곧추세우고 책을 덮으면서 말했다.

다른 녀석이 비웃듯이 말했다.

"오! 사흘 동안 도망쳐 있었다고 이제 네가 선생님이라도 된 줄 아나 보지?"

그리고 다른 아이들도 말다툼에 끼어들었다.

"너도 알다시피 네가 우리를 나가라 마라 할 순 없어!"

그러나 이미 몬느는 그의 위에 있었다. 처음에는 몸싸움이 있었다. 블라우스 소매들이 찢어지고 뜯어졌다. 들루슈와 함께 들어온 시골 아이들 중 오직 마르탱만이 싸움에 끼어들었다.

"그를 놔줘!" 그가 숫양처럼 고개를 흔들며 콧구멍을 벌름거리고 말했다.

몬느가 그를 거세게 밀자 그는 팔을 벌리고 뒤뚱거리며 교실 한가운데로 넘어졌다. 뒤이어 몬느가 한 손으로는 들루슈의 목을 잡고, 다른 손으로는 문을 열고 그를 밖으로 내던지려고 했다. 들루슈는 책상을 붙들고 징 박은 구두가 바닥에 갈리도록 다리를 다리를 질질 끌며 끌려 나갔다. 그동안 마르탱은 몸의 균형을 잡고 화가 나서 머리를 앞으로 내밀고 느린 걸음걸이로 다시 덤벼들었다. 몬느는 그 바보 같은 녀석을 붙들려고 하다가 들루슈를 놓쳤고, 어쩌면 그가 불리한 자세에 놓이게 될지도 모를 일이었다. 그때, 교실 문이 반쯤 열렸다. 쇠렐 선생님이 들어오시면서, 부엌 쪽으로 고개를 돌린 채 누군가와 이야기를 마치며 나타났다······

곧 싸움은 끝났다. 아이들은 싸움의 끝까지 가는 것을 피해 고개를 숙이고 난로 곁으로 모여들었다. 몬느는 소매 끝이 뜯어지고 구겨진 채 제자리에 앉았다. 들루슈는 대단히 상기된 얼굴로 큰 자를 두드리는 소리가 나 수업 시작을 알리기 전까지 몇 초 동안 소리를 질러댔다.

"이제는 더 이상 못 참겠어. 녀석이 잘난 체한단 말이야. 자기가 있었던 곳을 아무도 모른다고 생각하나보지!"

"바보 같은 자식아! 나도 그걸 모른단 말이야." 몬느가 이미 매우 조용해진 가운데 대답했다.

그러고 나서 그는 어깨를 으쓱하더니 고개를 두 손에 묻고 수업을 듣기 시작했다.

제7장
비단 조끼

내가 이미 말했듯이 우리 방은 대단히 큰 고미 다락방이었다. 반은 고미 다락방이었고, 반은 침실이었다. 다른 보조교사 숙소에도 창문은 있었다. 그렇지만 왜 유독 그 방에만 천창이 뚫려 있어 밝은지는 모를 일이었다. 문이 천장에 닿아서 문을 완전히 닫는 것은 불가능했다. 밤마다 다락방으로 올라갈 때면, 큰 저택의 외풍으로 인해 촛불이 꺼질까봐 우리는 손으로 가려가며 매번 문을 꼭 닫으려고 했지만 번번이 그때마다 그것을 단념해야 했다. 그래서 우리는 밤새도록 내내 우리의 침실까지 뚫고 들어오는 세 다락방의 침묵을 우리 주위에서 느끼곤 했다.

그와 같은 겨울날 저녁, 바로 거기에서 오귀스탱과 나는 다시 만났다. 내가 눈 깜짝할 사이에 옷을 다 벗어 침대 머리맡에 있는 의자 위에 던져 무더기로 쌓아 놓는 동안 내 친구는 아무 말도 하지 않고 천천히 옷을 벗기 시작했다. 내가 이미 올라앉아 있던 포도나무 무늬의 무명천 방장*이 쳐진 쇠 침대에서 나는 그가 하는 행동을 쳐다보고 있었다. 때때로 그는 그의 낮고 방장이 없는 침대에 앉아 있기도 했다. 때로는 일어나서 옷을 다 벗은 채로 이리저리 서성거리기도 했

* 방안에 두르는 휘장, 흔히 겨울철에 외풍을 막기 위하여 침—옮긴이

다. 보헤미아인들이 짠 작은 버드나무 탁자 위에 놓았던 촛불이 벽에
다 서성거리는 거대한 그의 그림자를 만들어내고 있었다.

그는 나와는 다르게 멍하고 씁쓸한 표정을 하고 정성스럽게 그의
교복을 접고 정돈했다. 그가 묵직한 허리띠를 의자 위에 잘 놓아두었
던 것을 나는 기억한다. 그는 몹시 구겨져서 구질구질해지고 더러워진
검은색 블라우스를 의자의 등받이에 접어놓았고, 그 블라우스 위에
입었던 품이 큰 파란색 외투 비슷한 것을 벗어서 그것을 침대 발치에
펴놓기 위해 나에게 등을 돌리고 허리를 숙였…… 그런데 그가 몸
을 일으키고 내 쪽으로 돌아섰을 때, 나는 그가 외투 안에 입는 구리
단추가 달린 작은 조끼가 아니라, 촘촘한 작은 진주 단추를 아래까지
잠그는 대단히 품이 넓은 낯선 비단 조끼를 입고 있는 것을 보았다.

그것은 1830년대의 무도회에서 우리네 할머니들과 춤추던 젊은
이들이나 입었음직한 매력적인 환상의 옷이었다.

내가 기억하기로 그때 그 키 큰 시골 학생은 모자를 쓰고 있지 않
았다. 왜냐하면 그는 조심스럽게 그의 모자를 다른 옷들 위에 놓았기
때문이다─그의 얼굴은 대단히 젊고, 매우 용감하고, 이미 상당히 굳
어있었다. 그는 자신의 것이 아닌 그 신비한 옷의 단추를 끄르기 시
작하면서 방을 왔다 갔다 했다. 그리고 와이셔츠를 벗고 매우 짧은 바
지를 입은 채 흙 묻은 구두를 신고 그 후작 조끼 위에 손을 대고 있
는 그를 보는 것은 이상했다.

그는 조끼에 손을 대자마자 갑자기 몽상에서 빠져나와 나에게 고
개를 돌리고 불안한 눈으로 나를 쳐다보았다. 나는 조금 웃고 싶어
졌다. 그가 나와 동시에 미소를 지어 보이더니 그의 얼굴이 환해졌다.

나는 이것에 용기를 얻어 조용한 목소리로 물었다.

"오! 그게 뭔지 내게 말해줘. 그거 어디서 났어?"

그러나 그의 미소는 곧 사라졌다. 그는 묵직한 손으로 그의 짧은 머리를 두 번 긁더니 너무도 갑자기 자신의 욕망을 더는 견뎌낼 수 없는 사람처럼 그 고급스런 가슴장식 위로 단단히 단추를 채우고 상의와 구겨진 블라우스를 다시 입었다. 이윽고 그는 나를 곁눈질하며 잠시 망설였다…… 결국, 그는 침대 가에 앉았고 신발을 벗었는데, 그 신발이 요란하게 마룻바닥으로 떨어졌다. 그리고 경계 구역에 있는 군인처럼 완전히 옷을 입은 채로 그는 침대에 누워서 촛불을 껐다.

한밤중에 갑자기 나는 잠을 깼다. 몬느가 머리에는 모자를 쓴 채로 방 한가운데에 서 있었다. 그리고 그는 옷걸이에서 뭔가 찾고 있었다. 그것은 그가 등에 걸치는 짧은 외투였다. 방은 무척 어두웠다. 이따금 비치던 눈의 반사광마저 비치지 않았다. 어둡고 차가운 바람이 죽은 정원과 지붕 위로 불어왔다.

나는 몸을 약간 일으키고 그에게 매우 낮은 소리로 외쳤다.

"몬느! 다시 떠나는 거야?"

그는 대답하지 않았다. 그래서 나는 완전히 얼이 빠져서 말했다.

"좋아, 그러면 나도 너와 함께 떠날래. 나를 꼭 데려가야 해."

그리고 나는 침대에서 밑으로 뛰어내렸다.

그는 다가와 내 팔을 붙들고 침대 가장자리에 강제로 앉힌 다음 내게 말했다.

"나는 너를 데리고 갈 수 없어, 프랑수아. 내가 길을 잘 알았더라면 넌 나와 함께 가게 될 거야. 그런데 우선 지도 위에서 그곳을 다시 찾아야만 하는데 못 찾았어."

"그러면, 너도 더 이상은 다시 떠날 수 없는 거잖아?"

"맞아, 아주 쓸데없는 짓이지…… 자, 다시 자러 가. 너 없이는 다시 떠나지 않겠다고 약속할게." 그는 낙심하여 말했다.

그러고서 그는 다시 방 안을 서성거렸다. 나는 그에게 더 이상 감히 아무 말도 할 수 없었다. 그는 머릿속에서 마치 기억들을 찾거나 회상하고, 그것들을 대조해서 비교해보고 계산해보다가 갑자기 뭔가 찾아냈다고 생각하는 사람처럼 걷다 멈췄다가 다시 더욱 빨리 걷곤 했다. 그러나 재차 실마리를 놓치고는 다시 찾기 시작했다.

나는 그의 발자국 소리에 잠이 깨어, 마치 야간 경계를 서는 습관을 못 버린 해병들처럼, 그리고 브르타뉴 영지 안에서 밤 새워 해변을 감시하기 위해 가야할 시간에 일어나 옷을 챙겨 입는 해병들처럼, 그가 새벽 1시경에 침실과 다락방을 거니는 것을 본 것은 그날 밤만이 아니었다.

1월과 2월 중순에 거쳐 나는 두세 번이나 그렇게 잠에서 깨곤 했다. 대장 몬느는 모든 장비를 갖추고 등에는 외투를 걸치고 떠날 준비가 되어 거기에 똑바로 서 있었다. 매번 그는 이미 한 번 탈주했었던 그 신비로운 지역의 가장자리에서 멈추어 있었고 주저하고 있었다. 계단 문고리를 들어 올리고 아무도 듣는 이 없게 쉽사리 열어둔 부엌문을 통해 달아나려는 순간에, 그는 다시 한 번 뒷걸음질 치곤 했다…… 그러고는 한밤중 오랜 시간 동안 열기에 들뜬 듯이 그는 고민에 잠겨서 아무도 없는 다락방을 성큼성큼 걷곤 했다.

마침내 어느 날 밤, 2월 15일경, 그가 내 어깨에 가만히 손을 얹으며 나를 깨웠다.

그날 낮에는 매우 우여곡절이 많았다. 그의 예전 친구들로부터 모든 놀이에서 완전히 버림받은 몬느는 오후의 마지막 쉬는 시간 동안 제자리에 앉아서 셰르 지방의 지도 위를 손가락으로 짚어가며 오랫동안 계산을 하면서 그 신비로운 작은 지도를 그리는 일에 완전히 몰두해 있었다. 아이들의 끊임없는 왕래가 운동장과 교실 사이에서 이루어지고 있었다. 구둣발들의 소리가 무수히 났다. 아이들은 의자와 교단을 단숨에 뛰어넘으며 이 책상에서 저 책상으로 서로 쫓아다녔다…… 그들은 몬느가 그렇게 열중하고 있을 때는 그의 근처에 가는 게 좋지 않다는 것을 알고 있었다. 그런데 쉬는 시간이 길어지자, 마을의 두세 녀석이 장난으로 살금살금 다가가서 그의 어깨너머로 보기 시작했다. 그들 중 한 명이 대담하게도 몬느에게 다른 아이들을 떼밀기까지 했다…… 그는 갑자기 지도를 덮고 그 종이를 감춘 다음, 세 녀석 중 마지막 놈을 움켜잡았다. 그동안 다른 두 녀석은 가까스로 달아날 수 있었다.

…… 그가 바로 심술궂은 지로다였다. 그는 울먹이며 발길질을 하려 했지만 결국 대장 몬느에 의해 밖으로 내던져졌다. 그는 분노하여 몬느에게 이렇게 외쳤다.

"비열한 자식아! 애들이 모두 너와 맞서 네게 싸움을 걸려고 하는 것은 당연해!……" 그러고는 많은 욕설이 쏟아졌고 우리도 그가 말하고 싶어 하는 게 무언지 잘 알아듣지도 못한 채 역시 그에 대꾸해주었다. 가장 크게 소리친 건 바로 나였다. 왜냐하면 나는 대장 몬느의 편이었기 때문이다. 우리 사이에는 이제 어떤 협약 같은 것이 있었다. 그가 내게 다른 사람들처럼 '나는 걸을 수 없을 거'라고 말하지 않고 나를 자기와 함께 데리고 가겠다고 한 그의 약속이 그와 나를 영원히 결합시켜주었다. 그리고 나는 끊임없이 그의 신비로운 여행에 대해 생각하고 있었다. 나는 그가 어떤 아가씨와 만났음에 틀림없다고 확신했다. 그녀는 틀림없이 우리 마을의 모든 여자들보다 훨씬 더 아름다울 것이다. 열쇠 구멍을 통해 수녀원 정원에서 본 잔보다도, 금발에 장밋빛 얼굴인 빵집 딸 마들렌보다도, 기막힌 미녀지만 미쳐서 늘 갇혀 지내는 성주의 딸 제니보다도 더 아름다울 것이다. 당연히 바로 그 아가씨를 그가 밤마다 소설의 주인공처럼 생각하고 있을 것이다. 그래서 나는 그가 다음에 나를 깨우면 용기를 내어 그에게 그녀에 대한 이야기를 해달라고 하기로 결심했다······

그 마지막 싸움이 일어났던 날 저녁, 4시 이후에 우리 둘은 구덩이를 파는 데 사용했던 원예도구들과 곡괭이들, 삽들을 들여 놓는 데 열중해 있었다. 그때 우리는 거리에서 외침 소리를 들었다. 그것은 바로 들루슈, 다니엘, 지로다, 그리고 우리가 전혀 모르는 다른 한 녀석의 지휘 아래, 완벽히 조직된 한 중대처럼 4열종대로 행진하는 한 무리의 청년과 아이들이었다. 그들은 우리를 알아보고는 우리에게 몹시 큰소리로 야유를 보내고 있었다. 그처럼 모든 동네 아이들이 우리와 맞서서 무언지는 모르지만 우리를 쫓아낼 전쟁놀이를 준비하고 있었다.

몬느는 아무 말도 하지 않고 어깨에 메고 왔던 삽과 곡괭이를 창고 아래에 내려놓았다······ 그런데 자정에 나는 내 팔 위에 놓인 그의 손을 느껴서, 깜짝 놀라 잠을 깼다.

"일어나, 떠나자." 그가 말했다.

"이제 그 길을 끝까지 안 거니?"

"대부분은 알고 있어. 그리고 나머지는 우리가 찾아야 해!" 그는 이를 악물고 대답했다.

나는 자리에 곧게 앉으며 말했다.

"들어봐, 몬느. 내 말을 들어 보라고. 우리가 할 일은 한 가지밖에 없어. 그건 바로 우리 둘이서 대낮에 우리가 그 길의 잃어버린 부분을 네 지도를 보고 찾는 거야."

"하지만 그 부분은 여기에서 너무 멀어."

"그럼 좋아, 올여름 해가 길어지자마자 마차를 타고 가도록 하자."

그가 받아들이고 있다는 뜻을 대신 말해주는 긴 침묵이 이어졌다.

"몬느, 우리가 함께 네가 사랑하는 그 아가씨를 다시 찾으려고 애쓸 테니까 그 아가씨가 누구인지 내게 말해 줘. 그녀에 관해 내게 말해 봐." 마침내 내가 덧붙였다.

그는 내 침대 발치에 앉았다. 나는 어둠 속에서 그의 숙인 머리와 팔짱 낀 두 팔과 무릎을 보았다. 그리고 그는 오랫동안 가슴 아팠고 마침내 비밀을 고백하려는 사람처럼 격렬하게 숨을 들이마셨다……

제8장
모험

그날 밤, 내 친구는 여정에서 일어났었던 모든 일을 나에게 이야기하지 않았다. 그리고 내가 이후 다시 말하게 될 고뇌의 나날들 동안, 그가 모든 일을 나에게 고백하기로 결심했을 때조차도 그것은 오랫동안 우리 청년기의 커다란 비밀로 남아 있었다. 그러나 모든 것이 끝난 지금, 이제는

그토록 큰 아픔의, 그토록 큰 행복의,

모든 것이 먼지밖에는 남아 있지 않은 지금, 나는 그의 낯선 모험에 대해 이야기할 수 있다.

그날 오후 1시 반, 비에르종으로 가는 길에 몬느는 그 추운 날에도 말을 빨리 달리게 했다. 왜냐하면 그는 자기가 일찍 도착하지 못할 줄 알았기 때문이다. 그는 처음에는 재미삼아 자신이 4시에 샤르팡티에 부부를 마차에 태워 모시고 와서 우리 모두를 놀라게 할 것만을 생각했었다. 실제로 그 순간에는 확실히 그가 다른 의도를 가지고 있지는 않았다.

점점 추위가 파고들자, 그는 처음에는 거절했었지만 벨-에투알의 사람들이 억지로 마차에 넣어 주었던 담요를 다리에 둘렀다.

2시에, 그는 라 모트 마을을 통과했다. 그는 수업 시간에 작은 마을을 통과해본 적이 전혀 없어서 인적이 없고 잠든 것 같기도 한 그 마을을 보는 것이 재미있었다. 기껏해야 한두 집의 커튼이 올라가고, 가끔 어느 나이든 부인의 호기심 어린 얼굴이 보일 뿐이었다.

라 모트를 벗어나 학교 건물을 지나자마자, 그는 두 갈림길 사이에서 망설이다가 비에르종으로 가기 위해서는 왼쪽으로 돌아야한다는 기억을 떠올렸다. 하지만 그곳에서는 그에게 길을 가르쳐줄 사람이 아무도 없었다. 그는 그 다음부터 좀 더 좁고 자갈이 울퉁불퉁 깔려 있는 길로 속히 말을 몰았다. 그는 얼마간 전나무 숲을 따라가다가 마침내 한 마차꾼을 만나 그에게 손나발을 만들어 여기가 바로 비에르종으로 가는 길이 맞는지를 물었다. 고삐를 잡아당기고 있었던 터라 말은 계속해서 달렸다. 그 남자는 그에게 묻는 것을 잘 알아듣지 못했음에 틀림없었다. 그는 알아듣지 못하겠다는 몸짓을 하며 뭔가를 외쳤고, 어찌되든 간에 몬느는 가던 길을 계속 달렸다.

또다시 어떤 우연한 일도, 재미난 일도 일어나지 않는 얼어붙은 광활한 들판이 나타났다. 이따금 까치만이 마차 소리에 놀라 날아올라 더 멀리 가 느릅나무 그루터기 위에 앉을 뿐이었다. 그 여행자는 큰 담요를 망토처럼 어깨 주위에 둘렀다. 다리는 늘어뜨리고 마차의 한쪽에 팔꿈치를 기댄 채, 그는 꽤 오랫동안 졸았던 모양이다……

…… 이제 담요를 뚫고 들어오는 추위 때문에 몬느가 정신을 다시 차렸을 때, 그는 풍경이 바뀌었음을 깨달았다. 그것은 더 이상 멀

리 떨어진 지평선도, 그의 시선을 사로잡았던 크고 파란 하늘도 아니었고, 높은 울타리가 쳐진, 아직 푸른빛이 도는 작은 목장이었다. 좌우로는 얼음 밑으로 도랑물이 흐르고 있었다. 가까이에 강이 있음을 예측할 수 있었다. 그리고 높은 울타리 사이로, 이제 막 바퀴자국이 나기 시작한 좁은 길이 있을 뿐이었다.

조금 전부터 말이 천천히 걸었다. 채찍질 한 번으로 몬느는 말의 속력을 되찾고 싶었지만 말은 극도로 느린 걸음으로 걸어가기 시작했다. 대장 몬느는 두 손을 마차의 앞쪽으로 뻗치고 옆을 보다가 말이 뒤쪽 다리 하나를 절고 있음을 알아챘다. 곧 그는 매우 불안해져서 땅으로 뛰어내렸다.

"우리는 절대 기차 시간에 맞춰 비에르종에 도착하지 못할 거야." 그가 낮은 목소리로 말했다.

이제 어쩌면 길을 잘못 들어섰을지도 모른다는 생각, 자신이 더 이상 비에르종으로 가는 길에 있지 않다는 가장 불안한 생각을 그는 인정할 수가 없었다.

그는 오랫동안 말의 발굽을 검사해보았지만 어떠한 상처의 흔적도 발견하지 못했다. 매우 겁이 많은 말은 몬느가 만지려고만 하면 그 즉시 다리를 들고는 무겁고 뭔가 어설픈 발굽으로 땅을 긁곤 했다. 그는 마침내 말발굽에 아주 단순하게도 자갈이 박혀 있었음을 알아냈다. 가축을 다루기에 능숙한 소년처럼 그는 쭈그리고 앉아서 왼손으로 말의 오른쪽 다리를 잡아 자기의 무릎 사이에 끼우려고 했지만 마차 때문에 곤란했다. 말은 두 번이나 그를 피해 몇 미터를 나아갔다. 발판이 그의 머리를 쳤고, 바퀴가 그의 무릎에 상처를 냈다. 그는 끝까지 해보았고, 마침내 그 겁 많은 짐승을 이겨냈다. 그러나 자갈이 너무 깊게 박혀 있었기 때문에 완전히 제거하기 위해서 몬느는 농부들이 사용하는 칼을 빼들어야만 했다.

일을 마치고 반쯤 얼이 빠져 흐릿한 눈으로 마침내 그가 고개를 다시 들었을 때, 그는 깜짝 놀랐고 밤이 된 것을 깨달았다……

몬느가 아닌 다른 사람이라면 누구나 즉시 가던 길을 되돌아왔을 것이다. 그것이 더 이상 길을 잃지 않는 유일한 방법이었다. 하지만 그는 지금쯤 자신이 라 모트에서 대단히 멀리 떨어진 곳에 와 있음에 틀림없다고 생각했다. 게다가 그가 졸고 있던 동안 말이 옆길로 들어섰을 수도 있다. 결국에는 그 길도 어떤 마을로 통할지도 모른다……이 모든 생각과 더불어 이 굉장한 녀석은 발판 위에 다시 발을 올려놓고 참을성 없는 이 짐승의 고삐를 벌써 잡아당기는 동안, 이 모든 장애물에도 불구하고 무엇인가 성취를 하려는 욕망 그리고 어딘가에 도착하고자 하는 격렬한 욕망이 커져감을 느끼고 있었다!

그는 말이 비켜나서 다시 빨리 달리도록 채찍질을 가했다. 어둠이 더 짙어졌다. 움푹 파인 오솔길에는 이제 마차 한 대만이 겨우 지나갈 만한 통로가 있었다. 때때로 울타리의 죽은 나뭇가지가 바퀴 속에 끼어들어 마른 소리를 내며 부서졌다…… 완전히 어두워졌을 때, 몬느는 갑자기 비통한 마음으로 그 시간에 틀림없이 모두들 모여 있을 생트아가트의 식당을 떠올렸다. 그러자 분노가 그를 사로잡았다. 그러고 나서 그가 의도한 바는 아니었지만 그렇게 일탈했다는 것에 대한 깊은 자부심과 기쁨이 찾아들었다……

제9장
휴식

갑자기, 말이 마치 어두운 곳에서 발이 부딪친 것처럼 속도를 늦췄다. 몬느는 말이 두 번 머리를 처박았다 다시 드는 것을 보았다. 이윽고 말이 갑자기 멈추더니 콧구멍을 낮추고 무엇인가 냄새를 맡는 듯했다. 말 발 주위로 물처럼 찰랑거리는 소리가 들렸다. 개울이 길을 가르고 있었다. 여름에 이곳은 걸어서 건널 수 있는 냇물이었을 것이다. 그러나 그때에는 흐름이 너무나 거세서 얼음도 얼지 않았고 말을 앞으로 더 모는 것은 위험했다.

몬느는 몇 걸음 물러서려고 천천히 고삐를 잡아당겼다. 그러고는 매우 난감해하며 마차에서 몸을 일으켰다. 바로 그때, 그는 나뭇가지들 사이로 불빛을 보았다. 길에서 그곳까지는 두세 목장만 지나면 되었다……

그는 마차에서 내려 말을 진정시키고, 무서워하는 말이 갑자기 머리를 쳐드는 것을 멈추게 하기 위해 말을 뒤로 끌고 가며 말했다.

"가자! 가자! 이제 우리는 더 멀리 가지 않을 거야. 우리는 곧 우리가 도착한 곳이 어딘지 알게 될 거야."

그리고 길 쪽으로 난 작은 목장의 반쯤 열린 사립문을 밀며 그는 말을 그곳으로 들어가게 했다. 말의 발이 연한 풀 속에 빠졌다. 마차는 조용히 흔들렸다. 말의 머리와 그의 머리가 같이하고 있어서, 그는 말의 열기와 헐떡이는 거친 숨소리를 느꼈다…… 그는 말을 목장 끝까지 몰고 가서 등에 담요를 덮어주었다. 그런 다음 그는 안쪽 문의 나뭇가지들을 헤치다가 또다시 외딴 집의 불빛을 발견했다.

그렇지만 거기까지 가려면 세 개의 목장을 지나고 두 발이 모두 빠질 뻔했던 작고 험한 개울을 뛰어넘어야 했다…… 마침내 강둑의 꼭대기에서 마지막으로 뛰어내린 후, 그는 시골집의 안마당에 도착했다. 돼지 한 마리가 우리 속에서 꿀꿀거리고 있었다. 언 땅 위를 걷는 발소리에 개 한 마리가 맹렬하게 짖어대기 시작했다.

덧문이 열려 있었고 몬느가 본 희미한 빛은 벽난로에서 타고 있는 나뭇단의 빛이었다. 그 불 이외에 다른 불빛은 없었다. 집 안에서 앉아 있던 부인이 달리 두려워하는 기색 없이 일어나서 문으로 다가왔다. 마침 그 순간, 분동 시계가 7시 반을 울렸다.

"실례합니다, 부인. 제가 당신의 국화 밭에 발을 들여놓은 것 같네요." 몬느가 말했다.

손에는 사발을 들고 멈추어 선 채 그녀는 그를 쳐다보았다.

"사실 마당 안이 어두워 어쩔 수 없었을 거예요." 그녀가 말했다.

침묵이 흘렀다. 그동안 몬느는 서서, 마치 주막처럼 잡지에서 오린 삽화들이 붙어 있는 방 벽들과 남자 모자가 놓여 있는 책상을 쳐다보았다.

"주인은 계시지 않은 모양이군요?" 그가 앉으며 물었다.

"그는 곧 돌아올 거예요. 나무를 하러 갔거든요." 부인이 안심하는 태도로 대답했다.

"그를 만나러 온 것은 아니고요, 우리는 매복하고 있는 사냥꾼들이죠. 우리에게 빵을 조금 주실 수 있나 해서 왔습니다." 그는 의자를 난롯가에 가까이 갖다 놓으면서 말을 이었다.

대장 몬느는 시골 사람들의 집에서는, 그리고 특히 외딴 농가에서는 매우 신중하고 공손한 태도로 말해야 하고, 더욱이 그 지방 출신이 아니라는 것을 절대 나타내 보이면 안 된다는 사실을 알고 있었다.

"빵이요? 우린 당신께 그걸 드릴 수가 없네요. 매주 화요일마다 지나가는 빵장수가 오늘은 오지 않았거든요." 그녀가 말했다.

잠시나마 마을 가까이에 있기만을 간절히 바랐던 몬느는 겁이 났다.

"어느 지방의 빵장수 말예요?" 그가 물었다.

"물론! 비외-낭세의 빵장수 말이지요." 그 부인이 놀라며 대답했다.

"정확하게 비외-낭세는 여기서 거리가 얼마나 되나요?" 매우 불안해진 몬느가 말을 이었다.

"큰길로는 당신께 정확히 말씀드리지 못하지만 지름길로는 약 12 킬로미터쯤 됩니다."

그녀는 딸이 어떻게 그곳에 근무하고, 매월 첫째 일요일마다 딸을 보기 위해 어떻게 걸어서 가고, 그 주인들은 어떻게……, 장황하게 이야기를 하기 시작했다.

그러나 완전히 당황한 몬느는 이렇게 말하여 그녀의 말을 중단시켰다.

"비외-낭세가 여기서 가장 가까운 마을인가요?"

"아니에요, 그건 5킬로미터 떨어진 곳에 있는 레 랑드죠. 그러나 거기에는 상인도 빵장수도 없어요. 그곳에는 고작해야 매년 성 마르탱 축제일에 사람들이 조금 모일 뿐이죠."

몬느는 레 랑드에 관해서는 전혀 들어 본 적이 없었다. 그는 거의 재미를 느낄 정도로만 길을 잃는 체험을 했던 것이다. 그러나 개수대에서 사발을 씻는 데 열중해 있던 부인이 그에게 호기심을 보이며 돌아보더니 그를 똑바로 쳐다보면서 천천히 말했다.

"당신은 이 지방 출신이 아니죠?……"

그때 나이 든 한 농부가 나무를 한 아름 안은 채 문에 나타났다. 그는 땅바닥에 나무를 던져 놓았다. 부인은 마치 그가 귀머거리라도 되는 듯 농부에게 아주 큰 소리로 그 젊은이가 요구했던 것을 설명했다.

"물론, 쉬운 일이지. 하여튼 젊은이, 가까이 오게. 불을 쬐지 않고 있군." 그가 별일 아니라는 듯 말했다.

잠시 후, 두 사람은 벽난로의 장작 받침쇠 곁에 자리를 잡고 앉았다. 그 늙은이는 나무를 난롯불 속에 넣기 위해 쪼개고 있었고, 몬느는 그들에게서 얻은 빵과 함께 우유 한 사발을 마시고 있었다. 그토록 컸던 불안감 이후에 이 초라한 집에 있게 된 것이 몹시 기뻤던 우리의 여행자는 이제 그의 이상한 모험이 끝났다고 생각하면서 나중에 친구들과 함께 이 친절한 사람들을 다시 보러 올 계획까지 벌써 세우고 있었다. 그는 그것이 단지 휴식에 불과했으며, 그가 곧 그의 여행을 다시 가게 되리라는 사실을 알지 못했다.

그는 곧 늙은 농부에게 라 모트로 가는 길을 물어보았다. 그러고는 점점 사실로 다시 돌아가서 그는 자기가 마차와 함께 다른 사냥꾼들과 헤어졌으며, 지금은 완전히 길을 잃었다고 이야기했다.

그 부부가 그에게 자고 날이 밝으면 다시 출발하라며 너무 오랫동안 끈질기게 요구해서 몬느는 결국 그 제안을 받아들여 외양간에 말을 넣어두러 밖으로 나갔다.

"오솔길에 있는 구멍들을 조심하시게." 그 남자가 그에게 말했다.

몬느는 그 '오솔길'로 온 게 아니라고 감히 이야기하지 못했다. 그는 막 그 친절한 남자에게 함께 가자고 부탁할 참이었다. 그는 문지방에서 잠시 머뭇거렸고 그의 갈팡질팡하는 마음이 너무나 커 망설였다. 그러고 나서 그는 어두운 안마당으로 나갔다.

제10장
양 우리

자신이 어디 있는지를 알아보려고 그는 자신이 뛰어내렸던 강둑 위로 기어올랐다.

천천히 그리고 힘들게, 그는 이곳에 올 때처럼 버드나무로 된 울타리를 건너고 풀을 헤치고 웅덩이를 지나 그가 마차를 놓아두었던 목장 끝으로 마차를 찾으러 갔다. 마차는 더 이상 그곳에 있지 않았다…… 그는 머리를 마구 저은 후 가만히 서서, 그 순간 아주 가까이서 말방울 소리를 들을 거라고 생각하며 밤에 들려오는 모든 소리에 귀를 기울였다. 아무 소리도 나지 않았다…… 그는 목장을 한 바퀴 돌아보았다. 마차의 바퀴가 위로 지나간 것처럼 울타리는 반쯤 열려 있었고 반쯤 쓰러져있었다. 말이 혼자서 그곳으로 도망쳤음에 틀림없었다.

길을 다시 거슬러 몇 걸음 걷는데 말에서 땅으로 미끄러졌을 게 분명한 담요가 발에 걸렸다. 그는 말이 이 방향으로 달아났다고 결론 내렸다. 그는 말을 쫓아 달리기 시작했다.

그는 마차를 다시 잡겠다는 끈질기고 광적인 의지 외에는 아무 생각도 없었다. 이 두려움 비슷한 강한 의지에 사로잡힌 채 얼굴이 온통 빨개져서 그는 계속 달렸다…… 때때로 그의 발이 수레바퀴 자국에 부딪혔다. 칠흑 같은 어둠 속 모퉁이에서 그는 울타리에 부딪혔다. 적당한 때에 멈추기에는 이미 너무나 피곤했기 때문에 그는 팔을 내뻗은 채로 가시나무에 넘어졌고 그 바람에 얼굴을 보호하려던 두 손이 찢어졌다. 때때로 그는 멈추어 서서 귀를 기울였다. 그러고는 다시 달렸다. 한순간 그는 마차 소리를 들은 것 같았다. 그러나 그것은 왼편 길 아주 멀리서 지나가는 덜거덕거리는 짐마차일 뿐이었다……

발판에 상처를 입은 무릎이 너무 심각해지고 다리가 뻣뻣해져서 멈춰서야만 하는 순간이 왔다. 그러고서 그는 말이 전속력으로 달아나지 않았다면 그가 말을 한참 전에 찾았을지도 모른다고 생각했다. 그는 또한 마차를 잃어버린 게 아니고 누군가 그것을 잘 붙들어두었을 것이라고도 생각했다. 결국 그는 간신히 다리를 끌면서 기진맥진하고 화가 난 채 발걸음을 다시 돌렸다.

마침내 그는 떠났던 지점에 다다랐다고 생각했고 곧 그가 찾던 그 집의 불빛을 알아보았다. 깊숙한 오솔길이 울타리 안으로 나 있었다.

'저것이 그 늙은 농부가 내게 말했던 오솔길이구나.' 몬느는 속으로 생각했다.

그리고 그는 더 이상 울타리와 비탈길을 뛰어넘지 않아도 되는 것에 행복해하며 그 길로 접어들었다. 조금 후에 오솔길이 왼쪽으로 휘어졌고 불빛은 오른쪽으로 미끄러지듯 스며드는 것처럼 보였다. 그리고 마침내 길의 교차점에 이른 몬느는 그 보잘것없는 집에 빨리 돌아가기를 서두르며 그곳으로 곧장 이어지는 것처럼 보이는 오솔길을 별생각 없이 따라갔다. 하지만 그가 그 방향으로 고작 열 걸음 나아갔을 뿐인데도 불빛이 사라졌다. 그 불빛은 울타리에 가린 것 같기도 하고, 기다리다 지친 농부 부부가 덧문을 닫아서 그러는 것 같기도 했다. 꿋꿋하게 그는 밭을 가로질러 건넜고, 방금 전 불빛이 반짝이던 방향으로 똑바로 걸어갔다. 그리고 또 다른 울타리를 건너니 그는 새로운 오솔길에 있었다……

그렇게 점차 대장 몬느의 발자취는 그 길을 잃었고, 그가 막 떠나온 사람들과의 관계도 깨져 버렸다.

낙담하고 거의 기진맥진해진 그는 절망하면서도, 그 오솔길을 끝까지 따라가 보기로 결심했다. 거기서 100걸음 정도를 걸어 그는 커다란 회색빛 초원으로 빠져나갔다. 그곳에서 이따금씩 노간주나무임에 틀림없는 그림자들을 보았다가 습곡에 있는 한 어두운 건물을 보았다. 몬느는 그곳으로 다가갔다. 그곳은 일종의 큰 목축장이거나 버려진 양 우리였다. 문은 삐걱거리는 소리를 내며 열렸다. 바람이 구름을 몰고 가자 달빛이 벽 틈새를 통해 흘러 나왔다. 곰팡내가 퍼졌다.

몬느는 더 이상 찾지 않고 땅에 팔꿈치를 대고 머리를 손으로 괴고는 축축한 짚 위에 길게 누웠다. 허리띠를 푼 후, 그는 무릎을 배에 대고 자신의 블라우스 속에 몸을 움츠렸다. 그는 그제야 자신이 길에 버린 말 담요를 떠올리고는, 매우 불행하다고 느끼고 스스로에게 화가 나 너무도 울고 싶어졌다……

그래서 그는 다른 것들을 생각하려고 애썼다. 골수까지 얼어붙은 그는 어떤 꿈―어떤 환상, 그건 아주 어렸을 때 가졌고 누구에게도 결코 이야기한 적이 없었던 것―을 떠올렸다. 어느 날 아침, 반바지와 외투를 걸어놓았던 방에서 잠을 깨는 대신, 나뭇잎과 똑같은 태피스트리*가 있는 초록색의 긴 방에 있는 자기 자신을 발견했다. 이 안으로 흘러들어오는 불빛이 너무나 달콤해서 그것을 맛볼 수 있을 거라고 믿어졌다. 첫 번째 창문 옆에서 한 아가씨가 등을 돌리고서 마치 그가 깨기를 기다리는 듯 바느질을 하고 있었다…… 그는 침대 밖으로 빠져 나와 이 마법의 집에서 걸어 다닐 힘이 없었다. 그는 다시 잠이 들었다…… 그러나 그는 다음번에는 꼭 일어날 거라고 다짐했다. 내일 아침에, 아마도!……

_____

* 색색의 실로 수놓은 벽걸이나 실내 장식용 비단─옮긴이

제11장
신비의 영지

새벽이 되자마자, 그는 다시 걷기 시작했다. 그러나 부풀어 오른 그의 무릎이 아파왔다. 그는 고통이 심할 때마다 멈추어서 앉아야만 했다. 그런데다가 그가 있던 곳은 솔로뉴에서 가장 황량한 곳이었다. 오전 내내 그는 지평선에서 양떼를 몰고 가는 한 여자 목동만을 보았을 뿐이다. 그가 아무리 그녀를 소리쳐 부르고 뛰어가려고 했지만 소용없었다. 그녀는 그것을 듣지 못하고 사라졌다.

그렇지만 그는 가던 방향으로 계속해서, 가슴 아플 만큼 느리게 걸어갔다…… 지붕 하나도 사람 하나도 없었다. 늪의 갈대 속에서는 마도요의 울음소리조차 들리지 않았다. 그 지독하게 인적이 드문 곳 위로 맑고 쌀쌀한 12월의 태양이 빛나고 있었다.

마침내 그가 전나무 숲 위로 작은 회색 탑의 뾰족한 부분을 발견했을 때는 아마 오후 3시쯤 되었을 것이다.

'오래되고 버려진 작은 성이거나 사람이 살지 않는 어떤 작은 집이겠지!……' 하고 그는 생각했다.

그리고 그는 발걸음을 재촉하지 않고 계속해서 가던 길을 갔다. 숲 모퉁이에 있는, 두 개의 하얀 기둥 사이로 오솔길이 뚫려 있었고 몬느는 그 길로 접어들었다. 그는 그곳에서 몇 걸음 가다가 형언할 수 없는 감정으로 놀라움과 혼란이 가득 차서 멈춰 섰다. 그렇지만 그는 여전히 지친 발걸음으로 걸었고 차가운 바람 때문에 입술이 트고 이따금 숨이 막혔다. 그렇지만 어떤 기이한 만족감이 그를 흥분시켰고, 거의 황홀할 정도의 완벽한 평온함, 목적을 이루었으니 이제는 바랄 것이라고는 행복뿐이라는 확신이 그에게 있었다. 그것은 오래전 여름의 대축제 전날 저녁, 마을 거리에 심은 전나무들이 그의 침실 창문을 나뭇가지들로 가로막았을 때 그가 느꼈던 기분과 마찬가지였다.

'올빼미와 찬바람으로 가득 찬 이 낡고 작은 집에라도 도착했으니 너무나 기쁘군!……' 하고 그는 중얼거렸다.

그리고 스스로에게 화가 난 그는 길을 되돌아가서 가까운 마을까지 계속 가는 편이 낫지 않을까 자문하며 걸음을 멈췄다. 그는 조금 전부터 고개를 숙이고 생각에 잠겨 있었다. 그때 그는 그 오솔길이, 축제 때면 집에서 사람들이 하던 대로 규칙적으로 큰 원을 그리며 비로 쓸어져있는 것을 갑자기 알아보았다. 그는 성모승천일 아침 라 페르테의 큰길과 비슷한 길로 들어갔다!…… 그는 오솔길의 모퉁이에서 6월에 먼지를 일으키며 축제분위기에 젖어 있는 한 무리의 사람들을 발견했다 하여도, 더 이상 놀라지 않았으리라.

'이 인적이 드문 곳에 축제가 있는 걸까?' 하고 그는 스스로에게 물었다. 첫 번째 모퉁이까지 나아가던 그는 다가오는 사람들의 목소리를 들었다. 그는 옆에 있는 울창한 어린 전나무 숲으로 뛰어들어 몸을 웅크리며 숨을 죽인 채 귀를 기울였다. 그것은 어린아이들의 목소리였다. 한 무리의 어린아이들이 그의 바로 곁을 지나갔다. 그중, 아마 어린 소녀가 아주 얌전하고 또렷한 목소리로 말했다. 몬느는 그 말의 의미를 거의 이해하지 못했지만 웃지 않을 수 없었다.

"단지 한 가지가 나를 불안하게 해, 말에 관한 문제 말이야. 예를 들면 다니엘이 커다란 노란색 조랑말 위에 올라타는 것을 우리는 결코 막을 수는 없을 거야!" 소녀가 말했다.

"결코 나를 막을 수 없지! 우리는 모든 것을 하기로 허락받지 않았니?…… 우리 맘에 드는 일이라면 우리에게 해가 되는 것까지도 말이야……" 어린 소년이 빈정거리는 목소리로 대답했다.

그리고 그들의 목소리는 멀어져가고 그 순간에 이미 또 다른 무리의 어린아이들이 다가오고 있었다.

"내일 아침, 만약 얼음이 녹으면 우리는 뱃놀이를 갈 거야." 한 여자아이가 말했다.

"그런데 그걸 우리에게 허락해 주실까?" 다른 여자아이가 말했다.

"우리 마음대로 축제를 주관한다는 것을 너도 잘 알잖아."

"그리고 만약 프란츠가 약혼녀와 함께 오늘 저녁에 돌아오면?"

"물론, 그는 우리가 바라는 것을 할 거야!……"

'틀림없이 결혼에 관한 문제야. 그런데 여기서는 법을 만드는 것이 어린아이들인가?…… 이상한 곳도 다 있군!' 몬느는 생각했다.

그는 숨은 곳에서 나와 그들에게 어디서 술을 마시고 음식을 먹을지 물어보고 싶었다. 그는 일어서서 마지막 무리가 멀어져가는 것을 보았다. 그들은 무릎까지 오는 꼭 맞는 원피스를 입은 세 명의 여자아이였다. 그녀들은 턱에 거는 끈이 달린 예쁜 모자를 쓰고 있었다. 목 뒤로 하얀 깃털 하나씩이 셋에게 달려 있었다. 하나가 반쯤 돌아서서 약간 몸을 숙인 채, 손가락을 들고서 장황한 설명을 하고 있는 친구의 말을 듣고 있었다.

'내가 그들을 놀라게 하겠군.' 몬느가 자신이 입고 있는 찢어진 촌스러운 블라우스와 생트-아가트 학교 학생이 차는 괴상한 혁대를 보면서 생각했다.

오솔길로 돌아오는 길에 어린아이들과 마주치지나 않을까 걱정하면서 그는 그곳에 도착해서 물어볼 것도 깊이 생각하지 않은 채 전나무 숲을 가로질러 '작은 집' 쪽을 향해 계속 걸어갔다. 그는 곧 이끼 낀 조그만 담벼락으로 인해 숲의 가장자리에 멈추어 섰다. 저편, 벽과 영지의 부속건물들 사이에는 좁고 긴 안마당이 있었는데, 장날의 주막처럼 마차들로 가득 차 있었다. 거기에는 온갖 종류와 형태의 마차들이 있었다. 수레의 끌채가 노출되고 좌석이 네 개 달린 멋있고 조그마한 포장마차들, 유람마차, 쇠시리 장식이 달린 유행에 뒤떨어진 부르봉풍 마차들, 심지어 유리창이 열려 있는 낡은 베를린형 대형 사륜마차까지도 있었다.

몬느는 누군가에게 들킬까 봐 전나무 뒤에 숨어서 그 무질서한 곳을 살펴보고 있었다. 그때 그는 안마당의 반대편에서 높은 유람마차의 마부대 바로 위로 부속건물의 창문 하나가 반쯤 열려 있는 것을 발견했다. 영지 뒤쪽에 항상 닫혀 있는 외양간의 덧창처럼 예전에는 두 개의 쇠창살이 틀림없이 창을 막고 있었을 것이다. 그러나 오랜 세월이 그것을 열어놓고 말았다.

'그 예쁜 소녀들을 놀라게 하지 말고 저기 들어가 건초 속에서 자고, 새벽에 떠나야지.' 하고 몬느는 생각했다.

그는 다친 무릎 때문에 겨우 담을 넘었다. 그리고 이 마차에서 저

마차로, 유람마차의 마부대에서 베를린형 대형 사륜마차의 지붕 위를 지나 그는 그 창문 높이까지 다다랐고 마치 출입문인 양 소리 없이 창문을 밀었다.

그는 건초를 넣어 두는 다락방이 아니라 침실임에 틀림이 없는 천장이 낮은 넓은 방에 들어와 있었다. 겨울 저녁의 희미한 어둠 속에서 탁자와 벽난로가 뚜렷하게 보였다. 그리고 안락의자에는 큰 꽃병과 값나가는 물건들, 옛 검들이 얹혀 있기까지 했다. 방 안쪽에 커튼이 드리워져 있었는데, 그것은 필시 알코브를 가리기 위한 것 같았다.

몬느는 창문을 닫았다. 춥기도 했고 밖에 있는 사람들에게 들킬까 봐 두렵기 때문이기도 했다. 그는 안쪽에 있는 커튼을 걷으러 갔다. 그리고 나지막하고 큰 침대 하나를 발견했는데, 그 위에 금박을 입힌 낡은 책들과 현이 끊어진 비파, 뒤죽박죽이 된 채 던져진 촛대들이 널려 있었다. 그는 이 모든 것들을 알코브 안쪽으로 밀어 넣고 휴식을 취하며 자신이 뛰어든 이상한 모험에 대해 좀 생각해보려고 침대에 드러누웠다.

영지 위에 깊은 침묵이 깔려 있었다. 이따금 12월의 거대한 바람이 내는 구슬픈 소리만이 들려왔다.

그리고 몬느는 자리에 누운 채로 그동안의 이상한 만남들과, 오솔길에서의 어린아이들의 목소리와, 무질서하게 모여 있는 마차들에도 불구하고, 그가 처음에 생각했던 것처럼 이것은 단순히 겨울의 적막 속에 버려진 낡은 건물은 아닐까하고 생각하기에 이르렀다.

곧이어 바람 소리가 그에게 잃어버린 어떤 음악 소리를 가져다주는 것처럼 느껴졌다. 그것은 매혹과 향수로 가득 찬 추억과도 같은 것이었다. 그는 아직 젊은 어머니가 오후면 거실에서 피아노를 치고 있었고, 자기는 정원으로 나 있는 문 뒤에서 밤이 되도록 말없이 그 소리를 듣고 있던 그 시절을 회상했다……

'누군가가 어디서 피아노를 연주하고 있는 것 같아.' 그는 생각했다.

그러나 자신의 의문에 대답도 하지 못한 채, 그는 피로로 기진맥진해져서 곧 잠이 들어버렸다……

제12장
웰링턴의 침실

그가 잠에서 깨어났을 때는 밤이었다. 추위에 떨면서 그는 검은색 블라우스를 구기고 말면서 침대 위에서 뒤척였다. 청록색의 희미한 불빛이 알코브의 커튼을 비추고 있었다.

그는 침대 위에 앉아서 커튼 사이로 머리를 내밀었다. 누군가 창문을 열고 벽에 낸 구멍에 두 개의 초록색 베네치아 등불을 매달아 놓았다.

하지만 몬느가 힐끗 보려는데 층계참에서 약한 발자국 소리와, 밖에서 나지막이 대화하는 소리가 들려왔다. 그는 알코브 속으로 다시 뛰어 들어갔고 그가 벽 쪽으로 밀어 넣어 두었던 청동물건들 중 하나와 징 박힌 그의 구두가 부딪쳐 소리가 났다. 순간, 몹시 불안해진 그는 숨을 죽였다. 발걸음이 가까워져 왔고, 두 그림자가 방으로 미끄러져 들어왔다.

"소리 내지 마." 한 사람이 말했다.

"왜! 그래도 그가 깰 시간인데!" 하고 다른 사람이 대답했다.

"그의 방을 잘 갖춰두었어?"

"물론, 다른 방들과 마찬가지로."

바람이 불어 열린 창문이 덜컹거렸다.

"야, 너 창문도 닫지 않았구나. 바람 때문에 벌써 등불 하나가 꺼졌네. 다시 불을 켜야겠어." 첫 번째 사람이 말했다.

"체! 사실 이런 시골에서, 아무도 없는 곳에서 불을 켜는 게 무슨 소용이야? 그것을 볼 사람은 아무도 없다고." 갑자기 의기소침해지며 게으른 다른 사람이 말했다.

"아무도 없다고? 그래도 밤에 사람들이 더 도착할 거란 말이야. 그들이 저기 길에서 마차 안에 앉아 우리들이 켜 놓은 불빛들을 보면 얼마나 만족해하겠어!"

몬느는 성냥 긋는 소리를 들었다. 방금 말한, 지도자처럼 보이는 그 사람이 셰익스피어 희극의 무덤 파는 인부처럼 느릿느릿한 목소리로 다시 말했다.

"초록색 등불을 웰링턴의 침실에 켜놓아. 물론 붉은색 등불들도 켜놓고…… 너는 나만큼은 여길 잘 몰라!"

침묵이 흘렀다.

"…… 웰링턴이라, 그 사람이 미국인이었던가? 맞아, 초록색이 미국의 색깔이지? 너, 희극배우인 네가 여행해봤으니 잘 알겠지."

"맙소사! 여행이라고? 맞아, 여행은 했지! 하지만 난 아무것도 보지 못했어! 마차 속에서 무얼 볼 수 있었겠어?" 그 '희극배우'가 대답했다.

몬느는 조심스럽게 커튼 사이로 바라보았다.

일을 명령하는 사람은 모자를 쓰지 않고 커다란 외투 속에 파묻힌 뚱뚱한 남자였다. 그는 손에 여러 색깔로 된 등불이 달린 긴 막대기를 들고 있었고 다리를 꼬고 앉아서는 동료가 일하는 것을 조용히 바라보고 있었다.

그 희극배우로 말할 것 같으면 우리가 상상할 수 있는 가장 우스꽝스러운 몸이었다. 키는 크지, 몸은 말랐지, 벌벌 떨며, 사시인 청록색 눈과, 이가 빠진 입 위로 흘러내린 콧수염은 물에 빠져 바닥에 물을 줄줄 흘리고 있는 사람의 얼굴을 생각나게 했다. 그는 셔츠 바람이었고, 그의 이에서는 부딪치는 소리가 났다. 그는 말과 행동에서 자기 자신에 대해 아주 지독한 경멸을 나타내 보이고 있었다.

그는 잠시 동안 신랄하면서도 우스꽝스러운 생각을 깊이 하는 것 같더니 동료에게 다가가서 두 팔을 벌린 채 은밀하게 털어놓았다.

"무슨 말을 듣고 싶니?…… 나는 사람들이 이와 같은 축제를 축하하기 위해 우리처럼 불쾌한 사람들을 데려오는 것을 이해할 수가 없어! 이게 내가 하고픈 말이야!"

그러나 이 대단히 흥분된 마음에 개의치 않은 채 그 뚱뚱한 사내는 다리를 포개고, 하품을 하고, 조용히 코를 훌쩍거리며 동료가 일하는 모습을 계속해서 바라보았다. 그리고 등을 돌려 어깨에 막대를 걸치고 다음과 같이 말하면서 가버렸다.

"자, 가자! 저녁식사를 위해 옷을 바꿔 입을 시간이야."

그 보헤미안은 그의 뒤를 따라갔다. 그러나 알코브 앞을 지나가면서 그는 공손하지만 빈정거리는 어조로 말했다.

"주무시는 분, 당신이 저처럼 불쌍한 사람이라 할지라도 잠에서 깨어나 후작의 옷을 입기만 하면 됩니다. 그리고 가장 무도회에 내려오십시오. 왜냐하면 그것은 어린 신사들과 어린 아가씨들에겐 대단한 즐거움이니까요."

그는 장터 뜨내기장수의 입담 좋은 사설 어조로 다음의 마지막 말을 덧붙였다.

　"부엌에 있는 우리의 동료 말루아요가 당신에게 아를르캥과 바로저, 위대한 피에로를 소개할 것입니다."

제13장

이상한 축제 1

그들이 사라지자마자 몬느는 숨어 있던 곳에서 나왔다. 그의 발은 꽁꽁 얼어붙어 있었고 관절이 뻣뻣했다. 하지만 휴식을 취해서 무릎이 나은 것 같았다.

'저녁식사에 내려가자. 내가 거기에 빠질 수야 없지. 나는 단지 모든 사람이 내 이름을 잊어버린 초대받은 손님이 되는 거야. 게다가 나는 여기서 불청객이 아니야. 말루아요 씨와 그의 친구가 나를 기다리고 있는 게 사실이니까……' 하고 그는 생각했다.

완전히 어두운 알코브에서 나온 그는 푸른색 등불로 밝아진 방 안에서 아주 똑똑히 볼 수 있었다.

그 보헤미안이 방에 '필요한 물건들을 가져다 놓았다'. 외투들이 양복걸이에 걸려 있었다. 대리석이 금 간 무거운 화장대 위에는 버려진 양 우리에서 전날 밤을 보낸 이 소년을 멋쟁이로 변신시키는 데 필요한 것들이 놓여 있었다. 벽난로 위에는 커다란 촛대 옆에 성냥이 있었다. 그러나 마루에 왁스칠은 되어 있지 않았다. 그래서 몬느는 구두 바닥 밑에서 모래와 흙 부스러기가 구르는 것을 느꼈다. 또다시 그는 오랫동안 버려진 집에 있는 듯한 인상을 받았다…… 벽난로 쪽으로 가면서 그는 자칫 커다란 종이 상자와 조그만 상자들의 더미에 부딪칠 뻔했다. 그는 팔을 내밀어 촛불을 켰다. 그런 다음 상자 뚜껑을 열고 몸을 기울여 들여다보았다.

그것은 옛날 젊은이들의 옷들로, 벨벳으로 된 깃 높은 프록코트들, 앞이 완전히 트인 멋진 조끼들, 수많은 하얀 넥타이들과 금세기 초에 신던 에나멜 구두들이었다. 그는 어떤 것에도 감히 손 끝 하나 댈 수가 없었지만 몸을 떨어서 몸의 먼지를 털어낸 다음, 구겨진 칼라를 떼어낸 큰 외투 하나를 학교 블라우스 위에다 걸쳐 입고, 징 박은 구두를 에나멜 무도화로 바꾸어 신고 모자를 쓰지 않은 채 내려갈 준비를 했다. 그는 아무도 마주치지 않고서, 어두운 안마당의 후미진 곳의 나무 계단 아래에 이르렀다. 차가운 밤바람이 그의 얼굴을 스쳤고 그의 외투자락을 들어 올렸다.

그는 몇 걸음 내딛었고 하늘의 희미한 빛 덕분에 그곳의 지형을 곧 알아볼 수 있었다. 그는 부속 건물들로 둘러싸인 조그만 안마당에 있었다. 거기 있는 모든 것이 낡고 파괴된 것 같아 보였다. 층계 아래에 있는 출입구들은 열려 있었는데 왜냐하면 문들이 오래전부터 떨어져 나갔기 때문이다. 창문에도 더 이상 유리가 끼워 있지 않아서, 벽에 뚫린 검은 구멍 같았다. 그렇지만 그런 건물 모두에서 신비로운 축제 분위기가 풍겼다. 틀림없이 들판 쪽으로도 등불들을 켜놓았을 천장 낮은 그 방 안에는 일종의 형형색색의 반사광이 가득 차 있었다. 땅에는 비질이 되어 있었고, 여기저기 번져 있던 잡초들이 뽑혀 있었다. 마지막으로, 귀를 기울이면 몬느에게 저 멀리 장밋빛, 녹색, 푸른색 창문 출입구들 앞으로 바람이 나뭇가지들을 흔들어대는 그 혼잡한 건물들 쪽에서 아이들과 소녀들의 목소리 같기도 하고 노랫소리 같기도 한 소리가 들려오는 듯했다.

그는 큰 외투를 입고 마치 사냥꾼처럼 몸을 반쯤 구부리고 귀를 기울이면서 거기에 있었다. 그때 키가 유난히 작은 젊은이가 아무도 없을 것 같은 옆 건물에서 나왔다.

그는 마치 은으로 만든 듯 밤에도 반짝거리는 아치 모양의 높은 모자를 쓰고 있었다. 머리카락까지 올라오는 칼라가 달린 옷차림이었는데, 조끼는 많이 열려 있었으며, 바지는 발밑까지 내려와 있었다…… 열다섯 살쯤 되어 보이는 그 멋쟁이는 마치 바지의 탄력으로 몸을 지탱하는 것처럼 발끝으로 하지만 대단히 빠른 속도로 걸어갔다. 그는 지나가면서 몬느에게 멈추지도 않고, 공손하고 기계적으로 인사를 하고는 어둠 속으로, 오후의 시작 무렵에 그를 끌어들인 농가, 성, 혹은 수도원인지 모를 그 탑이 있는 중심 건물 쪽으로 사라졌다.

잠깐 망설인 다음에 우리의 주인공은 호기심을 끌던 그 키 작은 사람의 뒤를 따라갔다. 그들은 일종의 커다란 뜰정원을 지나 덤불 사이를 통과하고 울타리를 쳐 놓은 양어지와 우물을 돌아 마침내 중앙 건물의 문턱에 다다랐다.

사제관의 출입문처럼 위가 둥글고, 못이 쳐진 무거운 나무문이 반쯤 열려 있었다. 그 멋쟁이는 그곳으로 들어갔다. 몬느는 그를 뒤따라 들어갔고 복도에 발을 들여놓자마자 그는 아무도 보지 못한 채 웃음소리와 노랫소리, 그리고 누구를 부르는 소리와 뒤쫓는 소리에 둘러싸였다.

복도 맨 끝에 가로로 난 복도가 지나고 있었다. 몬느는 안까지 들어갈 것인지, 아니면 목소리가 들려오는 문들 중 하나를 열 것인지 망설였다. 그때 그는 한 소녀가 한 소녀를 뒤쫓아 끝 쪽 복도를 따라 들어가는 것을 보았다. 그는 그들을 만나고 따라잡기 위해 무도화를 신은 가벼운 발끝으로 조심스럽게 달려갔다. 문 열리는 소리가 들렸고, 밤공기의 쌀쌀함과 뒤쫓아 온 까닭에 끈 달린 모자 밑으로 온통 장밋빛으로 물들어 버린, 열다섯 살가량의 두 소녀의 얼굴이 나타났고, 모든 것이 갑자기 밝아진 불빛 속으로 사라지려고 했다.

잠시 그녀들은 즐거운 듯이 빙빙 돌았다. 그들의 넓고 가벼운 스커트가 들려서 부풀어 올랐다. 그들의 길고 재미있게 생긴 속바지의 레이스가 보였다. 빙그르 돈 후에, 그녀들은 그 방으로 뛰어 들어가서는 문을 닫아 버렸다.

몬느는 그 어두컴컴한 복도에서 잠시 넋을 잃고 멍하니 서 있었다. 그는 이제 들킬까 봐 겁이 났다. 그의 머뭇거리고 부자연스러운 거동이 틀림없이 그를 도둑으로 생각하게 할 것 같았다. 그는 일부러 출구 쪽으로 돌아가려 했다. 그때 그는 또다시 복도의 안쪽에서 어린아이들의 목소리와 발자국 소리를 들었다. 두 명의 소년이 이야기하며 다가오고 있었다.

"곧 저녁식사를 하게 될까?" 몬느는 대담하게 그들에게 물었다.

"우리와 함께 가자. 우리가 널 그곳으로 안내할게" 하고 키 큰 소년이 대답했다.

그리고 큰 축제 전날 어린이들이 갖게 되는 우정과 믿음을 가지고서 그들은 각자 그의 손을 잡았다. 그들은 아마 농부의 두 아들일 것이다. 식구들이 그들에게 가장 좋은 옷을 입혔을 것이다. 무릎 중간까지만 내려온 반바지를 입어 거친 양모 양말과 구두가 보였으며,

몸에 꼭 맞는 푸른색 벨벳 상의, 같은 색의 모자를 쓰고 하얀 넥타이를 맨 차림이었다.

"너 그녀를 아니?" 하고 둘 중 한 아이가 물었다.

"엄마가 그러시는데, 그녀는 검은색 원피스에 주름장식을 달고 있고, 예쁜 피에로를 닮았대." 동그란 얼굴에 순진한 눈을 가진 키 작은 애가 말했다.

"그러니까 누구?" 하고 몬느가 물었다.

"물론! 프란츠가 데리러 간 약혼녀 말이야."

몬느가 무슨 말을 하기도 전에 그들 셋은 불꽃이 타오르고 있는 큰 방의 문에 다다랐다. 식탁 대신에 큰 판자가 사각대 위에 놓여 있었다. 하얀 식탁보가 펼쳐져 있었고 여러 계층의 사람이 격식을 차리고 저녁식사를 하고 있었다.

제14장

이상한 축제2

그것은 천장이 낮은 커다란 방에서 시골의 결혼식 전날 밤에 아주 멀리서 온 친척들에게 대접하는 식사와 같았다.

그 두 어린이들은 몬느의 손을 놓고 대기실로 뛰어 들어갔다. 거기선 어린아이들의 목소리와 접시에 숟가락 부딪히는 소리가 들렸다. 대담하고 마음의 동요도 없이 몬느는 두 늙은 농부 아낙네 옆의 의자에 걸터앉았다. 그는 곧바로 엄청난 식욕을 가지고서 먹기 시작했다. 그는 잠시 후에야 겨우 고개를 들고 다른 손님들을 쳐다보며 그들의 얘기를 들었다.

사람들은 많은 얘기를 나누지 않았다. 그 사람들은 겨우 서로 안면이 있는 정도인 듯했다. 어떤 사람들은 깊은 시골에서 온 것 같았고, 어떤 사람들은 먼 도시에서 온 것 같았다. 식탁에는 구레나룻을 기른 노인 몇 사람과 옛날 선원들처럼 수염을 완전히 깎아 버린 사람들이 여기저기 흩어져 있었다. 그들 곁에는 그들과 비슷한 또 다른 노인들이 식사를 하고 있었다. 똑같이 탄 얼굴들, 똑같이 짙은 눈썹 아래 생기 있는 눈, 똑같이 구두끈처럼 좁은 넥타이…… 하지만 그 사람들이 그 지역 끝자락보다 더 먼 곳으로 여행한 적이 결코 없음을 쉽게 알 수 있었다. 그리고 만약 그들이 폭우와 바람 속에서 천

번 이상 몸이 굽이치고 뒤흔들린 일이 있었다면, 그것은 경작지 끝까지 밭고랑을 판 다음에 쟁기로 땅을 가는 이 힘들고 위험 없는 여행 때문이었다…… 여자들은 거의 볼 수 없었다. 둥근 가두리 장식이 된 모자 밑으로 사과처럼 주름지고 둥근 얼굴을 한 늙은 여자농부들이 몇 있었다……

그 손님들 중 몬느가 편안함을 느끼고 믿을 만한 사람은 한 사람도 없었다. 그래서 그는 나중에 여기에서 받은 인상을 이렇게 설명했다. 사람이 용서받을 수 없는 어떤 큰 잘못을 저질렀을 때, 그는 굉장히 고통스러워하면서 때로는 다음과 같이 생각한다는 것이다. '그렇지만 사람들 중에는 나를 용서해 줄 사람들도 있다.' 사람들은 당신이 한 일은 모두 잘했다고 미리 확신하는 아주 관대한 조부모님들과 노인들을 상상한다. 틀림없이 그 착한 사람들 중에는 그 방의 손님들이 뽑혀 있을 것이었다. 나머지 사람들은 청소년과 어린아이들뿐이었다……

그러는 동안 몬느 곁에서는 늙은 부인 둘이 이야기를 하고 있었다.

"아무리 애를 써도 약혼자들은 내일 3시 전에 거기 도착하지 못할 거야." 더 나이 많은 부인이 공연히 부드럽게 말하려다 우스꽝스럽고 몹시 날카로운 목소리로 말했다.

"입 좀 다물어. 넌 나를 짜증나게 해." 또 다른 부인이 아주 조용한 목소리로 말했다.

그녀는 손뜨개질한 모자를 이마까지 내려쓰고 있었다.

"계산해 봐! 부르주에서 비에르종까지 기찻길로 한 시간 반, 그리고 비에르종에서 여기까지 마차로 28킬로미터……" 처음에 말했던 사람이 동요하지 않고 다시 말했다.

말다툼은 계속되었다. 몬느는 한 마디도 놓치지 않고 듣고 있었다. 이 조용한 말다툼들 덕에 현 상황이 희미하게나마 밝혀졌다. 즉 성주의 아들인 프란츠 드 갈레―그가 학생인지 선원인지 혹은 해군 지망생인지는 알 수 없었다―가 처녀를 데려와 결혼하려고 부르주에 간 것이었다. 이상한 일은 틀림없이 매우 젊고 제멋대로인 이 소년이 완전히 자기 방식대로 영지를 지배한다는 것이었다. 그는 자신의 약혼녀가 들어올 집이 축제 중인 궁전처럼 보였으면 했다. 그리고 그 젊은 아가씨의 도착을 축하하기 위해서, 그는 자신이 직접 어린이들과 너그러운 늙은이들을 초대했던 것이다. 이러한 것이 바로 두 부인이 말다툼한 내용들이었다. 그녀들은 그 밖의 이야기들은 수수께끼로 남겨두고 끊임없이 약혼자들이 돌아오는 문제에 대해서 다시 이야기했다. 한 사람은 그다음 날 아침이라고 주장했고, 다른 사람은 그날 오후라고 했다.

"불쌍한 무아넬, 넌 여전히 어리석어" 하고 좀 더 젊은 부인이 조용히 말했다.

"그러는 너는? 불쌍한 아델, 너는 여전히 고집쟁이야. 너를 못 본 지 4년이 되었는데 너는 하나도 변한 게 없구나" 하고 다른 부인이 어깨를 으쓱하면서, 그러나 아주 조용한 목소리로 대답했다.

그리고 그녀들은 조금도 화를 내지 않고 서로 우기기만 했다. 몬느는 그것에 대해 좀 더 알고 싶어 대화에 끼어들었다.

"프란츠의 약혼녀가 사람들이 말하는 것처럼 예쁜가요?"

그녀들은 당황스러워하며 그를 바라보았다. 프란츠 이외에는 아무도 그 젊은 처녀를 보지 못했던 것이다. 프란츠도 툴롱에서 돌아오던 어느 날 저녁에 '마레' 라고 불리는 부르주의 한 공원에서 침통해 보이는 그녀를 만났던 것이다. 방직공인 아버지가 그녀를 집에서 쫓아냈다는 것이었다. 그녀가 몹시 아름다웠고 프란츠는 그 즉시 그녀와 결혼하기로 결심했다. 이상한 이야기였다. 그러나 아버지 갈레 씨와 그의 누이 이본은 여전히 그에게 전혀 동의하고 있지 않다는 것이었다!……

몬느는 조심스럽게 다른 질문들을 하려고 했다. 그때 매력적인 한 쌍의 남녀가 문에 나타났다. 벨벳 블라우스에 매우 하늘거리는 스커트를 입고 있는 열여섯 살의 소녀와, 칼라가 높은 상의에 신축성 있는 바지 차림의 젊은이였다. 그들은 발을 맞추어 방을 가로질러갔다. 다른 사람들이 그들의 뒤를 따랐다. 뒤이어 소매가 아주 긴 옷에 검은 모자를 쓰고 이 빠진 입으로 웃고 있는, 키 크고 희끄무레한 광대에 뒤이어 또 다른 사람들이 소리를 지르며 달려 나갔다. 그 광대는 마치 매 걸음마다 뛰어오르기를 해야 하는 것인 양 어색하게 큰 걸음으로 달렸고 속이 빈 긴 소매를 흔들어댔다. 젊은 처녀들은 그에게 다소 겁을 먹었고, 젊은이들은 그와 악수를 했다. 그는 찢어지는 듯한 소리를 질러 그를 뒤쫓아 오는 어린이들을 기쁘게 하려는 것처럼 보였다. 지나가면서 그는 몬느를 흐릿한 눈길로 쳐다보았고 몬느는 방금 전 등불을 달았던 그 보헤미안, 머리를 완전히 깎은 말루아요 씨의 친구를 알아보는 듯했다.

식사가 끝났다. 모든 사람이 일어났다.

복도에서는 원이 만들어지고 파랑돌 춤판이 벌어졌다. 어디선가 미뉴에트 리듬의 음악이 나왔다…… 외투 깃으로 반쯤 얼굴을 가린 몬느는 주름 장식 깃 속에 있을 때처럼 마치 다른 사람이 된 것 같았다. 그 역시도 즐거워져서 마치 무언극이 여기저기서 벌어지고 있는 극장의 무대에서처럼 그 장소의 복도들을 지나며 그 키 큰 피에로를 따라다니기 시작했다. 그는 밤새도록 이상한 옷을 입고 즐거워하는 사람들 틈에 섞여 있었다. 때때로 그는 문을 열고 마법의 등불이 밝혀진 방 안에 들어가기도 했다. 어린아이들이 큰 소리로 박수갈채를 보냈다…… 때때로 그는 사람들이 춤을 추고 있는 거실의 한구석에서 어떤 세련된 멋쟁이와 이야기를 나누기도 했고, 그 다음날 입을 의상에 관해서 급히 문의하기도 했다……

결국 그는 자신에게 제공된 이 모든 즐거움에 약간 싫증이 났고, 반쯤 벌어진 외투 사이로 학생 블라우스가 보일까 매 순간 두려워하면서 그 건물에서 가장 평화롭고 어두운 곳으로 잠깐 몸을 숨기러 갔다. 거기에서는 희미한 피아노 소리만이 들려왔다.

그는 조용한 방으로 들어갔는데, 그곳은 예전에 식당이었고 매달아 놓은 램프가 그 안을 밝히고 있었다. 그곳에서도 역시 축제가 벌어지고 있었지만 그것은 바로 어린아이들을 위한 축제였다.

몇 명의 아이들은 쿠션의자에 앉아 무릎 위에 펼쳐 놓은 앨범을 한 장 한 장 넘기고 있었다. 다른 아이들은 의자 앞에 쪼그리고 앉아서 심각하게 의자 위에 그림을 진열하고 있었다. 또 다른 아이들은 난롯가에 앉아서 아무 말도 하지 않고, 아무것도 하지 않고서, 거대한 저택 안에서 저 멀리 들려오는 축제의 떠들썩한 소리에 귀를 기울이고 있었다.

식당 문 하나가 활짝 열려 있었다. 옆방에서 피아노 치는 소리가 들렸다. 몬느는 호기심에 이끌려 고개를 내밀었다. 그곳은 일종의 조그마한 응접실이었다. 부인인지 처녀인지 모를 한 여자가 어깨 위에 밤색 외투를 걸치고 등을 돌린 채 원무곡의 아리아인지 짤막한 가요인지 모를 곡을 매우 감미롭게 연주하고 있었다. 바로 옆 긴 의자 위에는 예닐곱 명의 소년 소녀들이 그림에서처럼 정렬하여 흔히 아이들이 밤이 깊었을 때 그러하듯 얌전히 피아노 연주를 듣고 있었다. 이따금 그 애들 중의 하나가 주먹으로 받치고 일어나서 긴의자에서 미끄러져 나와 식당으로 들어가곤 했다. 그러면 그림을 다 본 애들 중의 하나가 그 자리를 채우러 왔다……

모든 것이 매혹적이지만 흥분되고 광적인 이 축제, 몬느 자신도 너무나 미친 듯이 키 큰 피에로의 뒤를 쫓아다녔던 그 축제 이후에, 몬느는 세상에서 가장 평온한 행복감에 젖어 있었다.

그 처녀가 피아노를 계속해서 치고 있는 동안, 그는 소리 없이 식당으로 돌아와 앉았다. 그러고는 식탁 위에 흩어져 있는 붉은 빛깔의 두꺼운 책 하나를 펼쳐 건성으로 읽기 시작했다.

곧바로 바닥에 있던 꼬마 중의 하나가 그와 함께 책을 보려고 그의 팔에 매달려 그의 한쪽 무릎 위로 올라왔다. 또 다른 아이가 다른 쪽 무릎 위에 똑같이 올라앉았다. 그 순간 그것은 바로 그가 꿈꾸던 꿈같은 장면이었다. 그는 결혼해서 어느 날 저녁 자기 집에 있고, 그의 곁에서 피아노를 치고 있는 그 미지의 매력적인 존재가 바로 자기 부인이라는 상상을 오랫동안 할 수 있었다……

제15장

만남

그다음 날 아침, 몬느는 일찍 준비를 한 사람들 중의 하나였다. 누군가 그에게 충고해준 대로 그는 유행이 지나간 단순한 검은색 예복에 허리 부분이 꽉 죄고 어깨 부분이 부푼 소매가 달린 재킷과 앞자락이 겹쳐진 조끼, 멋진 구두를 덮을 정도로 밑단이 넓은 바지와 실크 해트를 갖춰 입었다.

그가 내려왔을 때 안마당은 아직 인적이 없었다. 그는 몇 걸음을 걸었고 마치 봄날로 옮겨진 것 같았다. 사실 그날 아침은 그해 겨울 중 가장 따뜻했다. 4월 초순처럼 날씨가 맑았다. 서리는 녹았고 젖은 풀잎은 반짝거리고 있었다. 나뭇가지에서는 여러 작은 새들이 노래하고 있었고, 때때로 따사로운 미풍이 산책하는 몬느의 얼굴을 스치곤 했다.

그는 집주인보다 먼저 일어나 초대받은 손님처럼 행동했다. 그는 자기 뒤에서 다정하고 즐거운 목소리가 다음과 같이 소리쳐 주었으면 하고 매 순간마다 생각하면서 영지의 안마당으로 나갔다.

'벌써 깬 거야, 오귀스탱?'

그러나 그는 오랫동안 정원과 안마당을 가로질러 홀로 산책을 했다. 저쪽 중앙 건물에서는 창문에도 작은 탑에도 아무런 움직임이 없었다. 그렇지만 이미 누군가 동그란 한 짝의 나무 현관문을 열어 놓았다. 꼭대기의 한 창문에는 여름날처럼 이른 아침의 햇살이 비치고 있었다.

몬느는 처음으로 대낮에 그 영지의 내부를 바라보았다. 벽의 흔적들이 황폐한 정원과 마당을 구분 짓고 있었는데, 거기에 방금 누군가가 모래를 뿌려 놓고 갈퀴질을 해 놓은 것 같았다. 그가 유숙한 부속 건물의 끝에는 무성한 관목들과 개머루로 가득 찬 후미진 곳들이 많이 있는 재미있고 무질서한 구조물과 외양간들이 있었다. 영지 끝까지 고르게 펼쳐져 있는 전나무 숲은 바위와 전나무로 더 빽빽이 덮인 푸른 언덕이 보이는 동쪽을 제외하고는 어떤 평지에서도 영지를 보이지 않게 가리고 있었다.

몬느는 잠시 정원에서 양어지를 둘러싸고 있는 흔들거리는 나무 울타리에 기대어 있었다. 양어지의 가장자리에는 거품처럼 주름 잡힌 얇은 얼음이 조금 남아 있었다. 마치 하늘로 몸을 기댄 것처럼 로맨틱한 교복 차림의 자기 모습이 물속에 반사되고 있는 것이 보였다. 그리고 그는 또 다른 몬느를 보는 것 같았다. 더 이상 농부의 마차를 타고 도망친 학생이 아닌 값비싸고 좋은 책에서 나오는 매력적이고 낭만적인 주인공 같은 존재를……

그는 중앙 건물로 서둘러 걸어갔다. 왜냐하면 그는 배가 고팠기 때문이다. 그가 지난밤에 저녁 식사를 했던 큰 방에서는 한 시골 여자가 식탁에 식사 준비를 하고 있었다. 몬느가 식탁보 위에 줄지어 차려놓은 찻잔 앞에 앉자마자, 그녀가 커피를 따라 주면서 말했다.

"당신이 첫 번째 손님입니다."

그는 갑자기 자신이 낯선 사람이라는 사실이 알려질까 봐 두려워서 아무런 대답도 하고 싶지 않았다. 그는 공지를 들었던 바대로 아침 산책용 배가 몇 시에 떠나는지만 물어보았다.

"30분 전에는 떠나지 않을 거예요. 아직 아무도 내려오지 않은 걸요."라는 대답이 들려왔다.

그래서 그는 배가 뜨는 장소를 찾아다니며 교회 건물처럼 측면이 비대칭인 긴 성곽 주위를 계속해서 돌아다녔다. 남쪽 옆면을 돌아갔을 때 그는 갑자기 끝없이 모든 풍경을 이루고 있는 갈대밭을 발견했다. 늪의 물은 이쪽에서 벽 아랫부분을 적시고 있었고 여러 개의 출입문 앞에는 찰랑거리는 물결 위로 작은 나무 발코니들이 튀어나와 있었다.

한가한 몬느는 예인로처럼 모래 깔린 강가를 오랫동안 떠돌아다녔다. 그는 호기심 어린 눈으로 황폐해지거나 버려진 방들과 의자들, 녹슨 연장들, 깨진 꽃병들이 가득한 잡동사니 방들로 통하고 있는 먼지투성이의 큰 유리문들을 살펴보았다. 그때 갑자기 건물의 저쪽 끝에서 그는 모래 위를 갈고 오는 발자국 소리를 들었다.

그들은 바로 여자 두 명이었다. 한 여자는 매우 늙고 허리가 굽었고, 다른 여자는 금발의 날씬한 처녀였는데 전날 밤 온갖 분장을 본 이후라 몬느에게는 그녀의 매력적인 복장이 처음에는 이상하게 보였다.

그녀들은 잠깐 경치를 감상하려고 멈추어 섰다. 그러는 동안 몬느는 놀라워하며 나중에 생각하면 너무 무례할지도 모를 이런 생각을 하고 있었다.

'저 여자는 틀림없이 특별한 처녀라고 불리는 여자일 거야 – 축제를 위해 불러온 여배우일 수도 있지.'

그러는 동안 두 여자는 그의 곁을 지나갔고 몬느는 미동도 없이 그 젊은 여인을 쳐다보았다. 훗날 그는 종종 그 잊혀진 아름다운 얼굴을 필사적으로 기억하려고 애쓰고 나서 잠이 들면, 꿈속에서 그녀와 닮은 처녀들이 줄지어 지나가는 것을 보곤 했다. 그녀처럼 모자를 쓴 여자, 몸을 약간 기울인 자세의 여자, 너무도 맑은 눈빛의 여자, 허리가 가는 여자, 또한 파란 눈을 가진 여자. 그러나 그 여자들 중 어느 누구도 결코 그 멋진 처녀는 아니었다.

몬느는 풍성한 금발 머리칼 아래로 보이는 다소 작지만 이목구비가 뚜렷하고 거의 고통스러워 보이는 예민함을 지닌 얼굴을 알아볼 틈이 있었다. 그러고는 이미 그녀가 그의 앞을 지나가버렸기 때문에 그는 그녀의 너무나 소박하고 정숙한 옷차림을 보았다……

어쩔 줄 몰라 하던 그는 그녀들과 함께 갈지 말지를 생각하고 있었다. 그때 그 처녀가 알아채지 못할 정도로 그를 향해 돌아서면서 같이 가던 여자에게 말했다.

"제가 생각하기로는 지금, 배가 늦어지지는 않을 것 같은데요."

그래서 몬느는 그녀를 따라갔다. 허리가 굽고 몸을 떠는 그 늙은 부인은 쉬지 않고 즐겁게 이야기하며 웃었다. 그 처녀는 부드럽게 대답해주었다. 그리고 그녀들이 선착장에 닿았을 때, 그녀는 순진하고 엄숙한 눈빛으로 이렇게 말하는 것 같았다.

'당신은 누구시죠? 여기서 당신은 무엇을 하고 있는 거죠? 저는 당신을 모른답니다. 그렇지만 마치 당신을 아는 것처럼 느껴져요.'

다른 초대 손님들도 지금 기다리며 나무 사이에 흩어져 있었다. 그리고 세 척의 뱃놀이 배들이 손님들을 맞을 준비를 한 채 부두에 정박하고 있었다. 성의 여주인과 그의 딸처럼 보이는 두 여자가 지나가자 남자들 한 사람 한 사람이 정중히 인사를 했고, 그녀들도 몸을 숙여 인사했다. 얼마나 이상한 아침인가! 얼마나 이상한 놀이인가! 겨울 해가 내리쬐는데도 불구하고 날씨는 쌀쌀했고 여자들은 그 당시 유행하던 깃털장식이 달린 모피 목도리를 목에 두르고 있었다……

늙은 부인은 강가에 머물러 있었고 어찌 된 영문인지는 몰라도 몬느는 성주의 딸과 같은 요트에 타고 있었다. 그는 한 손으로 세찬 바람에 펄럭이는 모자를 붙들며 난간에 팔꿈치를 기대고는 안전하게 앉아 있는 그 처녀를 편안하게 바라볼 수 있었다. 그 여자 또한 몬느를 쳐다보았다. 그녀는 친구들에게 대답을 하며 미소를 짓기도 하고, 입술을 약간 깨물며 파란 눈으로 그를 가만히 응시하기도 했다.

가까워진 강둑 위로 거대한 침묵이 퍼져 있었다. 배는 고요한 기계 소리와 물소리를 내며 나아갔다. 한여름이라고 믿겨질 만했다. 배는 시골집 몇 채가 있는 아름다운 정원에 정박할 예정인 것 같았다. 그 처녀는 작고 하얀 양산을 쓰고 그곳을 산책할 것이었다. 저녁까지 멧비둘기가 구슬프게 우는 소리가 들릴 것이었다…… 그러나 갑자기 차가운 돌풍이 불어와 그 이상한 축제에 초대받은 사람들로 하여금 지금은 12월임을 생각나게 했다.

전나무 숲 앞에 배를 대 놓았다. 선창에서 사공 한 사람이 울타리의 자물쇠를 여는 동안 승객들은 빽빽하게 서서 서로 밀치면서 잠깐 동안 기다려야 했다… 그 후 몬느는 연못가에서 자신의 얼굴이 지금은 잊어버린 그 처녀의 얼굴에 아주 가까이 있었던 그 순간을 회상할 때마다 얼마나 흥분되는지 모른다! 그는 눈에 눈물이 거의 가득 고일 때까지 눈을 크게 뜨고서 아주 단정한 그녀의 옆모습을 바라보았다. 그리고 그는 그녀가 털어놓았던 미묘한 비밀처럼 그녀의 뺨 위에 남아 있던 약간의 분 자국을 보았던 것을 떠올리곤 했다……

땅위에서는 모든 것이 꿈속에서처럼 이루어져 있었다. 어린아이들이 기쁨의 환성을 지르며 달려가고 무리들이 만들어져 숲속으로 흩어지는 동안, 몬느는 처녀가 그보다 열 발짝쯤 앞서 걸어가고 있는 오솔길을 따라갔다. 그는 깊이 생각할 겨를도 없이 그녀 곁으로 갔다.

"아름다우시군요." 그는 다만 이렇게 말했을 뿐이다.

그러나 그녀는 걸음을 재촉하더니 아무런 대꾸도 하지 않고 가로진 오솔길로 들어섰다. 다른 사람들은 각각 오직 자유로운 상상력에 이끌려 제멋대로 떠돌아다니며 큰길을 가로질러 뛰어놀고 있었다. 몬느는 자신이 실수, 무례함, 어리석음이라고 생각한 그 행동을 스스로 격하게 질책했다. 그는 그 매력적인 여자를 더 이상 다시 보지 못할 것이라고 생각하며 무턱대고 떠돌아다녔다. 갑자기 그때 그는 그녀가 자기 쪽으로 오고 있는 것을 발견했고, 좁은 오솔길에서는 어쩔 수 없이 그의 곁을 지나가야만 한다는 것을 깨달았다. 그녀는 장갑을 끼지 않은 손으로 커다란 외투에 진 주름들을 젖혔다. 그녀는 살갗이 많이 드러난 까만색 구두를 신고 있었다. 그녀의 발목은 어쩌나 가는지 때때로 휘어지고 똑 부러질 것만 같아 걱정될 정도였다.

이번에는 몬느가 매우 나지막이 인사를 했다.

"저를 용서해주시겠습니까?"

"그러겠어요. 하지만 전 아이들을 만나러 가야 해요. 왜냐하면 오늘은 그 아이들이 주인이거든요. 안녕히 가세요." 그녀는 아주 진지하게 말했다.

몬느는 다시 그녀에게 잠깐만 더 있어 달라고 간청했다. 그는 그녀에게 서투른 목소리로 말했지만, 목소리가 어쩌나 불안하고 떨림이 가득했던지 그녀는 더욱 천천히 걸으며 그의 말을 들었다.

"전 당신이 누구인지조차 몰라요." 마침내 그녀가 말했다.

그녀는 각 단어마다 고른 어조로, 그리고 똑같이 힘주어 말하면서도 맨 마지막은 좀 더 부드럽게 말했다…… 이윽고 그녀는 굳어 버린 얼굴을 하고 입술을 약간 깨물었고 그녀의 파란 눈은 먼 곳을 뚫어져라 쳐다보았다.

"저도 당신의 이름조차 모릅니다." 몬느가 대답했다.

그들은 이제 숲이 없는 길을 따라가고 있었고 저 멀리서 초대 손님들이 들판 한가운데 있는 외딴집 주위로 몰려들고 있는 것이 보였다.

"저곳이 바로 '프란츠의 집'이에요. 저는 가봐야 해요……" 처녀가 말했다.

그녀는 망설이다가 잠시 미소를 지으며 그를 쳐다보고는 이렇게 말했다.

"제 이름요? 전 이본 드 갈레라고 해요……"

그리고 그녀는 가 버렸다.

그 당시 '프란츠의 집'은 텅 비어 있었지만, 몬느는 많은 초대 손님들이 그 집의 다락방에까지 가득 차 있는 것을 보았다. 그는 자신이 있는 그 장소를 살펴볼 틈이 거의 없었다. 사람들은 배에서 가져온 계절에 맞지 않게 찬 식사를 서둘러 했는데, 그 음식은 틀림없이 어린 아이들이 그렇게 정했을 것이다. 그리고 곧 다시 출발했다. 몬느는 갈레 양이 나오는 것을 보자마자 그녀에게 다가가 조금 전에 그녀가 했던 말에 대답을 했다.

"제가 당신에게 지어줄 이름이 훨씬 예쁠 겁니다." 그가 말했다.

"뭐라고요? 그 이름이 뭔데요?" 전처럼 진지한 태도로 그녀가 물었다.

그러나 그는 자신이 어리석은 말을 했을까 봐 걱정이 되어서 아무런 대답도 하지 않았다.

"제 이름은 오귀스탱 몬느입니다. 그리고 저는 학생입니다." 그가 계속해서 말했다.

"아! 공부를 하시는군요?" 그녀가 말했다. 그리고 그들은 잠깐 동안 더 이야기를 주고받았다. 그들은 기쁘게—호의를 가지고—천천히 이야기를 주고받았다. 그리고 그 처녀의 태도가 바뀌었다. 그녀는 지금 덜 도도하고 덜 진지해졌지만 또한 더 걱정돼 보이기도 했다. 그녀는 몬느가 말하려고 하는 것을 두려워하고 있는 듯했고, 미리 겁을 먹고 있는 것 같았다. 그녀는 잠시 땅에 앉아 있지만, 그새 다시 날고 싶어 떠는 한 마리의 제비처럼 그의 곁에서 매우 떨고 있었다.

"그게 무슨 소용이 있어요? 네?" 그녀는 몬느의 계획에 부드럽게 대답했다.

그러나 결국 몬느가 용기를 내어 그녀에게 언젠가 이 아름다운 영지에 다시 찾아올 수 있게 허락해달라고 부탁했을 때 그녀는 간단하게 대답했다.

"전 당신을 기다리겠어요."

그들은 선착장이 보이는 곳에 도착했다. 그녀가 갑자기 멈추더니 생각에 잠겨 말했다.

"우리는 두 어린아이에 불과해요. 우리가 어리석은 짓을 했네요. 이번에는 우리가 같은 배에 타서는 안 되겠어요. 안녕, 나를 따라오지 마세요."

몬느는 그녀가 떠나는 것을 보며 잠시 망연자실해 있었다. 그리고 그는 그녀를 쫓아 다시 걷기 시작했다. 이것을 보고, 또다시 많은 초대 손님들 사이로 사라지려던 찰나 그 처녀는 걸음을 멈추고 몬느를 향해 돌아서서 처음으로 오랫동안 그를 쳐다보았다. 그것은 이별의 마지막 신호였을까? 그에게 자기와 동행하는 것을 금지하기 위해서였을까? 아니면 혹시 그녀는 무언가 그에게 더 할 말이 있었던 것일까?……

영지에 돌아오자마자 농장 뒤에 있는 비탈진 큰 초원에서는 조랑말 경주가 시작되었다. 그것이 바로 축제의 마지막 부분이었다. 모든 사람의 예상대로라면 약혼자들은 그 시간에 도착해서 거기에 참석했어야만 했고, 바로 프란츠가 모든 것을 지시했어야만 했는지도 모른다.

그렇지만 그가 없이 시작해야만 했다. 그들이 도착하였을 때, 어린이들의 웃음과 환성, 내기를 거는 소리와 긴 종소리가 울렸다. 기

수 복장을 한 소년들과 승마복을 입은 소녀들이 한 무리는 리본을 단 활기찬 조랑말을, 다른 한 무리는 온순한 아주 늙은 말을 이끌고 나왔다. 그건 마치 어느 모형 경마장의 잘 깎인 푸른 잔디밭으로 이동한 듯했다.

몬느는 다니엘과 지난밤 숲길에서 이야기하는 소리를 들었던 깃 달린 모자를 쓴 소녀들을 알아보았다…… 그는 나머지 광경은 스치며 지나쳤다. 왜냐하면 그는 군중들 속에서 우아한 장미를 꽂은 모자와 커다란 밤색 외투를 찾으려고 안달이 나 있었기 때문이다. 그러나 갈레 양은 나타나지 않았다. 그는 계속되는 종소리와 환성이 경주의 마지막을 알릴 때까지도 여전히 그녀를 찾고 있었다. 늙은 백마를 탄 소녀가 승리를 거두었다. 그녀는 의기양양해하며 말을 타고 지나갔고, 그녀의 모자 깃털들이 바람에 나부꼈다.

그러고는 갑자기 모든 소리가 그쳤다. 놀이는 끝났고 프란츠는 돌아오지 않았다. 사람들은 잠시 머뭇거렸다. 그들은 당황해하며 의논을 했다. 마침내 그들은 침묵과 불안 속에서 약혼자들이 돌아오기를 기다리기 위해 짝을 지어 건물로 되돌아갔다.

제16장
프란츠 드 갈레

경주는 너무 일찍 끝났다. 4시 반이었고 여전히 대낮이었다. 그때 몬느는 머릿속에 이상한 하루의 사건들을 가득 담은 채 방으로 돌아왔다. 그는 한가로이 탁자 앞에 앉아 저녁식사와 계속될 축제를 기다리고 있었다.

초저녁의 거센 바람이 또다시 불었다. 그 바람이 급류처럼 요란한 소리를 내거나 폭포에서 나는 힘찬 휘파람 같은 소리를 내며 지나가는 것이 들려왔다. 벽난로 앞의 철판이 때때로 덜컥댔다.

몬느는 너무도 아름다운 하루의 마지막에 우리를 사로잡아 버리곤 하는 가벼운 불안감을 처음으로 느꼈다. 잠시 그는 불을 피울까 생각했다. 그러나 그는 벽난로 앞의 녹슨 철판을 들어 올리려고 애를 썼지만 별 소용이 없었다. 그래서 그는 방 안을 정돈하기 시작했다. 그는 자신의 아름다운 옷을 옷장에 걸어 놓았고, 마치 거기에서 긴 시간 체류할 준비를 하려는 듯 뒤집어진 의자들을 벽을 따라 배치했다.

그렇지만 급히 떠날 준비를 하고 있어야 한다는 사실을 유념하고 있어 그는 의자 등받이에 마치 여행복처럼 블라우스와 다른 교복 옷가지들을 조심스럽게 걸쳐 두었다. 의자 아래에 그는 아직도 흙투성이인 징 박은 구두를 놓아두었다.

그리고 그는 다시 자리로 가 앉고 자신이 정리해놓은 방을 차분히 둘러보았다.

가끔씩 빗방울이 마차가 있는 마당과 전나무 숲을 굽어보는 유리창에 줄을 긋고 있었다. 방 안을 정돈한 뒤 마음이 진정된 몬느는 몹시 행복함을 느꼈다. 그는 그곳, 자신이 선택한 그 방에서 미지의 세계 한가운데에 있는 신비한 이방인이었다. 그가 얻은 것은 그의 기대 이상이었다. 그리고 그는 이제 거센 바람 속에서 자신을 향해 몸을 돌렸던 그 처녀의 얼굴을 떠올리는 기쁨만으로도 충분했다……

이러한 몽상을 하는 동안 밤이 되었지만 그는 불을 켤 생각조차 하고 있지 않았다. 돌풍이 불어, 마차가 있는 마당 쪽으로 창문이 나 있는 뒷방 문이 열렸다. 몬느는 그 문을 다시 닫으러 갔는데 그때 그는 그 방에서 탁자 위에 켜 놓은 촛불 같은 불빛을 발견했다. 그는 방문 틈으로 고개를 내밀었다. 누군가 틀림없이 창문을 통해 거기에 들어와 있었고 소리 없는 발걸음으로 이리저리 걷고 있었다. 누구나 그렇게 볼 수 있을 만큼 그는 아주 젊은 남자였다. 모자를 쓰지 않고 어깨에는 여행용 코트를 걸친 채 그는 마치 견딜 수 없는 고통으로 인해 얼이 빠진 사람처럼 쉴 새 없이 걸어 다녔다. 그가 활짝 열어둔 창문으로 바람이 들어와 그의 코트는 펄럭거렸고, 매번 그가 불 가까이 지날 때마다 그의 멋진 프록코트에 붙어 있는 금단추가 번쩍거렸다.

그는 항구의 카바레에서 선원들과 여자들이 마음을 달래기 위해 부르는 것처럼 이 사이로 일종의 바닷바람 같은 무언가를 휘파람으로 불고 있었다……

그렇게 하며 걸어 다니던 중, 순간적으로 남자는 걸음을 멈추고 탁자 위로 몸을 굽히더니, 상자 속을 뒤져 거기에서 종이 몇 장을 꺼냈다…… 촛불의 희미한 불빛 속에서 몬느는 옆 가르마를 탄 숱 많은 머리 아래로 매우 날카롭고 심한 매부리코에 수염 없는 옆모습을 지닌 한 얼굴을 보았다. 그는 휘파람을 불기를 멈췄다. 마치 마음에 심한 상처를 받은 것처럼 매우 창백해지고 입술을 반쯤 벌린 그는 숨을 멈춘 것처럼 보였다.

몬느는 그냥 물러갈 것인가, 아니면 그에게 다가가서 친구처럼 다정하게 어깨 위에 손을 얹고 말을 걸 것인가 신중하게 망설였다. 그러나 상대편이 고개를 들고 그를 쳐다보았다. 그는 몬느를 잠깐 동안 관찰하고는 놀란 기색 없이 다가와 목소리를 가다듬고 말했다.

"저기, 저는 당신을 알지 못해요. 하지만 만나서 반갑군요. 당신이 여기 있으니 제가 설명할 유일한 사람입니다…… 그게 말이죠!……"

그는 완전히 어찌할 바를 모르는 것처럼 보였다. 그는 "그게 말이죠"라고 말할 때, 주의를 끌기 위해서인 듯 몬느의 재킷의 깃을 붙잡았다. 그러고는 그는 말하려는 것을 곰곰이 생각하기 위한 듯 창문 쪽으로 고개를 돌리고 눈을 가늘게 떴다. 몬느는 그가 매우 울고 싶어 하는 것을 눈치 챘다.

단숨에 그는 이 모든 슬픔을 억눌렀고, 여전히 창문을 물끄러미 쳐다보며 그는 일부러 꾸민 목소리로 다시 말했다.

"좋아요! 그게 말이죠, 끝났습니다. 축제는 끝났다고요. 당신이 내려가 그들에게 알려주세요. 나는 혼자서만 돌아왔습니다. 내 약혼녀는 오지 않을 겁니다. 불안감 때문에, 두려움 때문에, 믿음이 없기 때문에…… 게다가, 저기요, 제가 당신께 알려드릴 건 말이죠……"

그러나 그는 계속 이야기하지 못했다. 그의 얼굴 전체가 일그러졌다. 그는 아무것도 이야기하지 않았다. 갑자기 몸을 돌려 그는 어둠 속으로 가서 옷가지와 책들로 가득 찬 서랍을 열었다 다시 닫았다 했다.

"저는 다시 떠날 준비를 해야겠어요. 아무도 나를 막지 못해요." 그가 말했다.

그는 탁자 위에 세면도구와 권총 한 자루, 그리고 여러 가지 물건들을 놓았다……

그리고 몬느는 아주 당황한 채 그에게 감히 한마디 말도 하지 못하고 그와 악수도 나누지 못한 채 밖으로 나왔다.

아래층에서는 이미 모든 사람이 뭔가 알아챈 듯했다. 거의 모든 소녀들이 옷을 바꿔 입고 있었다. 중앙 건물에서는 저녁식사가 시작되었지만 곧 출발할 것처럼 혼란스러운 가운데 서두르고 있었다.

큰 식당 방에서부터 꼭대기 방과 외양간에 이르기까지 사람들이 끊임없이 오갔다. 준비를 마친 사람들은 그룹을 지어 작별 인사를 나누었다.

"무슨 일이지?" 몬느가 머리에 펠트 모자를 쓰고 냅킨을 조끼에 고정한 채 서둘러 식사를 끝내고 있던 한 시골 소년에게 물었다.

"우리는 떠날 거예요. 갑자기 결정됐어요. 5시가 되니 우리만 떨어져 있었고 다른 초대 손님들은 모두 함께 있었어요. 우리는 마지막까지 기다렸어요. 약혼자들은 이제 더 이상 올 수 없어요. 누군가 '만약 우리가 떠난다면……' 하고 말했어요. 그러고는 모든 사람들이 떠날 준비를 했지요." 그가 대답했다.

몬느는 대구를 하지 않았다. 그는 지금 떠나도 상관없었다. 그는 모험의 끝까지 가지 않았던가?…… 이번에는 그가 원했던 모든 것을 얻지 않았는가? 그에게는 그날 아침에 있었던 그 모든 아름다운 대화를 편안하게 회상할 시간이 거의 남아있지 않았다. 당장에 떠나는 것만이 문제였다. 그리고 곧, 그는 다시 돌아오게 될 것이다—이번에는 속이지 않고……

"당신도 우리와 함께 가고 싶으면 서둘러 가서 옷을 입으세요. 우리는 곧 마차에 말을 맬 거예요." 같은 또래로 보이는 다른 소년이 말했다.

그는 그 자리에 하던 식사를 그대로 놓아두고 자신이 알고 있는 사실을 초대 손님들에게 말하는 것도 잊어버리고는 급히 뛰어나갔다. 공원과 정원, 그리고 안마당은 깊은 어둠 속에 잠겨 있었다. 그날 저녁에는 창문에 등불도 비치지 않았다. 그러나 결국 그날 저녁식사는 결혼식이 끝난 마지막 피로연 같았고 술을 마신 듯한 점잖지 못한 초대 손님들은 노래를 부르기 시작했다. 몬느가 거기서 멀어져감에 따라 이틀간 그렇게 많은 매력과 경이로움으로 채워져 있던 그 공원에서는 카바레 노래가 들려왔다. 그리고 혼란과 황폐함이 시작되었다. 그는 그날 아침 자기 모습이 비쳤던 양어지 옆을 지나갔다. 마치 모든 것이 이미 어느 정도 변해 있는 듯했다—단편적으로 들려오는 합창곡에서 되풀이되는 다음과 같은 노래와

> 귀여운 탕녀, 넌 대체 어디에서 되돌아오는 거니?
> 네 모자는 온통 찢어졌고
> 네 머리는 온통 헝클어졌구나……

함께 그리고 또 다른 노래도 들려왔다.

> 내 구두는 빨간색……
> 잘 가요, 내 사랑……
> 내 구두는 빨간색……
> 잘 가요, 돌아오지 말아요!

그가 그의 외딴 방 계단 아래에 이르렀을 때, 어둠 속에서 누군가 내려오다가 그와 부딪치고는 그에게 말했다.

"잘 가요, 선생!"

그러고는 몹시 추운 듯 외투 속에 몸을 파묻고 사라졌다. 그 사람이 바로 프란츠 드 갈레였다.

프란츠가 방 안에 두고 간 촛불은 아직 타고 있었다. 아무것도 흩어지지 않았다. 단지 눈에 띄는 곳에 놓인 편지 한 장에 다음과 같은 글이 쓰여 있을 뿐이었다.

제 부인이 될 수 없다고 말하며 제 약혼녀는 사라졌습니다. 그녀는 공주가 아니라 재단사였습니다. 저는 어떻게 될지 모르겠습니다. 저는 떠날 겁니다. 전더 이상 살고 싶지 않습니다. 제가 작별 인사를 하지 못하더라도 이본이 나를 용서해 주기를. 그러나 그녀는 나를 위해 아무것도 할 수 없을 겁니다……

촛불이 다 타서 불꽃이 가물거리며 잠깐 밝아지더니 꺼져 버렸다. 몬느는 방으로 들어가서 문을 닫아버렸다. 어둠 속에서도 그는 몇 시간 전, 행복에 가득 차서 대낮에 자신이 정리해 놓았던 물건들 하나하나를 알아볼 수 있었다. 그는 단화에서부터 구리 버클이 붙어 있는 굵은 허리띠에 이르기까지 자신의 보잘것없는 낡은 옷 모두를 하나하나 충실히 찾아냈다. 그는 재빨리 옷을 벗고 바꿔 입었다. 하지만 멍하니 있던 그는 그만 조끼로 착각하고는 빌려 입은 옷을 의자에 걸어놓았다……

창문 아래 마차가 있는 마당에서는 소란스런 이동이 시작되었다. 마차가 끼어서 풀려나올 수 없는 혼란 속에서 마차를 끌어내리려고 모두들 서로 잡아당기고 소리를 지르고 밀어댔다. 때때로 어떤 남자가 마차의 마부대 위로, 커다란 이륜 포장마차의 방수포 위로 기어 올라가 등불을 돌려놓기도 했다. 큰 초롱 불빛이 창문에 부딪혔다. 한순간 몬느의 주위로, 모든 것들이 그에게는 정답게 보이고 이제는 친숙한 그 방에서 고동치며 되살아나고 있었다…… 그랬다. 조심스럽게 문을 닫으며 그는 확실히 다시는 볼 수 없을 그 신비로운 장소를 그렇게 떠났다.

제17장

이상한 축제3

이미 어두워진 가운데 마차들이 한 줄로 숲의 철책을 향해 천천히 굴러가고 있었다. 선두에는 염소 가죽을 입은 한 남자가 손에 등불을 들고서 첫 수레에 맨 말의 고삐를 잡고 몰고 있었다.

몬느는 자기를 태워주겠다고 했던 사람을 서둘러 찾았다. 그는 빨리 떠나고 싶었다. 그는 마음속으로 그 영지에서 갑자기 홀로 남게 되어 그가 사기를 친 것이 발각될까 두려웠다.

그가 중앙 건물 앞에 도착했을 때, 마부들은 마지막 마차에 실을 짐의 균형을 맞추고 있었다. 의자를 당기거나 뒤로 물리기 위해서 마차꾼들이 모든 여행자를 일어나게 하자, 숄을 두르고 있던 젊은 아가씨들이 당황하며 일어나면서 담요들이 땅에 떨어졌고, 큰 등불 쪽으로 머리를 숙이는 그녀들의 불안한 얼굴이 보였다.

그 마차들 중의 하나에서 몬느는 조금 전에 그를 데려다 주겠다고 한 젊은 농부를 알아보았다.

"타도 될까요?" 몬느는 그에게 외쳤다.

"어디로 가니?" 더 이상 그를 알아보지 못하는 농부가 물었다.

"생트-아가트 쪽이에요."

"그러면 마리탱에게 한 자리 부탁해야 해."

그래서 몬느는 뒤떨어진 여행자들 틈에서 알지도 못하는 그 마리 탱을 찾고 다녔다. 어떤 사람이 부엌에서 노래를 부르고 있는 술꾼들 틈에 있는 그를 가리켰다.

"그 사람은 '농땡이꾼'이지. 새벽 3시에도 그는 여전히 거기에 그대로 있을 거야." 하고 그가 말했다.

몬느는 한 순간, 불안해하며 흥분과 슬픔으로 가득 차 영지에서 한밤중까지 술 취한 농부들의 노래를 듣고 있을 그 처녀를 생각했다. 그녀는 어느 방에 있을까? 이 신비스러운 건물들 안에서 그녀의 방 창문은 어디일까? 그러나 몬느에게는 지체해 봐야 아무 소용도 없을 것이었다. 떠나야했다. 일단 생트-아가트로 다시 돌아가면 모든 것이 더 명확해질 것이었다. 그는 더 이상 탈주한 학생이 되지 않을 것이고, 또다시 큰 성의 젊은 아가씨에 대해 생각할 수 있을 것이다.

마차들이 하나씩 하나씩 출발했다. 큰 오솔길의 모래 위로 마차 바퀴들이 삐걱거렸다. 그리고 어둠 속에서 숄을 덮어쓰고 이미 잠든 아이들과 포근히 몸을 감싼 여자들을 실은 마차들이 커브 길을 돌아 사라지는 것이 보였다. 당황한 몬느를 그 집 입구에 내버려둔 채 커다란 이륜 포장마차 한 대도, 여자들이 서로 어깨를 닿을 만큼 빽빽하게 타고 있는 유람 마차도 지나갔다. 곧 머지않아 블라우스 차림의 농부가 모는 낡은 베를린형 사륜마차밖에는 남지 않게 될 것이었다.

"타요, 우리는 그 방향으로 갑니다." 몬느의 설명에 그가 대답했다.

몬느는 낡고 기다란 사륜마차의 문을 간신히 열었다. 마차의 창유리는 흔들렸고 경첩은 삐걱거렸다. 마차 구석의 긴 의자에는 아주 어린 사내아이와 여자아이 두 명이 자고 있었다. 그 애들은 소음과 추위에 잠이 깨서 축 늘어진 채 주위를 어렴풋이 쳐다보다가 떨면서 구석에 처박혀 다시 잠이 들곤 했다……

이미 그 낡은 마차는 출발해 있었다. 몬느는 살며시 문을 다시 닫고 조심스럽게 다른 쪽 구석에 자리를 잡았다. 그러고 나서 그는 열심히 창유리를 통해 이제 막 떠나려고 하는 그 장소와 자신이 왔던 길을 알아내려고 애썼다. 밤이기는 했지만 마차가 안마당과 정원을 가로질러 그의 방 계단 앞을 지나 철책을 뛰어넘고 영지를 벗어나 숲속으로 들어가는 것을 짐작할 수 있었다. 그는 창유리를 스치며 멀어져가는 오래된 전나무 둥치들을 어렴풋이 알아보았다.

'어쩌면 프란츠 드 갈레를 만나게 될지도 몰라'라고 몬느는 두근거리는 마음으로 생각했다.

갑자기, 좁은 길에서, 마차는 장애물과 부딪치지 않으려고 옆으로 비켜섰다. 어둠 속에서 커다란 형체로 추측해 보기로는 거의 길 한복판에 멈추어 서 있는 마차인 것 같았다. 그것은 틀림없이 축제 끝 전후로 최근 며칠 동안 그곳에 있었을 것이다.

말들은 그 장애물을 지나서 다시 빠른 걸음으로 떠났다. 몬느는 주변의 어둠을 꿰뚫어보려고 헛되이 애쓰며 창유리를 통해 바라보는 것도 지쳐가기 시작했다. 그때 갑자기 깊은 숲속에서 섬광이 번쩍였고, 뒤이어 폭발음이 들려왔다. 말들은 질주해 달려 나갔고, 몬느는 처음에는 블라우스 차림의 마부가 그 말들을 진정시키려고 애쓰는 것인지, 아니면 반대로 빨리 달리도록 채찍질을 가했는지 알지 못했다. 그는 문을 열고 싶었다. 손잡이가 바깥에 달려 있었기 때문에 유리창을 내리려는 것은 소용없는 짓이었다. 그래서 그것을 흔들었다……

두려워 잠에서 깬 아이들은 아무 말도 하지 않고 서로를 꼭 껴안았다. 그리고 그는 얼굴을 창에 붙이고 창유리를 흔들고 있는 동안, 길모퉁이에 한 하얀 물체가 달리고 있는 것을 보았다. 그것은 바로 얼이 빠지고 몹시 불안해하는 축제의 키 큰 피에로였다. 가장 무도회 차림의 그 보헤미안은 사람의 몸뚱이를 팔로 끌어안고 있었다. 이윽고 그들이 사라졌다.

어둠 속을 가로질러 아주 빠른 속도로 달아나는 마차 안에서 두 아이는 다시 잠들었다. 이 이틀간의 신비로운 사건들에 대해 말할 사람이 아무도 없었다. 오랫동안 마음속으로 그가 보고 들었던 것을 모두 다시 생각해 본 후에, 몹시 지치고 무거운 마음으로 침울한 어린애처럼 그 또한 잠에 빠져들었다……

아직 동이 트기도 전에 마차는 길에 멈추어 섰고, 몬느는 어떤 사람이 유리를 두드리는 소리에 잠을 깼다. 마부가 간신히 문을 열고 소리쳤다. 찬 밤바람이 몬느의 뼛속까지 얼어붙게 했다.

"여기서 내려야 해요. 해가 뜨고 있어요. 우린 지름길로 갈 겁니다. 지금 당신은 생트-아가트와 아주 가까운 곳에 있답니다."

몬느는 반쯤 몸을 깬 채 시키는 대로 했고 기계적인 동작으로 어렴풋이 마차의 제일 어두운 한 구석, 잠든 두 아이의 발치에 굴러 떨어져 있던 그의 모자를 찾았다. 그리고 그는 몸을 구부려 밖으로 나왔다.

"그럼, 잘 가요. 6킬로미터밖에 안 걸린답니다. 자, 이정표가 저기 길가에 있어요." 그 남자가 마부대에 다시 오르면서 말했다.

아직 잠이 덜 깬 몬느는 몸을 움츠린 채 무거운 발걸음으로 이정표 있는 데까지 앞으로 걸어가서, 다시 잠들려는 것처럼 팔짱을 낀 채 머리를 숙이고 그곳에 주저앉았다.

　　"아! 안 돼요, 거기서 잠들면 안 돼요. 너무 추워요. 자, 일어나서 조금 걸어 봐요." 마부가 소리쳤다.

　　마치 술 취한 사람처럼 비틀거리며 그는 주머니에 손을 넣고 어깨를 움츠린 채 천천히 생트-아가트로 가는 길로 걸어갔다. 그러는 동안 그 신비로운 축제의 마지막 연결고리인 낡은 베를린형 사륜마차는 자갈길을 벗어나 지름길의 풀밭 위로 조용히 덜거덕거리면서 멀어져 갔다. 울타리 저 너머로 아른거리던 마부의 모자는 더 이상 보이지 않았다……

제2부

제1장
굉장한 놀이

폭풍과 추위, 비 혹은 눈 때문에 그리고 우리의 오랜 탐색을 성공적으로 수행하는 일이 불가능하다는 사실로 인해 나와 몬느는 그해 겨울이 다 가도록 그 잃어버린 지방에 대해 다시 말하는 것을 꺼려했다. 해가 짧은 2월, 목요일마다 사방으로 불어대는 돌풍이 어김없이 오후 5시경이 되면 우중충한 찬비가 되어 끝나는 동안 우리는 결코 중요한 일을 시작할 수 없었다.

그가 돌아온 그날 오후부터 우리에겐 더 이상 친구가 없다는 이상한 사실만 제외하고는 몬느의 모험을 생각나게 하는 것은 아무것도 없었다. 쉬는 시간에 예전에 했던 똑같은 게임을 했지만 들루슈는 더 이상 결코 대장 몬느에게 말을 걸지 않았다. 매번 저녁때 교실 청소가 끝나자마자 운동장은 내가 혼자 있었을 때처럼 텅 비어 있었고 나는 내 친구가 정원에서 창고로, 또 운동장에서 식당으로 이리저리 돌아다니는 것을 보았다.

목요일 아침마다 우리는 각자 두 교실 중 한 곳의 책상 위에 자리를 잡고 앉아 우리가 벽장 속 영어 교본들과 섬세하게 옮겨 쓴 오선 공책들 사이에서 찾아낸 루소와 폴-루이 쿠리에의 작품을 읽곤했다. 오후에 어떤 손님이 오면 우리는 그제야 집을 뛰쳐나올 수 있었다. 그리고 우리는 교실로 되돌아왔다…… 우리는 때때로 큰 학생들 무리가 커다란 문 앞에 마치 우연인 것처럼 잠깐씩 멈추어 서서 이해할 수 없는 군대놀이를 하며 문을 두드리고 이윽고 가버리는 소리를 듣곤 했다…… 이런 우울한 생활은 2월 말까지 계속되었다. 나는 몬느가 모든 것을 잊고 있다고 생각하기 시작했다. 그때 내 생각이 틀렸다는 것과 이런 우울한 겨울 생활의 표면 아래 어떤 격렬한 위기가 준비되어 있다는 것을 내게 증명이라도 하듯 여느 다른 일들보다 훨씬 이상한 한 모험이 일어났다.

그달 말 무렵 어느 목요일 저녁, 그 이상한 영지의 첫 소식이자 우리가 다시는 얘기하지 않았던 그 모험의 첫 여파가 우리에게까지 미쳤다. 그때 우리는 완전히 깨어 있었다. 조부모님은 다시 떠나셨고 밀리와 아버지만이 우리와 함께 있었다. 우리는 반 전체가 양편으로 갈라지게 될 은밀한 불화를 전혀 의심조차 하지 못하고 있었다.

8시, 저녁식사 찌꺼기를 밖에 내버리려고 문을 열었던 밀리가 "아!" 하며 소리를 질렀다. 그 목소리가 너무나 또렷해서 우리들은 무슨 일인가 보러 다가갔다. 문턱 위에 눈이 한 층 쌓여 있었다…… 너무나 어두웠기 때문에 나는 그 눈 층이 얼마나 깊은가를 보려고 운동장 쪽으로 몇 걸음 내딛었다. 나는 얼굴 위로 미끄러지듯 내렸다가 곧 녹아 버리는 가벼운 눈송이를 느꼈다. 식구들은 내게 어서 빨리 들어오라고 했고 밀리는 추워하며 문을 닫았다.

9시, 우리는 잠자러 올라갈 채비를 하고 있었다. 어머니는 벌써 손에 램프를 들고 계셨다. 그때 우리는 운동장 반대편 끝에 있는 문으로 무언가를 힘껏 던지는 두 번의 큰 소리를 아주 뚜렷하게 들었다.

어머니는 탁자 위에 램프를 다시 놓았고 우리는 귀를 기울이며 긴장한 채 모두 서 있었다.

　무슨 일이 일어났는지 보러 갈 생각을 하지 말았어야 했다. 운동장 중간까지 가기도 전에 램프가 꺼졌고 유리는 깨졌다. 짧은 침묵이 흐르고 아버지가 "이건 아마도……"라고 말하기 시작했을 때, 내가 전에도 말한 적이 있는 라 가르 역으로 가는 길 쪽으로 나 있는 식당 창문 바로 아래에서 귀를 찢는 듯하고 아주 긴 호루라기 소리가 났다. 그 소리는 아마도 성당 길에까지 들렸을 것이다. 그리고 그 즉시 겨우 창유리들로 가려져 있고 바깥의 문지방 위를 타고 올라왔음에 틀림없을 사람들로 인해 밀려있는 창문 뒤로 날카로운 외침이 터져 나왔다.

　"그를 데려와라! 그를 데려와라!"

　건물의 반대쪽 끝에서 똑같은 외침들이 이에 대답했다. 그들은 틀림없이 마르탱 신부의 밭을 지나서 왔을 것이다. 그들은 그 밭과 우리의 운동장을 구분 짓는 낮은 벽 위로 기어 올라왔음에 틀림없었다.

　이윽고 곳곳에서 여덟 명 내지 열 명에 이르는 알 수 없는 사람들이 변조한 듯한 목소리로 고래고래 소리를 질러대는 "그를 데려와라!"라는 외침들이 연달아 터져 나왔다. 바깥벽에 기대어놓은 나뭇단 한 더미를 기어올라 도달했을 창고 지붕 위에서도, 쉽게 올라타 있을 수 있는 둥근 꼭대기가 있는 헛간과 현관을 연결시켜주는 작은 담장 위에서도, 쉽게 오를 수 있는 라 가르 역으로 가는 길의 철책이 쳐진 담장 위에서도. 마침내 뒤쪽 정원에서 늦게 도착한 한 무리가 이번에는 "돌격!" 하고 외치면서 똑같이 소란을 피웠다.

그리고 우리는 그 외침의 메아리가 그들이 창문을 열어 놓은 빈 교실 안에서 울려 퍼지는 것을 들었다.

몬느와 나는 그 정체불명의 사람들이 공격하고 있는 모든 지점을 지도를 보듯 훤히 꿰고 있을 정도로 그 큰 건물의 통로와 모퉁이를 너무도 잘 알고 있었다.

사실을 말하면 우리는 단지 처음 순간만 무서웠다. 호루라기 소리에 우리 넷 모두는 부랑자들과 보헤미안들의 습격이라고 생각했다. 바로 보름 전부터 성당 뒤 광장에는 키 큰 불한당 한 명과 붕대로 머리를 싸맨 어린 소년이 있었다. 또한 수레 만드는 목수 집과 제철소에는 이 지방 출신이 아닌 직공들도 있었다.

그러나 침략자들의 외침 소리를 듣자마자 우리들은 아마도 젊은 마을 사람들과 관계가 있음을 확신했다. 마치 배에 상륙하는 해적처럼 우리 건물을 습격한 무리 속에는 심지어 어린아이들까지 있었다. 우리는 아이들의 찢어질 듯한 목소리를 분간할 수 있었던 것이다.

"아! 저, 설마……" 아버지가 소리쳤다.

"아니, 그게 무슨 말이에요?"라고 밀리가 낮은 목소리로 물었다. 그때 갑자기 문에서, 철책이 쳐진 담장에서 들리던 목소리들이—뒤이어 창문에서 들리던 목소리도—멎었다. 두 번의 호루라기 소리가 십자형 유리창 너머에서 났다. 창고 위로 기어 올라온 사람들의 목소리와 정원의 침략자들의 목소리도 점차 줄어들더니 이윽고 멎었다. 우리는 식당 벽을 따라서 급히 후퇴하는 그 무리의 스치는 소리를 들었고 그들의 발걸음 소리는 눈 때문에 약해졌다.

누군가 분명히 그들을 해산시켰다. 모두가 잠들었을 그 시각에 그들은 마을 입구에서 떨어져 외진 이 집을 조용히 공격하려고 생각했을 것이다. 그러나 그들의 군사작전에 차질이 생긴 것이다.

우리는 거의 침착함을 되찾을 시간도 없이—왜냐하면 그 공격은 잘 짜인 상륙작전처럼 갑자기 이루어졌기 때문이다—밖으로 나갈 채비를 했는데, 그때 우리는 작은 철책에서 낯익은 목소리가 부르는 소리를 들었다.

"쇠렐 선생님! 쇠렐 선생님!"

그 사람은 바로 정육점 주인 파스키에 씨였다. 뚱뚱하고 키 작은 그는 문턱에 신발을 문지르고 군데군데 눈이 묻어 있는 그의 짧은 블라우스를 털고서 들어왔다. 그는 수수께끼 같은 일의 모든 비밀을 알고 있는 사람처럼 음흉하고 놀란 표정을 지어 보였다.

"저는 카트르-루트 광장 쪽으로 나 있는 우리 집 안마당에 있었어요. 염소 외양간을 막 잠그려던 참이었죠. 갑자기 눈 위에 뭐가 서 있기에 무엇인가 하고 봤죠. 그건 보초를 서고 있거나 아니면 뭔가를 노리고 있는 것처럼 보이는 키 큰 소년 두 명이었어요. 그들은 십자가를 향하고 있었어요. 제가 앞으로 나가 두어 발짝 다가가자, 이런! 그들이 보폭을 크게 하여 선생님 댁 쪽으로 달아나버렸지요. 아! 그래서 전 지체하지 않고 초롱을 챙겨들고서는 이렇게 말했지요. '쇠렐 선생님께 이것을 말씀드리러 가야겠다……'"

그리고 그는 이야기를 다시 시작했다.

"제가 우리 집 뒷마당에 있었는데……" 그때 우리가 그에게 술 한 잔을 권하자 그는 받아 들였다. 그리고 우리는 그에게 자세한 내용을 물었지만 그는 대답하지 못했다.

그는 우리 집에 오면서 아무것도 보지 못했다. 그가 쫓아 보낸 두 명의 보초 소년들에게서 경고의 신호를 받은 모든 무리들이 그 즉시 사라져 버렸던 것이다. 그 전령들이 될 수 있는 사람이 누구인지를 말할 것 같으면……

"보헤미안들이 틀림없을 거예요. 그들은 한 달 전부터 희극을 공연할 가장 좋은 시기를 기다리며 광장에 있었어요. 그들은 어떤 나쁜 일을 도모하지 않고서는 살 수 없는 사람들이지요."

이 모든 말이 우리에게는 거의 도움이 되지 않아 우리들은 아주 난감해하며 서 있었다. 그동안 그는 술을 홀짝홀짝 마시고는 또다시 그 이야기를 중얼거렸다. 그때까지 아주 주의 깊게 듣고 있던 몬느가 그때 땅바닥에 있는 정육점 주인의 초롱을 집어 들고는 결정을 내렸다.

"가봐야겠어요!"

그가 문을 열었고, 아버지와 파스키에 씨, 그리고 나는 그 뒤를 따랐다.

어머니는 침입자들이 가버린 탓에 이미 안심한 채로 모든 꼼꼼하고 정리 정돈 잘하는 사람이 그러하듯 별로 호기심이 없는 천성 그대로 다음과 같이 말했다.

"가고 싶으면 가요. 하지만 문은 잠그고 열쇠를 가져가요. 저는 자러 갈 거예요. 램프는 켜 둘게요."

제2장

함정에 빠지다

우리는 완전한 정적이 흐르는 가운데 눈을 맞으며 길을 떠났다. 몬느가 먼저 걸어가면서 가림막을 한 초롱의 불빛이 부채꼴로 우리 앞을 비추게 했다…… 우리가 막 큰 문을 나서자마자 체육실 벽 가까이 있는 계량기 뒤에서 마치 놀란 자고새처럼 두건을 쓴 두 사람이 불쑥 튀어나왔다. 조롱하는 것인지, 그들이 거기서 하던 이상한 놀이 때문에 재미있어서인지, 신경 흥분 때문인지, 잡힐까 봐 두려워서인지, 그들은 달려가면서 웃음 섞인 두세 마디 말을 던졌다.

　몬느는 눈 속에 초롱을 내려놓고 내게 소리쳤다.

　"날 따라와! 프랑수아!……"

　그리고 그렇게 빨리 달리는 것을 감당해 낼 수 없는 두 어른을 그곳에 내버려 둔 채, 우리는 두 그림자를 쫓아 달려갔다. 그들은 마을 아래를 순식간에 돈 다음 비에유플랑슈의 길을 따라 일부러 성당 쪽으로 다시 올라갔다. 그들이 너무 빠르지 않게 일정한 속도로 달려서 우리는 힘들이지 않고 그들을 따라 쫓아갈 수 있었다. 그들은 모두가 잠들어 조용한 성당 길을 가로질러서 묘지 뒤에 있는 좁은 거리와 골목길의 미로로 접어들었다.

　그곳이 바로 '작은 모퉁이'로 불리는 날품팔이하는 농민들과 재단사, 방직공들이 사는 구역이었다. 우리는 그 동네를 잘 모르는데다가 밤에 가 본 적도 없었다. 그곳은 낮에도 인적이 뜸했다. 날품팔이하는 농민들은 나가고 없고, 방직공들은 틀어박혀 있었다. 그리고 오늘 같이 아주 조용한 밤에는 마을의 다른 구역들보다도 더 사람이 살고 있지 않는 듯했고 잠든 것처럼 보였다. 그래서 누군가 갑자기 나타나서 우리를 도와줄 어떤 가능성도 없었다.

나는 종이상자처럼 아무렇게나 정착해 있는 작은 집들 사이에 있는 길 하나만 알고 있었는데, 그것은 '벙어리'라는 별명으로 불리는 여자 재단사의 집 쪽으로 가는 길이었다. 맨 먼저 군데군데 포석이 깔린 꽤 가파른 경사면을 내려간 다음, 방직공들의 작은 안마당이나 빈 외양간 사이를 두세 번 돌아나가면 오래전부터 버려진 농가의 안마당에 의해 막혀 있는 한 넓은 막다른 골목에 이르게 된다. 벙어리의 집에서 그녀가 손가락을 빠르게 움직이며 이따금 신체장애자의 짧은 외침들로 인해 중단되기도 하는 조용한 대화를 내 어머니와 나누는 동안, 나는 십자형의 창유리를 통해 마을 이편의 제일 끝 집이었던 그 농가의 큰 벽과 더 이상 아무것도 지나가지 않는, 지푸라기 하나 없는 메마른 안마당의 항상 잠겨 있는 울타리를 볼 수 있었다……

누군지 모르는 그 두 사람이 달려간 곳은 바로 그 길이었다. 모퉁이를 돌 때마다 우리는 그들을 놓쳐버릴까 봐 걱정했으나 놀랍게도 우리는 항상 그들이 그다음 모퉁이로 돌아가기 전에 앞의 모퉁이에 이르곤 했다. 내가 왜 '놀랍게도'라고 말했느냐 하면, 사실 그 골목들이 얼마나 짧았던지 그들이 우리에게 안 보일 때 매번 속도를 늦추지 않았다면 그들을 뒤쫓는 일이 불가능했기 때문이다.

마침내 그들은 망설임 없이 벙어리의 집으로 가는 길로 접어들었다. 그리고 나는 몬느에게 소리쳤다.

"우리가 그들을 잡았어. 막다른 골목이야!"

사실대로 말하면 그들이 우리를 잡은 것이었다…… 그들이 자기들이 원하는 곳으로 우리를 유인한 것이었다. 일단 벽에 이르자 그들은 과감하게 우리 쪽으로 돌아섰고, 둘 중의 한 명이 그날 저녁 우리가 이미 두 번이나 들었던 바로 그 동일한 호루라기를 불었다.

그 즉시 비어있던 농가의 안마당에서 10여 명의 아이들이 나왔는데, 아마 그들은 그곳에 배치되어 우리를 기다리고 있었던 것 같다. 그들은 모두 모자를 쓰고 머플러 속에 얼굴을 감추고 있었다……

그들이 누구인지를 우리는 진작부터 알고 있었지만 쉬렐 선생님에게는 아무 말도 하지 않기로 결심했다. 그에게 그건 크게 상관할 일이 아니었다. 들루슈, 드니, 지로다와 다른 아이들이 있었다. 우리는 싸우면서 그들의 싸우는 방식과 그들의 목소리를 단편적으로 알아챌 수 있었다. 그러나 한 가지가 여전히 염려스러웠는데 그 점이 몬느를 불안하게 하는 것 같았다. 바로 그곳에는 우리가 모르는 대장처럼 보이는 한 사람이 있었다……

그는 몬느를 건드리지 않았다. 대신 그는 할 일 많은 자기 부하들이 눈 속을 기어가며 위에서 아래까지 누더기가 된 채 헐떡거리는 키 큰 소년을 악착스럽게 따라다니는 것을 지켜보고 있었다. 그들 중 둘은 나를 맡았는데, 내가 악을 쓰며 발버둥 쳐서 나를 꼼짝 못하게 만드는 데 애를 먹었다. 나는 땅바닥에 무릎을 꿇고 앉았다. 그들은 내 두 팔을 뒤로 모아 붙들고 있었고 나는 공포 섞인 강렬한 호기심을 가지고서 그 장면을 지켜보았다.

몬느는 반 친구 네 명을 처리하고 있었는데, 블라우스를 벗으며 재빨리 돌아 그들을 눈 속에 힘껏 내던졌다…… 그 낯선 사람은 두 다리를 버티고 아주 꼿꼿이 서서 흥미롭게, 그러나 아주 침착하게, 때때로 또렷한 목소리로 "계속해…… 용기를 내…… 다시 붙어…… 계속해, 아이들아……"라고 되풀이하며 싸움을 지켜보고 있었다.

싸움을 지휘하고 있는 사람은 분명히 그였다…… 그는 어디에서 왔을까? 어디서, 또 어떻게 그는 아이들을 싸움에 끌어들였을까? 바로 그것이 우리에게는 수수께끼로 남아 있었다. 그는 다른 아이들과 마찬가지로 머플러로 얼굴을 감싸고 있었지만 적들을 해치운 몬느가 위협하며 그에게 다가갔을 때, 그가 분명히 눈이 잘 보이게 하기 위해서, 그리고 그 상황에 대처하기 위해서 취한 행동은 붕대를 감은 듯 머리를 감싸고 있던 하얀 천 조각을 벗는 것이었다.

바로 그때, 나는 몬느에게 소리쳤다. "뒤를 조심해! 한 놈 더 있어." 그가 몸을 돌릴 새도 없이, 등 뒤에 있던 울타리에서 키 큰 놈이 하나 불쑥 튀어나와 머플러로 능숙하게 목을 감아 그를 뒤로 넘어뜨렸다. 한꺼번에 눈 속에 거꾸로 처박혔던 네 명의 적이 몬느를 다시 덮쳐 그의 팔다리를 꼼짝 못하게 만든 다음 밧줄로 두 손을 묶고, 머플러로 다리를 묶었다. 그러는 동안 머리에 붕대를 감은 그 젊은 사람은 몬느의 주머니를 뒤졌다…… 올가미를 들고 맨 마지막에 온 남자가 조그만 촛불을 켜서 손으로 그 불빛을 지키고 있었다. 매번 새로운 종이를 발견할 때마다 그 대장은 그것이 담고 있는 내용을 검토하러 희미한 빛의 곁으로 가곤 했다. 마침내 그는 몬느가 돌아와 작업해 둔 표시들이 가득 뒤덮인 지도를 펼치고는 기뻐하며 외쳤다.

"이번에야말로 우리가 손에 넣었구나. 이게 바로 그 지도야! 바로 그 안내서야! 우리는 과연 내가 상상한 곳에 이 친구가 정말 갔었는지를 보게 될 거야……."

그의 부하가 촛불을 껐다. 모두들 모자와 허리띠를 주워 들었다. 그리고 내 친구를 풀어줄 수 있도록 먼저 나를 풀어준 다음 모두는 그들이 왔을 때와 마찬가지로 조용히 사라졌다.

"그들은 그 지도를 가지고 아주 멀리 가진 못할 거야." 몬느가 일어서면서 말했다.

그리고 우리는 천천히 다시 출발했다. 왜냐하면 몬느가 다리를 약간 절고 있었기 때문이다. 우리는 성당 길에서 쇠렐 선생님과 파스키에 아저씨를 다시 만났다.

"너희들 아무것도 보지 못했지? 우리도 더 이상 못 봤어!" 그들이 말했다……

밤이 깊었던 덕분에 그들은 아무것도 알아채지 못했다. 정육점 주인은 떠났고 쇠렐 선생님은 급히 자러 들어갔다.

그러나 우리들은 위층 우리 방에서 서서, 밀리가 두고 간 램프 불빛 아래, 마치 전투에 패배한 날 저녁의 두 군사들처럼 낮은 목소리로 우리에게 일어났던 일에 관해 이야기하며, 오랫동안 우리의 찢어진 블라우스를 대충 수선하고 있었다……

제3장
학교에 나타난 보헤미안

다음 날은 일어나기가 정말 힘들었다. 8시 반, 쇠렐 선생님이 소년들에게 학교에 들어가라는 신호를 막 하자마자, 우리들은 아주 숨 가쁘게 교실의 자리를 찾아갔다. 우리는 한 발 늦어서 아무 자리에나 살짝 들어갔지만 보통 대장 몬느는 학생들이 쇠렐 선생님이 검사할 책, 공책, 그리고 펜대를 가지고 팔꿈치가 붙을 정도로 나란히 서 있는 긴 줄의 맨 앞을 차지하곤 했다.

나는 줄의 중간쯤에 우리의 자리를 마련해 준 그들의 소리 없는 민첩함에 놀랐다. 그리고 수업 시간에 몇 분 늦은 쇠렐 선생님이 대장 몬느를 검사하고 있는 동안, 나는 전날 밤 우리의 적들의 얼굴을 보기 위해 머리를 내밀고 줄을 따라 좌우를 주의 깊게 둘러보았다.

내가 처음으로 발견한 녀석은 내가 그 놈일 거라고 생각해 왔던 바로 그놈이지만 마지막 녀석은 내가 이곳에서 볼 거라고 예상만 할수 있었다. 그는 평소 몬느 자리인 맨 앞자리에서 한 발은 돌계단 위에 올려놓고, 한쪽 어깨와 등에 멘 가방 모서리를 문틀에 기대고 있었다. 예민하고 아주 창백하며 약간 주근깨가 있는 그의 얼굴은 앞으로 기울어졌고 일종의 경멸하고 업신여기는 듯한 호기심을 나타내면서 우리 쪽으로 향해 있었다. 머리와 얼굴 한쪽 전체에는 하얀 붕대가 감겨 있었다. 나는 지난밤 우리에게서 지도를 훔쳐갔던 그 젊은 보헤미안, 그 무리의 우두머리를 알아보았다.

그러나 이미 우리들은 교실에 들어갔고 각자 제자리에 앉았다. 그 새로운 학생은 기둥 근처 긴 의자의 왼쪽에 앉았고, 몬느는 그 의자의 오른쪽 첫 번째 자리를 차지하고 있었다. 지로다, 들루슈와 첫 줄 의자에 앉은 다른 세 명은 그에게 자리를 만들어 주기 위해서 좁혀 앉았다. 마치 모든 것이 미리 계획되어 있었던 것처럼……

종종, 겨울이면 운하에 언 얼음에 발목이 묶인 선원들, 견습공들, 눈 때문에 꼼짝 못하는 여행자들이 우연히 학생이 되어 이렇게 우리들 가운데서 공부를 하곤 했다. 그들은 수업에 이틀, 한 달, 드물게는 그 이상으로까지 머물러 있고는 했다…… 첫 수업 시간만큼은 호기심의 대상이 되곤 했지만, 그들은 이내 등한시 되고, 여느 학생들의 무리 속으로 아주 빠르게 사라지곤 했다.

그러나 그 친구는 금세 잊히지 않았던 것 같다. 나는 여전히 그 독특한 존재와 그가 등에 짊어지고 있던 가방 속에서 나온 온갖 낯선 보물들을 기억하고 있다. 그가 받아쓰기를 하려고 맨 먼저 꺼낸 것은 바로 '그림' 펜대였다. 한쪽 눈을 감고 보면 손잡이의 구멍 속에서 루르드 대성당이나 어떤 모르는 건축물이 흐려졌다가 크게 나타나는 것을 볼 수 있었다. 그가 하나를 고르면 다른 것들은 그 즉시 이 사람 저 사람으로 옮겨졌다. 다음은 컴퍼스와 재미난 도구들로 채워져 있는 중국식 필통이었는데, 그것은 쇠렐 선생님이 전혀 볼 수 없도록 연습공책 밑으로 소리 없이 은밀하게 손에서 손으로 왼쪽 의자로 흘러갔다.

신간 책들 또한 전달되었는데, 우리 도서관에서도 보기 드문 책등의 제목들을 나는 선망의 눈으로 읽었다. 《티티새가 나는 황야》, 《갈매기 떼가 앉는 바위》, 《내 친구 브누아》…… 어떤 아이들은 무릎 위에다 어디서 온 것인지도 모르는, 어쩌면 훔친 것일지도 모르는 이 책들을 올려놓고 한 손으로는 책장을 넘기며 다른 한 손으로는 받아쓰기를 하고 있었다. 다른 학생들은 사물함 서랍 바닥에서 컴퍼스를 돌리고 있었다. 쇠렐 선생님이 등을 돌린 채 교탁에서 창문까지 걸어가며 계속 받아쓰기를 불러 주고 있는 동안, 다른 학생들은 재빨리 한쪽 눈을 감고 다른 한쪽 눈으로 청록색의 구멍 뚫린 파리 노트르담의 풍경을 보고 있었다. 그러는 동안 그 낯선 학생은 펜을 손에 쥐고서 그의 주위에서 일어나는 이 모든 비밀스런 놀이에 만족해하며 회색 기둥에 날카로운 옆얼굴을 기댄 채 눈을 윙크하고 있었다.

그렇지만 점차 교실 전체가 동요하기 시작했다. 그렇게 '옮겨진' 물건들이 하나하나 몬느의 수중에 들어왔는데, 그는 그것들을 보지도 않고 아무렇게나 그의 옆에 놔두는 것이었다. 머지않아 그곳에는 마치 우의적인 그림들에서 과학을 상징하는 여성의 발밑에서처럼 가지각색의 물건 한 무더기가 쌓였다. 당연히 쇠렐 선생님은 이 기괴한 짐꾸러미를 발견하게 되었고 수작을 알아차렸다. 게다가 어떤 경우에도 그는 간밤의 사건에 대해 조사하려고 생각했었다. 그 보헤미안이라는 존재가 그의 일을 용이하게 해줄 것이었다……

실제로 그 즉시 쇠렐 선생님은 깜짝 놀라며 대장 몬느 앞에서 걸음을 멈추었다.

"이 모든 것이 누구 것이니?" 그는 집게손가락으로 책을 덮으며 책

뒷면에 쓰여진 '이 모든 것'을 가리키며 물었다.

"전 아무것도 몰라요." 몬느는 고개도 들지 않은 채 퉁명스러운 목소리로 대답했다.

그런데 낯선 그 학생이 끼어들었다.

"제 거예요." 그가 말했다.

그리고 그는 늙은 선생님이 곧바로 제지할 수도 없을 만큼 젊은 귀족이나 할 만한 크고 우아한 몸짓을 하면서 덧붙였다.

"그런데 선생님, 만약 보고 싶으시다면 마음대로 하세요."

그렇게 잠깐 동안 소리 없이, 마치 이제 막 형성된 이 새로운 상황을 방해하지 않으려는 듯 반 아이들 모두는 그 보물 위로 몸을 기울이고 있는 반 대머리에 반 곱슬머리의 선생님과 침착하고 의기양양한 태도로 필요한 설명을 하고 있는 안색이 창백한 그 친구 주위에 호기심 어린 눈으로 슬그머니 모여들었다. 그렇지만 조용히 자리에 앉아 완전히 방치된 채 대장 몬느는 연습장을 펴고는 눈살을 찌푸리며 한 가지 어려운 수학 문제에 몰두했다……

아침 휴식 시간이 되기까지 우리는 이러한 상태로 15분을 보냈다. 받아쓰기는 끝나지 않았고, 무질서가 교실 안을 지배했다. 사실, 그날 아침 내내 휴식 시간이 계속된 셈이었다.

그리고 10시 반, 어둡고 진흙투성이의 운동장이 학생들로 가득 차 있을 때, 우리는 새로운 지도자가 놀이들을 지배하고 있다는 사실을 아주 빨리 알아차렸다.

그날 아침부터 그 보헤미안이 우리들에게 가르쳐준 모든 새로운 오락거리들 중에서, 나는 단지 가장 참혹했던 것만을 기억하고 있다. 그것은 바로 덩치가 큰 학생들이 말이 되어 어깨 위로 가장 어린 학생들을 태워야 하는 일종의 토너먼트 시합이었다.

두 팀으로 나뉘어 운동장의 양끝에서부터 출발한 그들은 서로 격하게 부딪쳐서 상대 팀을 땅바닥에 쓰러뜨리려고 무진장 애를 쓰며 서로 덤벼들었고 말을 탄 아이들은 머플러를 올가미로 사용하거나 아니면 창처럼 팔을 뻗어 상대편을 말에서 떨어뜨리려고 애썼다. 충돌을 교묘하게 피하다 몸의 균형을 잃고서 말 아래로 굴러 떨어져 진흙 속에 자빠지는 아이가 있었다. 말이 다리를 붙잡고 있어 반쯤 말에서 떨어졌다가 여전히 싸우려고 어깨 위로 다시 기어오르는 아이들도 있었다. 지나치게 긴 팔다리에 적갈색 머리를 하고 불쑥 나온 귀를 지닌 키 큰 들라주 위에 탄 마른 기수는 머리에 붕대를 감고서 맞서 싸우는 두 무리를 흥분시켰고 큰 소리로 웃으며 짓궂게 말을 몰았다.

몬느는 교실 문턱에 서서 처음에는 언짢은 기분으로 이 놀이들이 이루어지는 것을 바라보았다. 나는 그의 곁에 망설이며 서 있었다.

"교활한 녀석이군. 오늘 아침 이곳에 온 건 바로 의심받지 않으려는 수작이었어. 그리고 쇠렐 선생님은 거기에 그만 걸려드신 거야." 호주머니에 두 손을 넣은 채 그가 입안에서 어물어물 말했다.

그는 얼마 전까지만 해도 자기가 대장 노릇을 했던 모든 아이들을 서로 때리게 만드는 그 협잡꾼에 대해 욕설을 퍼부으면서 짧게 깎은 머리에 바람을 맞으며 그곳에 한참동안 머물러 있었다. 조용히 있던 나도 그 사실을 인정하지 않을 수가 없었다.

운동장 여기저기서 선생님이 안 계신 틈을 타 싸움은 계속되었다. 제일 키 작은 아이들은 결국은 서로 올라탔다. 그들은 뛰었고 상대편과 부딪치기도 전에 곤두박질쳤다…… 이내 운동장 한가운데에는 악착스럽게 싸우며 야단법석인 한 무리 외에는 더 이상 아무도 서 있지 않았다. 무리 가운데서 새로운 대장의 흰색 붕대가 때때로 불쑥 나타나곤 했다.

이제 대장 몬느는 더 이상 견딜 수 없었다. 그는 머리를 숙이고 넓적다리에 두 손을 얹고는 내게 소리쳤다.

"가자, 프랑수아!"

이 갑작스런 결정에 놀랐지만 나는 주저하지 않고 그의 어깨 위로 올라탔고, 단숨에 우리들은 그 접전의 한가운데로 나아갔다. 그때 싸우던 학생들의 대부분은 미친 듯이 날뛰면서 이렇게 소리를 지르며 도망쳤다.

"몬느다! 대장 몬느다!"

남아 있었던 아이들의 한가운데서 그는 내게 말하며 스스로 돌기 시작했다.

"두 팔을 뻗어. 내가 그날 밤에 했던 것처럼 그들을 붙잡아."

싸움에 도취되어 승리를 확신한 나는 지나가며 서로 싸우고 있던 아이들을 움켜잡았고 그들은 큰 애들의 어깨 위에서 잠깐 비틀거리다가 진흙탕 속에 떨어졌다. 순식간에 들라주 위에 올라탄 그 새로 나타난 이만이 남아 서 있었다. 그러나 몬느와 싸우고 싶지 않았던 들라주는 갑자기 허리를 펴고 몸을 뒤로 숙이고서는 하얀 붕대를 맨 기수를 내려놓았다.

마치 장수가 자신의 말의 고삐를 쥐고 있듯, 그 젊은 소년은 자기 말의 어깨에다 손을 얹은 채 땅 위에 서서 약간 놀란 듯했지만 크게 감탄하며 대장 몬느를 바라보았다.

"잘됐군!" 그가 말했다.

하지만 그러자마자 종이 울려서 흥미로운 장면을 기다리며 우리들 주위에 모여들었던 학생들도 흩어졌다. 그리고 적을 땅바닥에 내던질 수 없었던 것에 대해 분해하며 몬느는 언짢은 기분으로 이렇게 말하며 돌아섰다.

"다음번에 보자!"

정오까지, 수업은 계속되었고 방학이 가까워질 무렵처럼 중간 중간에 재미있는 이야기를 나누기도 했는데, 거기에는 그 협잡꾼 학생의 이야기가 중심을 이루었다.

그는 광장에서 추위 때문에 꼼짝 못한 채 아무도 오지 않으려 하는 야간 공연을 준비할 엄두조차 내지 못하고 있는 자신의 일행들이 어떻게 그를 낮 동안에 즐겁게 놀도록 학교에 가게하고 반면 자신들은 서인도산 새들과 재주 부리는 염소를 보살피고 있도록 결정했는지를 설명했다. 그리고 그는 주변 나라에서의 그들의 여행에 대해 이야기했고, 소나기가 마차의 형편없는 양철 지붕 위로 쏟아질 때 마차를 언덕 위로 밀어 올리려고 내려서야 했던 이야기도 했다. 뒤쪽에 앉은 학생들은 더 가까이에서 이야기를 들으려고 자리를 옮겼다. 이야기에 별 관심이 없는 아이들은 이 기회를 이용해 난로 주변으로 몸을 녹이러 갔다. 그러나 머지않아 호기심이 그 아이들도 사로잡아서 그들은 그곳에 자기 자리를 지키기 위해 한 손을 난로 덮개 위로 둔 채 이 떠들썩한 무리 쪽으로 귀를 기울였다.

"그러면 너희들은 어떻게 사니?" 학교 선생으로서는 다소 어린아이 같은 호기심을 가지고 많은 질문을 이어가던 쇠렐 선생님이 이렇게 물으셨다. 그 소년은 마치 그런 사소한 문제는 걱정을 해본 적이 없었다는 듯 잠깐 멈칫하더니 대답했다.

"아, 아마 지난 가을에 벌어 둔 것으로 살 거예요. 가나슈가 결산을 하지요."

아무도 그에게 가나슈가 누구인지 물어보지 않았다. 그러나 나는 간밤에 비열하게 뒤에서 몬느를 공격해서 넘어뜨렸던 키 큰 녀석을 떠올렸다……

제4장

신비로운 영지는 과연 어디일까

오후에도 똑같은 놀이가 다시 이루어졌고, 남은 수업 내내 똑같이 무질서와 속임수가 이어졌다. 보헤미안은 조개껍질, 장난감, 노래책 등의 다른 귀중한 물건들과 함께 조용히 그의 가방 안을 갉고 있던 조그만 원숭이까지 가져왔다…… 매번 쇠렐 선생님은 이 장난꾸러기 소년이 가방에 넣어가지고 온 것을 검사하기 위해서 수업을 중단해야만 했다…… 4시가 되었고 몬느만이 유일하게 문제를 다 풀었다.

모두가 천천히 밖으로 나갔다. 수업 시간과 쉬는 시간 사이의 엄격하고 견고한 구분은, 학교생활을 마치 밤과 낮이 이어지듯 단순하고 규칙적으로 만들었는데, 이제는 더 이상 없는 것처럼 보였다. 우리는 4시 10분 전쯤에 여느 때처럼 쇠렐 선생님에게 교실 청소를 하기 위해 남아야 할 두 학생을 말씀드리는 것조차 잊고 있었다. 우리는 그걸 절대 잊지 않았었는데, 왜냐하면 그것이 수업의 끝을 알려 앞당기는 방법이었기 때문이다.

우연찮게 그날이 바로 몬느의 차례였다. 아침부터 나는 그 보헤미안에게 새로 온 학생들이 온 날은 항상 보조 청소 당번이라는 직책으로 지명된다는 사실을 알려주었다.

몬느는 간식으로 빵을 구하자마자 교실로 다시 들어왔다. 그 보헤미안은 우리를 오랫동안 기다리게 하더니 어둠이 깔리기 시작하자 달려서 마지막으로 도착했다……

"너는 교실에 남아 있어. 내가 그를 붙잡고 있는 동안 너는 그에게서 훔쳐간 내 지도를 빼앗아." 몬느가 내게 말했다.

그래서 나는 희미한 황혼 빛에 책을 읽으며 창가의 조그만 책상 위에 앉아 있었다. 그리고 그 두 사람이 조용히 교실 의자들을 옮겨 놓는 것을 보고 있었다. 단추가 등에 세 개 달린 검은색 블라우스를 입고 허리띠를 졸라맨 몬느는 말없이 굳은 표정을 짓고 있었다. 그리고 그 보헤미안은 예민하고 신경질적이었고 부상자처럼 머리에 붕대를 감고 있었다. 그는 내가 낮 동안에는 눈여겨보지 못했던 여기저기 찢긴 허름하고 짤막한 외투를 입고 있었다. 아주 거친 열정으로 가득 찬 그는 약간 미소를 머금고 미친 듯이 서두르며 책상들을 들어 올리고 밀치고 했다. 그는 거기서 우리들이 그 진상을 알지 못하는 어떤 이상한 놀이를 하고 있는 것 같았다.

그렇게 해서 그들은 마지막 책상을 옮겨 놓기 위해 교실의 가장 어두운 구석에 이르렀다.

그곳이라면, 눈 깜짝할 사이에, 몬느는 바깥의 어느 누구도 창문을 통해 그들을 알아보거나 소리를 들을 새도 없이 상대를 쓰러뜨릴 수 있었을 것이다. 나는 몬느가 그와 같은 기회를 놓쳐 버린 것을 이해할 수 없었다. 문 옆으로 되돌아 온 그 보헤미안은 청소가 끝났다는 구실로 즉시 달아날 것이고, 그렇게 되면 우리는 그를 더 이상 다시 볼 수 없을지도 몰랐다. 몬느가 그토록 오랫동안 되찾으려고 했고, 맞춰보고 연결하려 애썼던 지도와 표시된 모든 정보들이 우리에게서 사라질 것이다……

계속해서 나는 내 친구로부터 싸움의 시작을 내게 알리는 동작과 신호를 기다리고 있었지만 그는 꼼짝도 하지 않았다. 단지 가끔, 그는 보헤미안의 붕대를 이상한 듯 응시하며 의문스럽다는 표정을 지었다. 그 붕대에서는 밤의 어슴푸레한 빛 속에서도 검은 반점이 있는 것이 두드러지게 눈에 띄었다.

아무 일도 일어나지 않은 채 마지막 책상이 옮겨졌다. 그러나 그 둘이 교실 앞쪽으로 거슬러가며 문턱 위에서 마지막 비질을 하려는 순간, 몬느가 머리를 숙이고 적을 쳐다보지도 않은 채 낮은 목소리로 말했다.

"당신의 붕대는 피로 물들었고 옷은 찢어졌군요."

상대방은 그가 한 말에 놀란 것이 아니라 그가 말하는 것을 들었다는 사실에 아주 감동해서는 잠깐 그를 쳐다보았다. 그가 대답했다.

"그들이 조금 전 광장에서 당신의 지도를 내게서 뺏으려 했었죠. 그들이 내가 교실을 청소하러 여기로 다시 돌아올 것을 알았을 때, 내가 당신과 화해할 거라고 생각하고는 내게 반항을 했어요. 그렇지만 나는 그 지도를 지켜냈지요." 그는 몬느에게 귀중하게 접은 종이를 내주면서 자랑스럽게 덧붙여 말했다.

몬느는 내 쪽으로 천천히 돌아서더니 이렇게 말했다.

"너도 들었지? 우리가 함정을 파 놓고 있는 동안 그는 우리를 위해서 싸우고 상처를 입고 있었어!"

이윽고 그는 생트-아가트 학생들 사이에서는 엉뚱한 이 '당신'이란 존칭을 더 이상 쓰지 않고 말했다.

"넌 진정한 친구야." 몬느가 그에게 손을 내밀었다.

그 협잡꾼은 그 손을 잡았고 잠시 말없이 감정에 복받쳐 말을 잇지 못했다…… 그러나 그는 곧바로 강렬한 호기심을 가지고서 말을 이었다.

"너희들이 함정을 파놓았다니! 이렇게 재미난 일이! 나도 그렇게 짐작하고는 이렇게 생각했어. '그들이 내게서 이 지도를 빼앗아 내가 완성해 놓은 것을 보면 아주 놀라게 될 텐데……' 하고 말이야."

"완성해 놓았다고?"

"아! 잠깐! 전부는 아니야……"

밝은 목소리가 사라진 채 그는 우리에게 다가오면서 심각하게 천천히 덧붙였다.

"몬느, 이제 네게 그것을 말할 때가 되었어. 나 역시 네가 있었던 곳에 갔었어. 나도 그 이상한 축제에 참석했었거든. 난 반 아이들이 나에게 너의 신비로운 모험에 대해서 이야기해 주었을 때, 그것이 잃어버린 오래된 영지에 관한 일이라고 생각했어. 그것을 확인하기 위해 난 네 지도를 훔쳤던 거야…… 하지만 나도 너와 마찬가지야. 난 그 성의 이름도 몰라. 그래서 나도 거기에 다시 돌아갈 수 없을 거야. 나는 여기에서 거기로 이어지는 길 전부는 알지 못해."

얼마나 열성적으로, 얼마나 강한 호기심과 우정을 가지고서 우리는 그에게 몸을 바싹 대었는지! 몬느는 그에게 열심히 질문을 해댔다…… 그 친구 곁에서 어찌나 열렬히 질문을 했는지 우리 둘은 마치 그로 하여금 그가 모른다고 주장하는 것도 말하게끔 할 수 있을 것 같았다.

"이것 봐, 이걸 보라고, 내가 지도에 너희들이 해두지 않았던 몇 군데에 표시를 해놓았어…… 그게 내가 할 수 있었던 전부야." 젊은 친구는 약간 난처해하고 곤란해 하며 대답했다.

이윽고 그는 감탄과 열정이 가득한 얼굴로 우리를 바라보며 슬프지만 자랑스러운 듯 말했다.

"오! 너희들에게 말해주고 싶어. 나는 다른 아이들과는 다르거든. 석 달 전에 나는 머리에 총알을 박고 죽으려고 했어. 그래서 내가 1870년의 센(Seine) 유격대원처럼 이마에 붕대를 감고 있는 거야……"

"그리고 오늘밤, 싸우다가 네 상처가 다시 터진 거구나." 몬느는 다정하게 말했다.

그러나 상대방은 그 말에 신경 쓰지 않고 조금 과장된 어조로 다음 말을 이어갔다.

"난 죽고 싶었어. 그렇지만 성공하지 못했기 때문에 나는 계속해서 아이처럼, 보헤미안처럼 그냥 즐겁게 사는 것뿐이야. 나는 모든 것을 포기했어. 내겐 더 이상 아버지도, 누이도, 집도, 사랑도 없어…… 단지 어울려 노는 친구들뿐 그 외엔 아무도 없어."

"그 친구들은 이미 너를 배반했고." 내가 말했다.

"맞아, 그건 확실히 들루슈의 잘못이야. 그는 내가 너희들 편이 될 거라고 짐작했어. 그가 내 손 안에 잘 있던 무리들의 사기를 저하시켰어. 너희들도 어제저녁 그 돌격을 봤을 거야. 얼마나 잘 움직이고, 얼마나 잘 전진하던지! 지금까지 나는 그토록 성공적으로 조직을 정비해 본 적이 없었어……" 그가 열을 띠며 대답했다.

그는 잠시 생각에 잠겨 있다가 우리가 그의 생각을 완전히 깨달도록 이렇게 덧붙였다.

"내가 오늘 저녁 너희 둘에게 왔던 건 바로—오늘 아침에 깨달은 거지만—다른 무리들과 함께 있는 것보다 너희들과 지내는 게 더 즐겁기 때문이야. 특히 내가 싫은 건 들루슈야. 열일곱 살이나 먹은 사내 녀석이 그런 생각을 하다니! 그보다 더 나를 싫증나게 하는 건 없을 거야…… 넌 우리가 그를 다시 붙잡을 수 있다고 생각하니?"

"물론이지. 그런데 너는 우리와 함께 오래 머무를 거니?" 몬느가 물었다.

"모르겠어. 정말 그러고는 싶어. 나는 굉장히 외롭거든. 가나슈밖에는 없어……"

그의 모든 열기와 즐거움이 갑자기 사라졌다. 잠시 동안 그는 어느 날 자살하고 싶은 생각이 들었던 바로 그와 같은 절망 속에 빠져들었다.

그가 갑자기 말했다. "내 친구가 되어 줘. 잘 봐, 나는 너희들의 비밀을 알고, 그 비밀을 모든 사람들로부터 지켜냈어. 난 네가 잃어버렸던 그 길을 다시 가게 할 수 있어……"

그러고는 그가 거의 격식을 갖추어가며 덧붙였다.

"내 친구가 되어줘. 전에 내가 한 번 겪었듯이, 내가 또다시 지옥 가까이 있게 될 때 그날을 대비해서 내가 너희들을 부를 때 너희들은 대답하겠다고 내게 맹세해—내가 이렇게 부를 때 말이야…… (그리고 그는 일종의 이상한 고함을 질렀다. 우-우!……). 몬느, 네가 먼저 맹세해!"

그리고 우리들은 맹세했다. 왜냐하면 우리 같은 어린아이들은 자연스러운 것보다는 보다 엄숙하고 더 진지한 모든 것이 마음에 들기 때문이다.

"그 대신, 이제 내가 너희들에게 이 모든 걸 말해줄게. 내가 그 성곽의 젊은 처녀가 부활절과 성신 강림 축일 축제일, 6월과 겨울날 이따금 며칠씩을 보내러 가곤 하는 파리 집을 알려줄게." 그가 말했다.

그 순간, 어둠 속 큰 문에서 낯선 목소리가 여러 번 반복해서 들렸다. 우리는 그것이 가나슈일 것이라고, 운동장을 감히 지나갈 수 없었거나 아니면 어떻게 지나갈지를 모르는 그 보헤미안의 목소리일 것이라고 짐작했다. 다급하고 불안한 목소리로 그는 때로는 아주 크게, 때로는 아주 낮게 불렀다.

"우--우! 우--우!"

"대답해! 빨리 대답해!" 소스라치게 놀라 나가려고 옷을 고쳐 입고 있는 젊은 보헤미안에게 몬느가 소리쳤다.

그 소년은 우리에게 재빨리 파리 집 주소를 가르쳐 주었고 우리는 그 주소를 작은 목소리로 되풀이했다. 이윽고 그는 우리들을 형언할 수 없는 혼란한 상태 속에 내버려둔 채 철책에 있는 친구를 다시 만나러 어둠 속으로 뛰어나갔다.

제5장
즈크 신발을 신은 남자

그날 밤, 새벽 3시경에 마을의 한가운데 사는 여관 주인 과부 들루 슈가 불을 피우려고 일어났다. 그녀 집에 살고 있는 시동생 뒤마가 4시에 길을 떠나야 해서 예전에 입은 화상으로 오른손이 오그라든 그 가련하고 착한 부인은 어두운 부엌에서 서둘러 커피를 준비하고 있었다. 날씨가 추웠다. 그녀는 캐미솔 위에 낡은 숄을 두르고 한 손에는 불이 켜진 양초를 들고, 다쳤던 다른 손으로는 앞치마를 들어 올려 그 불꽃을 보호하면서, 빈 병과 비눗갑이 어지럽게 널려 있는 안마당을 가로질러, 작은 나무를 꺼내려고 닭장으로 사용되고 있는 장작 곳간의 문을 열었다…… 그런데 그녀가 문을 열자마자 짙은 어둠 속에서 갑자기 나타난 어떤 사람이 공기 중에 소리를 낼 정도로 모자를 단번에 세게 휘둘러 촛불을 꺼 버리고 동시에 그 착한 부인을 넘어뜨리고는 전속력으로 달아나 버렸다. 그러는 동안 미친 듯한 수탉과 암탉들이 굉장한 소란을 피우고 있었다.

그 남자는 자루 속에—잠시 후에 안정을 되찾은 과부 들루슈가 알아차린 바와 같이—가장 좋은 닭 열두 마리를 넣어 가지고 갔다. 형수의 비명 소리를 들은 뒤마가 달려왔다. 그는 그 몹쓸 녀석이 들어오려고 가짜 열쇠를 가지고 작은 안마당 문을 열었다가, 문을 다시 닫지도 않고 같은 길로 달아난 것을 확인했다. 곧바로 밀렵꾼과 날치기꾼에 익숙한 사람으로서 그는 마차의 큰 초롱에 불을 밝히고 한 손에 초롱을 들고, 다른 손에는 총알이 장전된 소총을 들고 도둑의 매우 모호한 발자국—그 사람은 즈크 신발을 신었음에 틀림없었다—을 따라가려고 애썼다. 그 발자국은 라 가르 역으로 가는 길로 나 있었는데 어느 초원으로 난 문 앞에서 사라져 버렸다. 어쩔 수 없이 거기서 수색을 그만두어야 했고, 그는 고개를 다시 들고 멈춰 섰다…… 그리고 멀리서 같은 길을 전속력으로 달려 도망치는 한 마차의 소리를 들었다……

한편에서는 과부의 아들인 자스맹 들루슈가 일어나서 서둘러 어깨 위에 후드코트를 걸치고는 실내화를 신은 채 마을을 살펴보러 나갔다. 모두가 잠들어 있었고, 모든 것이 하루의 첫 미광이 비치기 전의 깊은 고요와 암흑 속에 잠겨 있었다. 카트르-루트에 도착할 때, 그는—삼촌과 마찬가지로—아주 멀리 리오드 언덕 위로 말이 틀림없이 전속력으로 달리고 있을, 마차 소리만을 들었을 뿐이었다. 약삭빠르고 허세를 부리는 아이인 그는 그 후로도 쭉 우리에게 말했던 것처럼 몽뤼송 주민들이 하는 듣기 고약한 'r' 발음으로 혼잣말을 했다.

'그자들은 라 가르 역 쪽으로 떠났어, 그렇다고 내가 마을의 또 다른 쪽 사람들까지 소홀히 할 순 없지.'

그리고 그는 똑같이 고요한 밤에 성당 쪽 길로 되돌아왔다.

광장 위 보헤미안들의 마차에서 불빛이 새어 나오고 있었다. 누군가 아픈 사람이 있는 게 틀림없었다. 그가 무슨 일이 있는지 물어보려고 다가가려는데 그때 즈크 신발을 신은 한 그림자가 소리 없이 작은 모퉁이를 빠져나가 그를 못 본 채 마차의 발판 쪽으로 전속력으로 달려갔다……

가나슈의 모습을 알아본 들루슈가 갑자기 불빛 가운데로 들어가 작은 목소리로 물었다.

"어, 야! 무슨 일이야?"

얼이 빠지고, 머리는 헝클어지고 이도 빠진 가나슈는 멈춰 서서 공포와 호흡 곤란으로 인해 애처롭게 이를 드러내며 들루슈를 쳐다본 다음 가쁜 숨을 내쉬며 대답했다.

"아픈 사람은 바로 그 친구야…… 어제 저녁에 싸워서 상처가 덧났어…… 나는 수녀님을 찾으러 가는 길이었어."

실제로 놀란 자스맹 들루슈가 다시 잠을 자기 위해 그의 집으로 돌아가던 중 그는 마을 중간쯤에서 서둘러 가고 있는 한 수녀를 만났다.

아침에 여러 생트-아가트의 주민들이 간밤에 잠을 못 잔 탓에 모두가 붓고 초췌해진 눈을 하고 문지방 너머로 나왔다. 집집마다 분개하는 소리가 터져 나왔고 그것은 도화선처럼 마을 전체로 퍼져나갔다.

지로다의 집에서는 새벽 2시경 헌 마차 한 대가 멈췄다가 그 안에 조용히 떨어졌던 짐들을 바삐 싣는 소리가 들렸다. 집에는 여자 둘밖에 없어서 그들은 감히 아무것도 할 수 없었다. 아침에 닭장을 열어보고서야 그들은 그 의문의 짐들이 토끼와 닭들이란 사실을 알았다. 첫 번째 쉬는 시간 동안 밀리는 세탁실 문 앞에서 반쯤 타다 만 성냥개비 몇 개를 발견했다. 우리는 그들이 우리 집에 대해서는 잘 몰라서 들어올 수 없었을 것이라고 결론지었다…… 페뢰의 집, 부자르동의 집 그리고 클레망의 집에서는 처음에는 그들이 자기네 돼지도 훔쳐갔다고 생각했었지만 오전에 다른 정원에서 채소를 파먹는데 열중해 있는 돼지들을 찾아냈다. 모든 돼지가 잠깐 밤 산책을 하려고 열어놓은 문을 기회를 틈타 이용했던 것이다…… 거의 사방에서 가금류들을 도둑맞았지만 대부분 그 정도로 그쳤다. 짐승을 기르지 않는 빵집 주인 피뇨 부인은 다음날 빨래판과 쪽빛 색소 500그램을 도둑맞았다고 외쳐댔지만 그 사실은 증명되지 않았고, 조서에도 기록되지 않았다……

아침 내내 이러한 공포와 두려움, 떠들썩함이 계속 이어졌다. 교실에서는 자스맹 들루슈가 간밤에 일어난 자신의 모험에 대해 이야기했다.

"아! 약삭빠른 놈들, 그렇지만 만약 우리 삼촌이 한 놈이라도 만났더라면, 삼촌이 이렇게 말했어. '내가 그를 토끼 잡듯이 쏘아 버렸을 텐데!'하고 말야."

그리고 그는 우리를 바라보며 덧붙였다.

"삼촌이 가나슈를 만나지 않은 게 천만다행이야. 그에게 총을 쏘았을 수도 있었거든. 삼촌도 데세뉴도 그랬는데, 그들 모두가 한패래."

그렇지만 아무도 우리의 새로운 친구들을 괴롭힐 생각은 하지 않았다. 다음 날 저녁이 되어서야 자스맹 들루슈는 자기 삼촌에게 가나슈가 도둑과 똑같은 즈크 신발을 신었다고 말했다. 그들은 그 사실을 경찰들에게 알릴 만한 가치가 있다는 데 동의했다. 그래서 그들은 시간이 나자마자 비밀리에 면소재지로 가 경찰 반장에게 알리기로 결정했다.

여러 날이 지나는 동안, 상처가 약간 덧난 그 젊은 보헤미안은 나타나지 않았다.

어느 날 저녁 성당 광장에서 우리는 마차의 붉은 커튼 뒤로 비치는 램프 불만 보았을 뿐 아무것도 보지 못하고 그 주위를 배회했다. 우리들은 극도로 불안하고 흥분되어, 우리에게 신비한 통로 같기도 하고 갈 길을 잃어버린 나라로 가는 대기실처럼 보이기도 하는 그 형편없이 누추한 집에 감히 접근조차 못한 채 거기 머물러 있었다.

제6장
무대 뒤의 말다툼

우리는 너무나 불안하고 여러 가지 마음의 동요가 일어나는 이런 날들이 계속되었다. 3월이 되었고, 바람이 누그러졌다는 사실조차 알지 못하고 있었다. 그러나 이 사건이 있고 나서 사흘째 되던 날 아침, 나는 안마당으로 내려오면서 갑자기 봄이 온 것을 알았다. 따스한 물처럼 감미로운 미풍이 담벼락 넘어 불어왔고, 소리 없이 내리는 비가 밤새 모란 잎사귀들을 적셔 놓았다. 정원의 파헤쳐진 흙은 강한 냄새를 풍겼고, 나는 창문 바로 옆의 나무에서 노래를 배우려는 듯한 새소리를 들었다……

첫 번째 쉬는 시간에 몬느는 그 보헤미안 학생이 정확하게 알려준 여정을 당장 시험해 보자고 말했다. 나는 우리가 그 친구를 다시 볼 때까지, 날씨가 아주 좋아질 때까지…… 그리고 생트-아가트의 모든 자두나무들이 꽃을 피울 때까지 기다리자고 간신히 그를 설득했다. 우리는 작은 골목길의 낮은 담벼락에 기대서서 모자도 쓰지 않은 채 주머니에 손을 넣고 이야기를 나누었는데 때로는 바람이 우리를 추위로 떨게 했고, 때로는 언뜻 느껴지는 포근함이 우리에게서 무언지 모를 깊고 오래된 열정을 일깨워 주기도 했다. 아! 형제이자 친구, 여행자인 우리는 둘 다 행복이 가까이에 있고 길만 떠나면 거기에 충분히 도달할 수 있을 것이라고 확신했다!……

12시 반, 점심시간 동안 우리는 카트르-루트 광장에서 북소리를 들었다. 눈 깜짝할 사이에, 우리는 손에 냅킨을 들고 작은 철책 입구 위로 나와 있었다…… 그것은 바로 가나슈가 '날씨가 좋은 것을 봐서' 그날 저녁 8시에 성당 광장에서 굉장한 공연이 있을 것이라고 알리는 것이었다. 만일을 생각해 '비를 피하기 위해' 천막 하나를 칠 것이라 했다. 여러 구경거리들이 들어가 있는 긴 프로그램 소개가 이어졌다. 바람이 불어 잘 들을 수 없었지만 우리는 매번 북소리로 박자를 맞추어 소개되는 "무언극…… 노래…… 승마 판타지……"와 같은 말을 어렴풋이 알아들을 수 있었다.

저녁 식사 중에 공연 시작을 알리는 큰 북소리가 우리 집 창문 아래로 쾅쾅 울려서 유리창이 흔들릴 정도였다. 잠시 뒤 마을 사람들이 작은 무리를 지어 웅성거리며 성당 광장을 향하여 지나갔다. 우리 둘은 어쩔 수 없이 식탁에 머무른 채 조바심이 나 발을 구르고 있었다!

9시경 마침내 우리는 작은 철책에서 질질 끄는 발소리와 꾹 참는 웃음소리를 들었다. 바로 여선생님들이 우리를 데려가려고 왔던 것이다. 칠흑 같은 어둠 속에서 우리는 떼를 지어 공연 장소로 출발했다. 우리는 저 멀리 마치 큰 불에 의해서 환하게 빛나는 듯한 성당의 담을 알아보았다. 가건물의 문 앞에 켜진 양등 두 개가 바람에 흔들리고 있었다……

내부에는 서커스에서처럼 계단식 좌석이 설치되어 있었다. 쇠렐 선생님과 여선생님들, 몬느와 나는 맨 아래쪽 의자에 자리를 잡았다. 내 기억에 그곳은 진짜 서커스에서처럼 매우 좁고 어두웠으며 거기

에는 빵집 주인 피뇨 부인, 식료품상 페르낭드, 마을의 소녀들, 제철
공들, 부인들, 아이들, 농부들 그리고 또 다른 사람들이 층을 지어 앉
아 있었다.

공연은 이미 반 이상이 진행되고 있었다. 무대 위에서는 영리한 암
염소 한 마리가 네 개의 유리잔 위로 얌전하게 발을 올려놓더니, 다
음에는 두 개의 유리잔 위에, 그다음으로는 오로지 하나의 유리잔 위
에 올라서는 것이 보였다. 바로 가나슈가 조마조마한 모습으로 입을
벌린 채 무표정한 눈으로 우리를 바라보며 막대기로 살살 쳐가며 그
염소를 지휘하고 있었다.

우리는 각기 다른 두 개의 등불 가까이에 있는 의자에 앉아서 무
대가 마차와 연결되어 있는 곳에서 검은색 얇은 타이츠를 입고 이마
에는 붕대를 감은 채 공연을 진행하는 우리 친구를 알아보았다.

우리가 자리에 앉자마자 무대 위로 아주 화려한 장식을 한 조랑
말 한 마리가 링 안으로 뛰어갔다. 그 상처 입은 소년은 조랑말에게
여러 바퀴를 돌게 했고, 그 말은 마을에서 가장 사랑스럽거나 가장
용기 있는 사람을 지적할 때는 우리들 중의 한 사람 앞에 어김없이
멈춰 섰다. 하지만 가장 거짓말 잘하고 인색하거나 혹은 '가장 연애
를 좋아하는 사람……'을 찾아내라고 할 때는 항상 피뇨 부인 앞에
멈춰 섰다. 그러면 그녀 주위에서는 스패니얼 개에 쫓겨 다니는 거위
떼의 소리 같은 꿱-꿱 소리와 함성과 웃음소리가 터져 나왔다!……

막간에는 그 공연 진행자가 잠시 쇠렐 선생님과 이야기를 하러
왔는데, 선생님은 탈마나 레오타르와 이야기를 나누는 것보다 더 자
랑스러워 하셨다. 그리고 우리는 그가 말한 모든 것을 아주 열중해서

재미있게 듣고 있었다. 다시 아문 그의 상처에 대해, 긴 겨울 동안 준비한 이 공연에 대해. 그리고 그들이 그때까지 다양하고 새로운 공연을 선사할 수 있을 거라고 생각하기 때문에 그달 말까지는 이루어지지 않을 그들의 떠남에 대해.

그 공연은 거대한 무언극으로 끝마치게 될 것이었다.

중간 휴식 시간이 끝날 무렵 우리의 친구는 우리를 떠나, 마차 입구로 다시 돌아가기 위해 무대까지 밀려든 한 무리를 통과해야만 했다. 그 가운데서 우리는 갑자기 자스맹 들루슈를 알아보았다. 부인들과 소녀들이 길을 비켜주었다. 이 검은 의상의 낯설고 용감한 부상자의 분위기는 그들을 완전히 매료시켰다. 여행에서 방금 돌아온 듯한 들루슈는 낮지만 생기 있는 목소리로 피뇨 부인과 서로 이야기를 나누고 있었다. 긴 허리띠에 낮은 깃, 가랑이가 넓은 바지를 입은 그의 모습이 그녀의 마음을 사로잡고 있는 것이 분명했다…… 그는 매우 잘난 체하며 거드름을 피우며 그의 양복 깃에 엄지손가락을 갖다 대었다. 보헤미안이 지나가자 그는 분해하며 피뇨 부인에게 큰 소리로 뭔가를 말했는데 나는 잘 듣지는 못했어도 그것은 확실히 우리의 친구에게 도전하는 욕설이었을 것이다. 그것은 예상치 못했던 심각한 위협임에 틀림없었다. 왜냐하면 내 친구가 참을 수 없어 돌아서서 그를 쳐다보았고 그때 들루슈는 당황하지 않으려고 비웃으며 자기편을 만들려는 듯 옆 사람들을 팔꿈치로 쳤다…… 이 모든 일은 순식간에 일어났다. 그것을 알아차린 사람은 아마도 내가 앉은 의자에서는 오직 나 혼자뿐이었을 것이다.

공연 진행자는 마차 입구를 가리고 있는 막 뒤에서 그의 친구를 다시 만났다. 곧 2부 공연이 시작될 것이라고 생각하며 사람들은 각자 계단식 좌석 위의 자신의 자리로 다시 돌아갔고 커다란 침묵이 흘렀다. 그런데 낮은 소리로 주고받던 관객들의 마지막 대화소리가 거의 들리지 않게 되었을 때쯤, 막 뒤에서 말다툼 소리가 들려 왔다. 우리는 무슨 말을 하는지는 들을 수 없었지만 그 키 큰 소년과 젊은 남자의 두 목소리를 분간할 수 있었다. 키 큰 소년은 설명을 하며 자신의 의견을 정당화하려고 했고, 젊은 남자는 분개하는 동시에 슬퍼하며 꾸짖고 있었다.

"그렇지만 이 가엾은 친구야! 왜 나한테 말하지 않았어……" 그가 말했다.

그리고 모든 사람이 귀를 기울였음에도 불구하고 우리는 그 다음은 알아듣지 못했다. 그러더니 모든 소리가 갑자기 그쳤다. 말다툼은 낮은 목소리로 계속되었다. 그러나 높은 좌석에 앉아 있던 아이들이 소리를 지르기 시작했다.

"조명을, 막을!"

그리고 발을 구르기 시작했다.

제7장
보헤미안이 붕대를 풀다

드디어 막 사이로 키 큰 피에로가 얼굴을 천천히 들이밀었다. 그 얼굴
에는 주름이 깊게 패어 있었고 때로는 기쁨으로 때로는 슬픔으로 인
해 눈이 매우 커졌으며 봉함용 풀이 뿌려져 있었다! 그는 허접한 구
성의 3막짜리 극에서 복통 때문인 듯 몸을 오그리고, 극도의 조심성
과 두려움 때문인 듯 발끝으로 걸으면서도 무대에 질질 끌리는 너무
나 긴 소매 속에 손이 옭매여 있었다.

　나는 지금 더 이상 그 무언극의 주제를 생각해낼 수 없다. 다만 나
는 그가 그 극에 등장하자마자 두 다리로 공허하고 절망적으로 가만
히 서 있다가 넘어졌다는 것만 기억할 뿐이다. 그는 다시 일어나려고
했지만 그것은 그에게 어려운 일이었다. 그는 넘어졌다. 그는 계속해서
넘어졌다. 그는 한꺼번에 네 개의 의자를 붙잡았다. 그는 넘어지면서
무대 위에 가져다 놓은 거대한 책상을 끌고 갔다. 그는 급기야 무대의
난간을 넘어 관객들의 발치에까지 넘어졌다. 관중들 속에서 동원된
두 명의 보조자가 간신히 그의 발을 붙든 다음 굉장한 노력을 들인
후에야 그를 다시 일으켜 세웠다. 그리고 그는 넘어질 때마다 매번 여
러 가지 짧은 비명을 질렀는데, 그것은 비탄과 만족이 비슷하게 섞여
있는 견디기 힘든 짧은 비명이었다. 대단원에서 그는 의자를 쌓아 놓

은 곳으로 기어 올라가 매우 느리고 엄청난 추락을 감행했다. 그의 날카롭고 비참한 승리의 웃음소리는 그의 추락만큼이나 오래도록 계속되었고, 여자들이 내지르는 공포의 비명이 동반되었다.

무언극의 제2부에서, 나는 이유는 잘 기억나지 않지만 '넘어진 가없은 피에로'가 자기 소매에서 왕겨로 속을 채운 작은 인형을 꺼내서 그것을 가지고 모든 희비극의 장면을 흉내 내었던 것을 기억한다. 결국 그는 인형의 뱃속에 들어 있던 왕겨를 모조리 입으로 꺼냈다. 그러고는 작고 가련한 소리를 지르며 그 인형의 배를 밀가루 죽으로 가득채우고는 대단히 큰 주목을 받는 그 순간, 모든 관객이 입을 벌린 채로 그 가없은 피에로가 가지고 있는 누더기가 된 그 인형을 쳐다보고 있는 순간, 그는 갑자기 한 손으로 그 인형을 쥐더니 관중 사이로 자스맹 들루슈의 얼굴로 힘껏 던져 버렸다. 그렇지만 그 인형은 그의 귀에만 반죽을 묻히고는 결국 피뇨 부인의 턱 바로 아래 가슴에 납작하게 달라붙었다. 그 빵집 여주인은 굉장한 비명을 질렀고 어찌나 세게 뒤로 넘어졌는지, 옆에 있던 모든 여자들도 같이 넘어져서 의자가 부서졌다. 그래서 그 빵집 여주인, 페르낭드, 가련한 과부 들루슈와 스무 명의 다른 여자들이 웃음과 비명 소리, 박수 소리 가운데, 다리를 공중에 뻗으며 주저앉아 버렸다. 그동안 무대에 얼굴을 숙였던 그 키큰 피에로는 인사를 하려고 다시 일어나서 이렇게 말했다.

"신사 숙녀 여러분, 감사합니다!"

그런데 그 순간, 엄청난 환호 가운데 무언극이 시작될 때부터 줄곧 말없이 있었고, 그리고 시간이 갈수록 더 빠져드는 것 같아 보였던 대장 몬느가 갑자기 일어서더니 참을 수 없다는 듯이 내 팔을 붙들고는 이렇게 외쳤다.

"저 보헤미안을 봐! 보라고! 내가 드디어 그를 알아보았어."

그를 보기도 전에, 마치 오래전부터 무의식적으로 그 생각이 내 안에 품어져 있어서 그것이 떠오르는 그 순간을 기다렸던 것뿐이었다는 듯이 나도 알아차렸다! 마차 입구에서 등불 옆에 서 있는 그 정체불명의 젊은이는 붕대를 풀고 어깨 위에 외투를 걸치고 있었다. 흐릿한 미광 속에서, 예전 그 영지의 방을 비추던 촛불 불빛에서처럼 매우 섬세하고 매부리코에다 콧수염이 없는 얼굴이 보였다. 창백한 얼굴에 입술을 반쯤 벌린 그는 작은 지도책임에 틀림없을 일종의 빨간색 작은 앨범을 급히 훑어보고 있었다. 그의 관자놀이를 지나 머리카락 밑에 감추어진 상처 자국을 제외하면, 그는 바로 대장 몬느가 나에게 자세히 묘사해 주었던 그대로인, 미지의 영지의 약혼자였던 것이다.

그는 우리가 알아챌 수 있도록 붕대를 풀어 버린 것이 분명했다. 그러나 대장 몬느가 그렇게 움직이며 소리를 내지르자, 그 젊은이는 우리의 추측이 맞다는 시선을 던지며 우리에게 평상시에 웃던 것처럼 모호한 슬픔을 지닌 미소를 지어보이고는 마차 속으로 다시 들어갔다.

"그리고 그 다른 사람도! 어떻게 내가 그를 곧바로 알아보지 못했지? 그는 그 축제의 피에로라구, 저기······" 몬느가 흥분해서 말했다.

그리고 몬느는 그에게 가려고 계단식 좌석들을 내려갔다. 그러나 그때는 이미 가나슈가 무대와의 모든 통로는 막아 놓은 상태였다. 그는 서커스의 등불 네 개를 하나씩 하나씩 껐고, 어둠 속에서 줄지어

놓은 의자들 사이에 모여 천천히 빠져나가고 있는 군중들을 우리는
초조하게 발을 동동 구르며 따라가야만 했다.

마침내 밖으로 나오자마자, 대장 몬느는 마차 쪽으로 뛰어가 발
판을 밟고 올라선 다음, 문을 두드렸다. 그러나 이미 모든 문이 닫혀
있었다. 아마도 조랑말, 염소, 영리한 새들을 넣어 둔 마차 안처럼 커
튼이 드리워진 마차 속에도 이미 모든 사람이 돌아와서 잠을 자기 시
작한 것 같았다.

제8장
경찰들!

우리는 어두운 길을 따라 상급반 건물 쪽으로 돌아가는 남자들과 부인들의 무리에 합류해야만 했다. 이제 우리는 모든 것을 알았다. 축제의 마지막 날 저녁, 숲속으로 달려가던 큰 키의 하얀 실루엣을 몬느가 보았는데, 그가 바로 절망한 약혼자를 꾀어서 그와 함께 도망치던 가나슈였던 것이다. 그 약혼자는 위험과 놀이, 모험으로 가득 찬 그 자유분방한 삶을 받아들였다. 그로서는 자신의 어린 시절이 다시 시작되는 듯했다······

프란츠 드 갈레는 지금까지 우리에게 자신의 이름을 숨겨왔고 틀림없이 자기 부모 집으로 강제로 돌아가게 될까 봐 두려워서 그 영지로 가는 길을 모른다고 속였을 것이다. 그런데 왜 그날 저녁, 그는 갑자기 우리에게 기꺼이 자신을 알리고, 우리가 모든 진실을 추측하도록 내버려둔 걸까?······

대장 몬느는 관객 무리가 천천히 도시 주변으로 흩어지는 동안 얼마나 많은 계획을 세웠는지 모른다. 그는 목요일인 다음 날 아침이 되자마자 프란츠를 찾아가야겠다고 결심했다. 그런 다음 그 두 사람 모두는 그곳을 향해 떠날 것이다! 촉촉하게 젖은 길을 걸어가는 여행이 얼마나 멋질까! 프란츠는 모든 것을 설명할 거고, 그래서 모든 일은 해결될 것이다. 그러면 그 굉장한 모험은 중단되었던 그 점에서 다시 시작될 것이다……

나는 형언할 수 없는 부푼 마음으로 어둠 속을 걷고 있었다. 목요일의 기다림이 주는 작은 기쁨에서부터 우리가 이제 막 찾아낸 헤아릴 수 없는 발견과 우리에게 굴러들어온 엄청난 기회에 이르기까지, 모든 것이 나를 기쁘게 만드는 일에 동참하기 위해 뒤섞여 있었다. 그리고 나는 마음이 갑작스럽게 관대해져서, 내게 종종 팔을 내밀어야 하는 형벌이 부과되곤 했던 공증인의 딸들 중 가장 못생긴 그녀에게가 자발적으로 손을 내밀었던 일을 기억한다.

쓰라린 기억들이여! 부서져 버린 헛된 희망들이여!

다음 날 아침 8시부터 우리 둘 모두 왁스로 잘 닦은 구두를 신고 매우 광나는 허리띠를 매고 새 모자를 쓰고서 성당의 광장으로 달려왔을 때, 그때까지 나를 바라보며 웃음을 참고 있던 대장 몬느가 소리를 지르며 텅 빈 광장으로 돌진했다…… 그 가건물과 마차들이 있던 자리에는 깨진 항아리와 넝마 조각들뿐 더 이상 아무것도 없었다. 그 보헤미안들은 이미 떠난 것이다……

싸늘하게 느껴지는 미풍이 불어왔다. 우리는 매번 발을 내딛을 때마다 광장의 거칠고 자갈투성이의 땅바닥에 부딪쳐, 곧 넘어질 것 같았다. 얼이 빠진 듯한 몬느는 두 번이나, 처음에는 비외-낭세의 길로, 다음에는 생-루-데-부아의 길로 돌진하려는 동작을 취했다. 그는 잠깐 그 사람들이 이제 막 떠났기를 바라면서 그의 눈 위로 손을 얹어 멀리 바라보았다. 그런데 어쩔 것인가? 열 대의 마차 바퀴 흔적이 광장 위로 서로 얽혀 있었고 뒤이어 단단한 길 위에서 지워져 있었다.

우리는 꼼짝없이 거기에 머물러 있어야 했다.

그리고 우리가 그 목요일 아침을 맞이했던 그 마을을 지나 다시 돌아오는 동안, 전날 밤 들루슈에게서 정보를 입수한 네 명의 경찰이 말을 타고서 전속력으로 광장에 이르러 마치 마을을 정찰하는 용기병처럼 모든 탈출구를 봉쇄하기 위해 길에 흩어졌다…… 그러나 너무 늦었다. 닭 도둑인 가나슈가 그의 친구와 함께 달아난 것이다. 경찰들은 아무도, 가나슈도, 목을 졸라 죽인 닭들을 마차 안에 가득 신고 있는 그들도 발견하지 못했다. 들루슈의 경솔한 말로 인해 제때에 눈치를 챈 프란츠는 갑자기 마차의 금고가 텅텅 비었을 때, 그의 친구와 자신이 어떤 일을 저질러 먹고 살고 있는지를 깨닫게 되었음에 틀림없다. 수치심과 두려움에 가득 찬 그는 그 즉시 여정을 멈추었고 경찰이 오기 전에 도망가기로 결심했을 것이다. 그러나 이제 더 이상 아버지의 영지로 돌려보내질 것을 두려워하지 않게 된 그는 사라지기 전에 우리에게 붕대를 푼 자신의 모습을 보여주고자 했던 것이다.

오직 한 가지 점이 여전히 난해하게 남아 있다. 어떻게 가나슈는 집짐승을 훔치는 동시에 친구의 열병을 치료하기 위해 수녀님을 불러올 수 있었을까? 하지만 바로 거기에 그 가엾은 녀석의 모든 인생이 있는 게 아닐까? 한편으로는 도둑이며 부랑인이었지만, 또 다른 한편으로는 착한 녀석인……

제9장
잃어버린 오솔길을 찾아서

우리가 돌아왔을 무렵, 태양이 아침의 엷은 안개를 흩뜨렸다. 주부들은 집 입구에서 양탄자를 털거나 수다를 떨고 있었다. 그리고 들판과 숲, 마을 입구에서는 내 기억 속에 남아 있는 가장 빛나는 봄날의 아침이 시작되고 있었다.

바로 그 목요일에는 모든 고학년 학생들이 오전 중에 일부는 고등교육 수료증을 준비하고 또 다른 일부는 사범학교 시험 준비를 하기 위해 아침 8시경에는 도착해야 했다. 몬느는 그를 평온히 있을 수 없도록 하는 후회와 흥분이 가득한 상태로, 또 나는 매우 낙심한 채로 우리 둘 다 도착했을 때, 학교는 텅 비어 있었다…… 싱그러운 햇살이 벌레 먹은 의자의 먼지 위로, 그리고 니스 칠이 일어난 평면 구형도의 표면 위로 미끄러져 들어왔다.

만물이 우리를 밖으로 부르는데 어떻게 실망감을 되새기면서 책 앞에서 그렇게 있을 수 있을까. 창가의 나뭇가지에는 새들의 구애가 한창이었고, 다른 학생들은 초원과 숲 쪽을 향해 도망쳤다. 특히 우리는 될 수 있는 한 빨리 그 보헤미안에 의해 확인된 그 불완전한 여정을 시도하고 싶은 욕망에 흥분해 있었다. 그것은 흡사 열쇠 꾸러미의 다른 열쇠들을 가지고 죄다 시도한 후 남은 마지막 열쇠, 거의 텅 빈 주머니에 남은 마지막 돈과 같은 것이었다. 하지만 그것은 우리의 능력을 넘어서는 것이었다! 몬느는 마치 확실히 돌아오지 않을 누군 가를 기다리는 듯이 이리저리 걷다가 창가로 가서는 정원을 바라본 다음, 다시 돌아와서 마을 쪽을 바라보았다.

"내 생각엔, 내 생각엔 말야, 그곳이 어쩌면 우리가 생각하는 것만 큼 멀지 않을 수도 있어. 프란츠는 지도 위에 내가 표시했던 대부분의 길을 지워 버렸어. 그건 아마도 내가 잠든 사이에 말이 쓸데없이 길 을 멀리 돌아갔다는 것을 의미할 수도 있어······" 마침내 그가 말했다.

나는 의기소침하고 멍한 모습으로 고개를 숙인 채 한 발은 땅 에 대고 한 발은 흔들며 큰 책상의 모서리에 반쯤 걸터앉아 있었다.

"그렇지만 베를린형 사륜마차를 타고서 돌아올 때 너는 밤새도록 여행을 계속한 거였잖아?" 내가 지적했다.

"우리는 자정에 떠났었어. 사람들은 나를 새벽 4시, 생트-아가트 서쪽 약 6킬로미터 지점에서 내려줬는데 애초에 나는 동쪽에 있는 라 가르 역으로 가는 길로 떠났단 말이지. 그러니까 생트-아가트와 그 잃 어버린 영지 사이에 6킬로미터는 빼고 계산해야만 해. 사실 내가 보 기엔 공유지의 숲을 나오면 우리가 찾는 곳으로부터 8킬로미터 이상 은 떨어져 있지 않을 거야." 그는 열렬하게 대답했다.

"정확히 바로 그 8킬로미터가 네 지도에서 빠져 있는 거구나."

"맞아. 그리고 숲의 출구는 여기서 6킬로미터 거리야. 하지만 걸음 이 빠른 사람에게는 오전 한나절이면 갈 수 있는 거리지······"

그때 무슈뵈프가 왔다. 그는 다른 애들보다 더 공부를 잘해서가 아니라 지금과 같은 상황에서 눈에 띄어서 우등생 행세를 하는, 기분을 거슬리는 성향이 있었다.

"너희 둘만 있을 줄 알았어. 다른 애들은 모두 공유지의 숲으로 갔어. 새집을 알고 있는 자스맹 들루슈가 앞장섰어." 그는 의기양양해 하며 말했다.

그리고 성인인 체하고 싶어 하는 그는 그들이 탐험을 하기로 결심하고서 수업과 쇠렐 선생님, 우리들을 비웃었다며 모든 것을 이야기하기 시작했다.

"만약 그들이 숲속에 있다면 나는 틀림없이 지나가는 길에 그들과 만나게 될 거야. 왜냐하면 나도 그곳으로 가니까. 난 12시 반쯤 돌아올거야." 몬느가 말했다.

무슈뷔프는 깜짝 놀라 서 있었다.

"넌 안 가?" 몬느가 잿빛 교실 입구에 잠시 멈추어 서서 내게 물었다.

반쯤 열려 있는 그곳에선 햇볕에 미지근해진 공기와 뒤죽박죽 고함소리, 누군가를 부르는 소리, 새 지저귀는 소리, 우물가의 돌에 부딪치는 양동이 소리, 멀리서 들려오는 채찍 소리 등이 들려오고 있었다.

"응, 가고 싶은 마음은 크지만 쇠렐 선생님 때문에 나는 갈 수가 없어. 하지만 서둘러, 내가 열심히 기다리고 있을게." 내가 말했다.

그는 애매한 몸짓을 하고는 기대에 가득 차 재빨리 떠났다.

쇠렐 선생님이 10시 경에 도착했을 때, 그는 검은색 알파카 윗옷은 벗고, 큰 주머니가 달린 어부들이 입는 외투 단추를 채워 입고 밀짚모자를 쓰고 바지 아랫단을 조이기 위해 윤이 나는 짤막한 각반을 매고 있었다. 선생님은 아무도 없는 것을 보고도 전혀 놀라지 않은 것처럼 보였다. 무슈뵈프가 아이들이 말했다며 "선생님이 우리가 필요하면 우리를 찾으러 오겠지"라고 그에게 세 번이나 되풀이해서 말했지만 그는 들으려고 하지 않았다.

그리고 그는 지시를 내렸다.

"옷을 여미고 모자를 쓰거라. 그리고 이번에는 우리가 그들을 찾으러 가자…… 프랑수아! 너는 거기까지 걸어갈 수 있겠니?"

나는 그럴 수 있다고 대답했고 우리는 떠났다.

물론 무슈뵈프가 쇠렐 선생님을 안내할 것이며 미끼 역할을 하게 될 것이었다…… 즉 새집을 찾고 있는 아이들이 숲 어디에 있는지 잘 알고 있는 그가 때때로 큰 목소리로 이렇게 소리를 질러야 한다는 말이다.

"어서! 이봐! 지로다! 들루슈! 너희들 어디 있니?…… 거기 있니?…… 그걸 찾았어?……"

나는 내가 바라던 대로 도망친 학생들이 그쪽으로 달아날 경우에 대비해 숲의 동쪽 변방을 따라서 갈 임무를 받았다.

그런데 몬느와 함께 여러 차례 연구했고 그 보헤미안에 의해 수정된 그 지도에서 외길, 즉 흙길이 영지가 있는 그 방향으로 가기 위해서는 이 숲의 변방에서 시작되는 것 같았다. 만약 내가 오늘 아침에 그것을 발견하게 된다면!…… 나는 정오 전까지 내가 잃어버린 영주의 저택으로 가는 길 위에 있을 것이라고 확신하기 시작했다……

아주 멋진 산책이었다!…… 우리가 글라시 지역을 지나 물랭 지역으로 꺾어지자마자 나는 나의 두 동반자, 즉 전쟁터에 나선 듯한 쇠렐 선생님—그는 주머니에 낡은 권총을 갖고 있는 것 같았다— 과 배

신자 무슈뵈프 곁을 떠났다.

지름길로 들어선 나는 마치 하사관이 놓쳐 버린 순찰대처럼 내 생애 처음으로 혼자서 들판을 지나 곧 숲의 변방에 이르렀다.

나는 이제야 내가 어느 날 몬느가 어렴풋이 느꼈던 그 신비로운 행복 가까이에 있는 것 같은 생각이 들었다. 아침 내내 나는 그 지방에서 가장 서늘하고 가장 감추어진 장소인 이 숲의 변방을 탐험하고 있었고 그동안 대장 몬느 역시 그곳을 찾아 나섰다. 그곳은 마치 말라 버린 개울 물길 같았다. 나는 이름은 잘 모르지만 오리나무임에는 틀림없어 보이는 나무의 낮은 가지들 아래로 지나갔다. 잠시 후 나는 오솔길 끝에 있는 울타리를 뛰어넘어 쐐기풀을 헤치고 키 큰 쥐오줌풀을 내리 누르며 나뭇잎 아래로 펼쳐진 커다란 푸른 풀길에 도착했다.

때때로 나는 몇 걸음 가다가 가는 모래톱 위에 발을 올려놓고 쉬었다. 그리고 고요한 가운데 나는 새―밤꾀꼬리 같았지만 그 새는 저녁에만 울기 때문에 아마도 내가 틀린 것 같다―가 고집스레 똑같은 악절만 되풀이하는 새소리를 들었다. 그것은 아침의 소리, 그늘 아래 하는 말, 오리나무들 사이로 하는 여행의 달콤한 초대였다. 보이지는 않지만 고집 있는 그 새가 나뭇잎 아래로 나와 함께 가고 있는 것 같았다.

처음으로 나 역시 모험의 길에 서 있었다. 쇠렐 선생님의 지도 아래 내가 찾고 있는 것은 바닷물에 떠내려간 조개도, 선생님도 모르는 야생난초도 아니었다. 그것은 마르탱 신부님의 밭에서도 자주 발견되는 일이 생기듯 많은 잡초와 쇠창살로 덮여 숨겨져 있어 매번 찾는 데 시간이 많이 걸리는 깊고 물이 마른 샘도 아니었다…… 나는 그보다 더 신비로운 무언가를 찾고 있었다. 그것은 바로 책 속에서 늘 문제시되곤 하는 길이었으며, 지쳐서 기진맥진한 왕자가 찾을 수 없었던 입구가 있는 길이었다. 그것은 오래 전부터 사람들이 11시가 되고 12시가 되어가는 것도 잊어버리곤 하는 때인 오전 중 가장 한가로운 시각에 발견된다…… 그리고 갑자기 머뭇거리는 손짓으로 얼굴 높이까지 불규칙적으로 펼쳐진 무성한 덤불을 헤칠 때 사람들은 그것을 너무나 작고 둥근 빛으로 안내하는 길고 어두운 대로 같은 어떤 것으로 알아보는 것이다.

그러나 그렇게 되기를 바라고 스스로 도취되어 있는 동안, 갑자기 나는 단지 개간지 같은 어느 숲속의 빈터에 서 있었다. 나는 생각지도 않게 내가 늘 한없이 멀다고만 생각하고 있었던 공유지의 끝에 다다른 것이다. 그리고 그늘에서는 소리가 윙윙거렸고, 오른쪽 나뭇더미 사이로 관리인의 집이 있었다. 양말 두 켤레가 창의 문지방에 걸려 말려지고 있었다. 지난 몇 년 동안 숲의 입구에 도착하면 우리는 언제나 어둡고 드넓은 오솔길 맨 끝에 있는 한 줄기 불빛을 가리키며 "저기가 관리인 발라디에의 집이야"라고 말하곤 했었다. 그러나 우리는 결코 거기까지 가보지 않았다. 우리는 그것이 마치 특별한 탐험이라도 되는 것처럼 가끔 이렇게 말하는 것을 듣곤 했다. "걔가 관리인의 집까지 갔었대!……"

이번에는, 내가 발라디에의 집까지 갔지만 나는 아무것도 발견하지 못했다.

나는 내 지친 다리와 그때까지 느껴본 적이 없는 더위로 인해 아프기 시작했다. 나는 혼자서 그 길을 되돌아갈 것을 걱정하고 있었는데 그때 가까이에서 쇠렐 선생님의 미끼 새 무슈뵈프의 목소리가 들렸고 뒤이어 나를 부르는 다른 아이들의 목소리가 들렸다……

그곳에는 여섯 명의 키 큰 아이들 한 무리가 있었는데, 오로지 배신자 무슈뵈프만이 의기양양한 모습이었다. 그들은 지로다, 오베르제, 들라주, 그리고 다른 아이들이었다…… 미끼 새 덕분에, 숲 속의 빈 터 한가운데에 우뚝 솟아 있는 야생 벚나무로 기어 올라가는 한 무리의 아이들과 둥지에서 푸른 딱따구리를 끄집어내는 중이던 또 다른 무리의 아이들을 붙잡을 수 있었던 것이다. 눈이 붓고 때 묻은 블라우스를 입은 바보 지로다는 셔츠와 피부 사이 배 쪽에 새끼들을 감추고 있었다. 그들 중 두 명은 쇠렐 선생님이 다가오자 달아나 버렸다. 아마도 들루슈와 꼬마 코팽이었을 것이다. 그들은 처음에는 장난으로 '무슈바슈!'라고 대답했고, 숲의 메아리가 울렸다. 그리고 무슈뵈프는 어설프게나마 그것이 자기를 두고 한 말이라고 확신하고 화를 내며 대답했다.

"알다시피 너희들은 내려올 수밖에 없을걸! 쇠렐 선생님이 말이야, 저기……"

그러자 모두들 갑자기 입을 다물고 말없이 숲속을 가로질러 도망쳤다. 그리고 그들은 숲속을 완전히 알고 있었기 때문에 그들과 다시 만난다는 것은 꿈에도 생각할 수 없었다. 대장 몬느가 간 곳은 더 이상 아무도 알지 못했다. 그의 목소리도 들은 사람이 없었다. 그래서 그를 찾으러 쫓아다니는 일은 포기해야만 했다.

우리가 흙으로 더러워진 채 피곤해서 고개를 숙이며 천천히 생트-아가트로 가는 길로 다시 접어들었을 때는 정오가 훨씬 넘어서였다. 숲의 출구에서 우리가 마른 땅에 구두의 진흙을 문질러 털어내고 있는 동안 햇볕이 세게 내리쬐기 시작했다. 이미 더 이상 상쾌하고 빛나는 봄날의 아침은 아니었다. 오후의 소리들이 들려오기 시작했다. 때때로 길가에 있는 인적이 드문 농가에서 수탉이 구슬픈 소리로 울어댔다. 글라시 지역의 내리막길에서 우리는 점심식사 후에 일을 다시 시작한 밭에서 농사꾼들과 얘기하기 위해 잠시 멈추었다. 그들은 울타리에 팔꿈치를 기대고 서 있었다. 쇠렐 선생님이 그들에게 말했다.

"그 유명한 개구쟁이들이죠! 자, 지로다를 보세요! 저 아이는 셔츠 속에다 새끼 새들을 넣고 있어요. 새끼 새들이 그 안에다 하고 싶은 대로 했겠죠. 너무하죠!……"

농사꾼들이 웃는 것은 내 망가진 모습 때문인 것도 같았다. 그들은 머리를 좌우로 흔들며 웃어댔지만, 그들이 익히 잘 알고 있던 어린 아이들을 완전히 나쁘게 여기지는 않았다. 쇠렐 선생님이 다시 우리 대열의 선두에 서자 그들은 심지어 우리에게 이렇게 말해주었다.

"너희도 잘 알고 있는 그 키 큰 아이가 지나갔었어…… 그는 돌아오는 길에 그랑주의 마차를 만났던 모양이야. 아마 그를 태워주었겠지. 그는 흙이 잔뜩 묻고 여기저기 옷이 찢긴 채 여기 그랑주로 가는 길 입구에서 내렸어! 우리가 그에게 오늘 아침 너희들이 지나가는 건 보았는데 아직 돌아오지 않았다고 말해 줬어. 그랬더니 그 애는 아주 천천히 계속해서 생트-아가트로 가더라구."

실제로 대장 몬느는 글라시 다리의 교각 위에 앉아 몹시 피곤한 모습으로 우리를 기다리고 있었다. 쇠렐 선생님의 물음에, 그는 자기도 역시 숲속에 있던 학생들을 찾으러 갔었다고 대답했다. 그리고 내가 아주 작은 소리로 그에게 물었더니 그는 실망한 듯 고개를 절레절레 흔들며 이렇게만 말했다.

"아니! 아무것도! 거기와 비슷한 곳조차도 못 찾았어."

점심식사 후, 태양빛을 받아 빛나는 마을 한가운데 어둡고 텅 빈 문 닫힌 교실에서 그는 큰 책상에 앉아 머리를 팔에 파묻고 오랫동안 슬프고도 깊은 잠을 잤다. 저녁 무렵, 오랫동안 깊은 생각을 한 후에 마치 중대한 결정을 내리기라도 한 듯 그는 자기 어머니에게 편지를 썼다. 그리고 이것이 내가 그 위대한 실패의 날로 끝난 슬픈 종말에 대해 기억하고 있는 전부다.

제10장
빨래

우리는 너무나 일찍 찾아온 봄을 미리 즐기고 있었다.

월요일 저녁, 우리는 한여름에 하듯이 4시 이후에 곧바로 숙제를 하려고 했고 좀 더 밝게 보기 위해 안마당에 큰 책상 두 개를 내다 놓았다. 그러나 날씨가 갑자기 흐려졌다. 빗방울이 공책 위에 떨어졌다. 우리는 서둘러 다시 들어갔다. 그리고 어둡고 큰 방에서 넓은 창문을 통해 우리는 흐린 하늘에 구름이 물러나는 것을 말없이 바라보고 있었다.

그때 우리와 같이 바라보고 있던 몬느가 한 손은 창문 손잡이를 잡고, 많은 회한을 느끼는 것이 유감스러운 듯 말하지 않을 수 없었다.

"아! 내가 벨-에투알발 마차를 타고 가는 길에서는 지금과 다른 쪽으로 구름이 흘러가고 있었는데."

"어떤 길에서 말이야?" 자스맹 들루슈가 물었다.

그러나 몬느는 대답하지 않았다.

"난 말이야, 기분전환을 위해 쏟아지는 빗속에서 큰 우산 아래 몸을 피하고 저렇게 마차 여행을 해보고 싶어." 내가 주제를 돌리기 위해 말했다.

"그리고 가는 내내 집에서처럼 책을 읽으면서." 다른 애가 덧붙였다.

"그때 비는 오지 않았고 난 책을 읽고 싶지도 않았어. 나는 마을을 돌아볼 생각뿐이었다구." 몬느가 대답했다.

그러나 그때 지로다가 어떤 마을을 말하는 거냐고 묻자 몬느는 또다시 입을 다물었다. 그러자 자스맹 들루슈가 말했다.

"나는 알고 있어…… 그건 항상 이야기하는 그 유명한 모험이야!……"

그는 마치 자신이 그 비밀에 대해 조금은 안다는 듯이 타협적이고 거들먹거리는 어조로 이 말을 했다. 하지만 그것도 헛수고였다. 그의 접근도 여전히 몬느에게 거절당했다. 그리고 밤이 되자 제각기 블라우스를 머리 위로 들어 올리고 차가운 소나기 아래를 재빨리 달려갔다.

그 다음 목요일까지 내내 비가 왔다. 그리고 바로 그 목요일은 지난주 목요일보다 여전히 더 우울했다. 온 마을은 겨울의 가장 나쁜 날들처럼 차가운 안개 속에 젖어 있었다.

밀리는 지난주의 좋은 햇볕에 속아서 빨래를 했다. 그러나 정원의 울타리 위나 다락방의 줄에도 빨래를 널어 말릴 생각조차 하지 못할 만큼 공기가 습하고 차가웠다.

쉬렐 선생님과 의논하면서 그녀는 그에게 교실에 빨래를 널자는 생각을 내놓았다. 왜냐하면 그날은 목요일이었고 난로가 빨갛게 달구어져 있었기 때문이다. 부엌과 식당의 불을 절약하기 위해서 난로 위에다 식사를 데우곤 했고, 그러면 우리는 온종일 큰 교실에서 지내게 되는 것이었다.

처음에—나는 아직까지 너무나 어렸었다!—나는 이 새로운 일을 축제처럼 여겼었다.

우울한 축제!…… 난로의 모든 열은 빨래를 말리는 데 쓰여서 너무나 추웠다. 운동장에는 겨울비가 한없이 조용히 내리고 있었다. 그런데 바로 거기서, 아침 9시부터 지루함에 괴로워하던 나는 대장 몬느를 다시 만났다. 우리는 큰 문의 창문에 말없이 머리를 기대고 시골에서 온 장례 행렬이 마을 꼭대기 카트르-루트 길 위로 지나가는 것을 바라보고 있었다. 소가 끄는 수레에 실려 온 관이 큰 십자가 아래의 판석 위에 내려놓아졌다. 그곳은 예전에 정육점 주인이 보헤미안의 보초병들을 발견했던 장소였다! 그렇게도 공격을 잘 지휘하던 그 젊은 대장은 지금 어디에 있는 걸까?…… 사제와 성가대원들은 관례대로 거기 놓인 관 앞으로 다가갔고 뒤이어 구슬픈 노랫소리가 우리에게까지 들려왔다. 바로 그것만이 도랑에 흐르는 흙탕물처럼 완전히 흘러 가버린 그날 하루의 유일한 구경거리였을 것이다.

"자 이제, 나는 짐을 쌀 거야. 프랑수아, 이 사실을 알고 있어. 나는 지난 목요일에 어머니께 파리에서 내 공부를 마치게 해달라고 편지를 썼었어. 난 오늘 떠나." 몬느가 갑자기 말했다.

그는 여전히 머리 높이의 창살을 잡고서 마을 쪽을 바라보고 있었다. 부자에다가 아들이 하겠다고 하는 것은 무엇이든 다 들어주는 그의 어머니가 그걸 허락했는지 물어보는 것은 쓸데없는 일이었다. 또한 왜 갑자기 그가 파리로 가고 싶어졌는지를 물어보는 것도 마찬가지로 헛된 일이었다!……

그러나 그가 모험을 시작했던 이 생트-아가트라는 소중한 지방을 떠나는 것에 있어서는 확실하게 후회와 두려움이 그에게 남아있는 듯 했다. 나는 전에 느끼지 못했던 엄청나게 쓸쓸한 마음이 올라오는 것을 느꼈다.

"부활절이 다가오고 있어!" 그가 한숨을 내쉬며 내게 설명하는 말투로 말했다.

"거기에서 그녀를 찾자마자 내게 편지를 쓸 거지, 그렇지?" 내가 물었다.

"물론 약속해. 너는 내 친구이자 형제이지 않니?……"

그리고 그는 내 어깨 위에 손을 얹었다.

점차 나는 이제 모든 게 정말 끝났다는 사실을 깨닫고 있었다. 왜냐하면 그는 파리에서 공부를 마치고 싶어 했고 그러면 나는 이제 다시는 내 친구와 함께 있을 수 없게 될 것이었기 때문이었다.

우리가 다시 만날 가능성은 아마도 잃어버린 모험의 흔적이 있을지도 모르는 그 파리의 집에서밖에는 없었다…… 그러나 그렇게도 슬퍼하는 몬느의 모습을 보니, 그건 나에게 얼마나 빈약한 희망이었던가!

내 부모님도 이 사실을 알게 되었다. 쉬렐 선생님은 매우 놀란 것처럼 보였지만 몬느의 의견을 매우 빨리 받아들였다. 참된 주부인 밀리는 특히 몬느 어머니가 평소와 다르게 어질러진 우리 집을 보게 될 것이라는 생각에 난처해하고 있었다…… 슬프게도 짐은 곧 꾸려졌다. 우리는 계단 아래에서 그의 외출용 구두를 찾았다. 옷장 속에서 속옷 몇 벌을 찾고, 뒤이어 공책과 교과서들을 찾았다—이것이 18살 젊은이가 세상에서 소유하고 있던 전부였다.

정오에 몬느 어머니가 마차를 타고 왔다. 그녀는 몬느를 데리고 다니엘 카페에서 점심을 먹고 말에게도 먹이를 먹인 후 마차를 매달자마자 거의 아무런 설명도 하지 않은 채 그를 데리고 갔다. 문에서, 우리는 그들에게 작별 인사를 했다. 그리고 마차는 카트르-루트를 돌아서 사라졌다.

밀리는 문 앞에서 구두를 턴 다음 어질러진 것을 정리하러 싸늘한 식당으로 들어갔다. 나는 몇 달 만에 처음으로 목요일의 긴 저녁 시간을 혼자 보냈다—내 청년기가 그 낡은 마차를 타고 이제 영원히 가버린 것 같은 느낌을 지닌 채.

제11장

나는 배반했다……

무엇을 할까? 날씨가 조금 개었다. 심지어 해가 뜬 것 같았다.

큰 집에 문이 쾅하고 닫혔다. 그러고는 침묵이 다시 흘렀다. 때때로 아버지가 안마당을 지나가 난로에 넣기 위해 양동이를 석탄으로 채웠다. 나는 하얀 속옷들이 빨랫줄에 널려 있는 것을 보았고, 이제부터 나의 유일한 관심사여야만 할 연말에 있을 사범학교 시험 준비를 하기위해 내가 남아있어야 하는 빨래 건조실로 바뀌어 버린 그 우울한 곳으로 전혀 들어가고 싶지 않았다.

이상한 일은 나를 슬프게 하는 이 지루함과 외로움에는 어떤 자유로운 느낌과 같은 것이 섞여 있었다. 몬느가 떠나고 이 모든 모험이 실패로 끝나자, 적어도 나는 나를 다른 사람들처럼 행동하지 못하도록 했던 그 신비로운 억압과 그 이상한 걱정으로부터 자유로워진 것 같았다. 몬느는 떠났고 나는 더 이상 그의 모험의 동반자도, 흔적을 찾아 떠나는 사냥꾼의 형제도 아니었다. 나는 전과 같이 다른 아이들과 비슷한 마을의 한 아이가 되었다. 그리고 그것은 쉬운 일이었고 나는 그러기 위해서 가장 자연스러운 내 성향을 따르기만 하면 되었다.

루아 씨네 막내가 진흙탕 길을 지나가고 있었다. 그 아이는 끈에 밤 세 톨을 매달고 공중으로 돌리고 있었는데 그러다 그 밤알이 안마당에 떨어졌다. 나는 너무나 할 일이 없어 담 너머로 두세 번 그 밤알을 다시 던져 주는 장난을 쳤다.

갑자기 나는 그가 이 유치한 장난을 그만두더니 비에유-플랑슈의 길로 오고 있는 화물마차를 향해 달려가는 것을 보았다. 그는 마차가 서지도 않았는데도 재빨리 뒤로 기어 올라갔다. 나는 들루슈의 작은 화물마차와 그의 말을 알아보았다. 자스맹 들루슈가 운전하고 있었다. 뚱보 부자르동은 서 있었다. 그들은 목장에서 이제 막 돌아오고 있었다.

"우리와 함께 가자, 프랑수아!" 몬느가 떠났다는 것을 이미 알고 있음에 틀림없는 들루슈가 외쳤다.

물론! 아무에게도 알리지 않았지만, 나는 덜거덕거리는 마차에 기어올랐고 다른 아이들과 함께 마차 기둥에 기대어 섰다. 그는 우리를 과부 들루슈의 집으로 데리고 갔다……

우리는 이제 식료품상이자 여인숙 주인인 그 좋은 부인 집의 가게 뒷방에 있다. 하얀 햇살이 낮은 창을 통해 양철상자와 식초 통 위로 미끄러져 들어왔다. 뚱보 부자르동은 창가에 걸터앉아 야비한 웃음을 지으며 우리 쪽으로 돌아서서 스푼으로 비스킷을 먹고 있었다. 손이 미치는 거리에 배럴 통 위로 열린 상자에서 그것들을 꺼내고 있었다. 꼬마 루이는 기뻐서 소리를 질렀다. 우리 사이에는 일종의 질 나쁜 친밀함이 형성되었다. 들루슈와 부자르동은 이제부터 내 친구가 될 것이란 것을 나는 알았다. 내 생활의 흐름이 갑자기 바뀌었다. 몬느가 아주 오래전에 떠난 것 같았고, 그의 모험은 슬펐지만 이미 끝나버린 옛이야기인 것만 같았다.

꼬마 루아는 선반 아래에서 마시다 만 술병을 끄집어냈다. 들루
슈가 우리 각자에게 조금씩 주었지만 잔이 하나밖에 없어서 우리는
모두 같은 잔으로 마셨다. 그들은 마치 내가 농부나 사냥꾼의 이러
한 풍습에 익숙하지 않다는 듯이 다소 친절하게 첫 잔을 내게 주었
다…… 그것이 나를 약간 거북하게 했다. 그리고 그들이 막 몬느에 대
해 이야기를 할 때, 이 거북함을 없애고 나도 안정을 되찾고자 내가
그의 이야기를 알고 있다는 것을 보여 주고 그것을 조금 이야기해 주
고 싶은 욕망이 나를 사로잡았다. 모든 것이 끝난 지금에 와서 여기
서 그의 모험에 관해 이야기한들 그에게 무슨 해를 끼치겠는가?……

내가 그 이야기를 잘못 전한 걸까? 내가 기대했던 만큼의 효과
는 없었다.

어떤 것에도 놀라지 않는 순박한 시골 사람들인 내 친구들은 그
런 하찮은 일로 놀라지 않았다.

"결혼식이었네, 뭐!" 부자르동이 말했다.

들루슈는 프레브랑주에서 그보다 더 이상한 결혼식도 보았다.

성? 분명히 그 이야기를 들은 이 지방 사람들을 찾을 수 있다는
것이었다.

소녀? 몬느가 군복무를 마쳐야 그녀와 결혼하게 될 것이라는 것
이었다.

"그는 그의 계획을 그 보헤미안에게 털어놓는 대신에 우리에게 이
야기하고 우리에게 지도를 보여 주었어야 했는데." 그들 중 하나가 덧
붙였다.

실패로 난처해진 나는 그들의 호기심을 자극할 기회를 엿보고 있었다. 나는 그 보헤미안이 누구이고, 그가 어디에서 왔으며, 그의 이상한 운명이 과연 무엇인지를 설명해 주기로 결심했다…… 부자르동과 들루슈는 전혀 듣고 싶어 하지 않았다. "바로 그 사람이 모든 것을 한 거야. 그토록 친절한 친구였던 몬느를 친구들과 멀어지게 만든 것이 그였어! 우리가 학도호국대처럼 모두 대열을 정비한 다음에 야간 공격이나 돌격과 같은 모든 어리석은 짓을 조작했던 것도 그였어……"

"너도 알잖아, 내가 그를 경찰에 고발한 건 정말 잘한 것 같아. 마을에서 나쁜 일을 했고, 또 여전히 그럴 놈이니까!……" 들루슈가 부자르동을 바라보면서 머리를 몇 번 흔들며 말했다.

나도 그들과 거의 같은 생각이었다. 만약 우리가 그 사건을 그토록 신비스럽고 비극적인 방식으로 생각하지 않았다면 모든 것은 틀림없이 전혀 다르게 돌아갔을 것이었다. 우리가 완전히 혼란스러워진 것은 바로 프란츠의 영향 때문이었다……

그러나 갑자기 내가 이러한 생각에 빠져 있는 사이에 가게 안이 떠들썩해졌다. 자스맹 들루슈는 재빨리 통 뒤로 몇 방울 남은 작은 병을 숨겼다. 뚱보 부자르동은 창문 높이에서 급히 내려오다 굴러다니는 먼지투성이의 빈 병에 발이 닿아 거의 넘어질 뻔했다. 꼬마 루아는 숨이 반쯤 넘어갈 정도로 웃으며 좀 더 빨리 나가려고 그들을 뒤에서 밀었다.

무슨 일이 일어났는지도 잘 모르고 나는 그들과 함께 도망쳤다. 우리는 안마당을 가로질러 사다리를 타고 건초를 넣어 둔 다락방으로 기어 올라갔다. 우리들을 아무 짝에도 쓸모없는 놈으로 취급하는 부인의 목소리가 들렸다!……

"그녀가 그렇게 일찍 돌아올 줄은 생각지도 못했는데." 자스맹 들루슈가 낮은 목소리로 이야기했다.

그제야 비로소 나는 우리가 거기서 몰래 과자와 술을 훔쳐 먹으며 있었다는 사실을 깨달았다. 나는 마치 인간과 이야기하고 있다고 믿었다가, 갑자기 그것이 원숭이였다는 것을 깨닫게 된 난파당한 사람처럼 실망했다. 나는 그곳에서의 모험이 너무나 불쾌했던 나머지 그 다락방을 떠날 생각조차도 안했다. 게다가 어둠이 깔렸다…… 그들은 나를, 뒤로 나가게 해 두 개의 정원을 지나 늪을 돌아 나왔다. 나는 다니엘 까페의 빛이 반사되고 있는 질퍽거리는 진흙탕 길로 들어섰다.

나는 내 저녁 나들이가 자랑스럽지 않았다. 나는 카트르-루트로의 교차로에 와 있었다. 갑자기 나는 길모퉁이에서 나를 보고 미소 짓는 근엄하고도 친절한 얼굴을 다시 보았다. 마지막 손짓을 하고—그리고 마차는 사라졌다……

너무나 슬프고 아름다웠던 그 겨울을 생각나게 하는 차가운 바람이 불어 내 블라우스가 펄럭거렸다. 이미 모든 것이 나에게는 쉽게 보이지 않았다. 저녁을 먹기 위해 식구들이 나를 기다리고 있는 큰 교실로 갑작스런 바람이 불어와 난로가 발산하는 빈약한 열기를 단절시켰다. 식구들이 오후 내내 방황하며 떠돌아다닌 나를 나무라고 있는 동안 나는 떨고 있었다. 나는 과거의 일상적인 생활로 되돌아가기 위해 보통 때의 내 자리를 찾아가 식탁에 자리를 잡는 위안조차 가지지 못했다. 그날 저녁에 우리는 상을 차리지 않았다. 각자가 어두운 교실에서 무릎 위에 음식을 놓고 식사를 했다. 나는 학교에서 보낸 그 목요일에 대한 벌임에 틀림없을, 붉게 달아오른 난로 위 원형판 위에서 타버린 그을린 과자를 말없이 먹었다.

그날 저녁, 방에서 혼자 저 슬픔의 밑바닥에서 올라오는 후회를 억누르기 위해서 나는 일찍 잠자리에 들었다. 그러나 한밤중에 나는 두 번씩이나 잠에서 깼다. 처음에는 갑자기 온몸으로 돌아눕는 습관을 가진 몬느의 침대가 삐걱거리는 소리를 들은 것 같아서, 또 한 번은 망보는 사냥꾼과 같은 그의 가벼운 발걸음 소리가 저쪽 다락방을 지나가는 것을 들은 것 같아서였다……

제12장
몬느가 보낸 세 통의 편지

평생 동안 나는 몬느에게서 편지 세 통밖에는 받지 못했다. 그 편지들은 여전히 우리 집 옷장 서랍 속에 있다. 나는 그것들을 매번 다시 읽을 때마다 옛날과 같은 슬픔을 다시 느낀다.

첫 편지는 그가 떠난 지 이튿날이 되자마자 내게 왔다.

사랑하는 프랑수아에게,

오늘, 파리에 도착하자마자 나에게 알려준 그 집 앞으로 갔었어. 그런데 나는 아무도 보지 못했어. 아무도 없었어. 앞으로도 거기엔 아무도 없을 것 같았어.

프란츠가 말했던 집은 작은 2층 저택이야. 갈레 양의 방은 틀림없이 2층일 거야. 위층 창문들은 나무들로 거의 가려져 있었어. 그런데 보도로 지나가니 매우 잘 보였어. 커튼이 모두 쳐져 있었는데, 언젠가 걷힌 커튼 사이로 이본 드 갈레의 얼굴이 나타날 것이라고 생각하면 미칠 것만 같았어.

큰 길 위에서였어. 이미 푸른빛이 도는 나무들 사이로 비가 조금씩 내리고 있었어. 끊임없이 지나가는 전차의 맑은 종소리가 들리곤 했지.

거의 두 시간 가까이, 나는 창문 아래를 이리저리 서성였어. 포도주상이 있었는데 나는 주먹질하며 싸우는 나쁜 깡패로 보이지 않도록 술을 마시러 그 집에 들렀어. 그런 다음 나는 희망 없이 계속해서 그곳을 살폈어.

밤이 되었어. 거의 어디서나 창문에 불이 켜졌지만 그 집만은 그렇지 않았어. 확실히 그 곳에는 아무도 없었어. 그렇지만 부활절이 가까워오고 있어.

내가 막 떠나려던 순간에 처녀인지 젊은 부인인지 모르겠는 한 여자가 와서 비에 젖은 벤치에 앉았어. 그녀는 하얀색 작은 깃이 달린 검은색 옷을 입고 있었어. 내가 떠날 때에도 그녀는 저녁의 추위에도 불구하고 무엇인지, 누구인지 모르겠는 무언가를 기다리며 여전히 거기에 남아 있었어. 파리가 나처럼 정신 나간 사람들로 가득 차 있다는 것을 넌 알 수 있겠지.

오귀스탱 몬느

시간이 흘렀다. 나는 부활절인 월요일과 이어지는 부활절 기간 내내—그 날들은 부활절의 커다란 열기가 가시고 아주 조용해져서 여름을 기다리는 것 외에는 일이 없는 것처럼 보였다—오귀스탱 몬느의 편지를 헛되이 기다렸다. 6월은 시험기간과 무더위를 몰고 왔다. 그 무더위의 숨 막히는 열기는 바람에도 흩어지지 않고 온 마을에 드리워지곤 했다. 밤이 되어도 시원해지지 않았고, 그래서 쉴 새 없이 괴로움에 시달렸다. 내가 대장 몬느의 두 번째 편지를 받은 것은 바로 그 견딜 수 없는 6월 중이었다.

189X년 6월

사랑하는 내 친구에게,

이제 모든 희망이 사라졌어. 나는 어제 저녁에야 그 사실을 알았어. 처음에는 거의 느끼지 못했던 고통이 그 이후로는 점점 솟아오르고 있어.

매일 저녁, 그 의자 위에 앉아 생각에 깊이 잠기며 주위를 살피고 모든 정황에도 불구하고 나는 희망을 가져.

어제 저녁 식사 후, 어둡고 숨 막히는 밤이었지. 사람들은 나무 아래 보도에서 이야기를 나누고 있었어. 불빛에 푸르러진 검은 잎사귀들 위로 3, 4층짜리 아파트들에는 불이 켜져 있었어. 여름이라 그런지 여기저기 창문이 아주 활짝 열려 있었어. 식탁 위로 램프가 켜져 있는 것이 보였어. 6월의 무더운 어둠을 가까스로 물러나게 했지. 거의 방 안쪽까지 보였지…… 아! 만약 이본 드 갈레의 어두운 창문에도 불이 켜졌다면, 내 생각에 나는 과감히 계단을 올라가 문을 두드리고 들어갔을지도 몰라……

지난번 네게 말했던 그 젊은 여자가 거기에 여전히 나처럼 기다리며 있었어. 나는 그녀가 그 집에 대해 알고 있을 거라 생각하고 물어봤어.

"예전에 이 집에 어떤 오누이가 방학을 보내러 오곤 했었어요. 하지만 그녀의 오빠가 부모님의 성에서 도망쳐서 다시는 그를 찾을 수 없었고 그 처녀도 결혼했다고 알고 있어요. 그래서 저택의 문이 잠겨 있는 거예요"라고 그녀가 말했어.

나는 떠났어. 보도 위로 열 걸음을 옮기다가 나는 넘어질 뻔했어. 그날 밤—마지막 밤이었지—에 안마당에 있던 어린아이들과 부인들이 조용해져서 내가 잠을 청하려 할 때, 길에서 삯마차가 굴러가는 소리가 들리기 시작했어. 아주 가끔 지나갈 뿐이었지. 그러나 마차 한 대가 지나가면 나는 본의 아니게 다음 마차를 기다리곤 했어. 아스팔트 위에서 나는 말발굽 소리, 방울 소리…… 그 소리들이 되풀이되고 있었어. 황폐한 도시, 잃어버린 사랑, 끊임없는 밤, 여름, 열기……

쇠렐 프랑수아, 내 친구야, 나는 너무나 큰 슬픔에 빠져 있어.

오귀스탱 몬느

어쨌든 속내 이야기가 거의 들어 있지 않은 듯한 편지였다! 몬느는 내게 왜 그가 그토록 오랫동안 조용히 있었는지, 이제 그가 하려고 하는 것이 무엇인지도 말하지 않았다. 나는 그가 모험이 끝났기 때문에 그가 과거와 단절했던 것처럼 나와의 관계도 끊었다는 인상을 받았다. 내가 그에게 여러 번 편지를 썼지만 나는 더 이상 답장을 받지 못했다. 내가 교사자격증을 취득했을 때도 축하한다는 말 한마디뿐이었다. 9월에 나는 한 학교 친구를 통해 그가 방학 동안 페르테-당지웅에 있는 그의 어머니 집에 와 있다는 것을 알았다. 그러나 바로 그해, 비외-낭세의 플로랑탱 삼촌 집에 초대받은 우리 가족은 휴가를 그곳에서 보내야만 했다. 그리고 몬느는 내가 그를 만나보기도 전에 다시 파리로 떠났다.

새 학년이 시작되고, 정확히 11월 말경, 내가 부르주의 사범학교를 다니지 않고 다음해에 곧바로 초등학교 교사로 임명받을 희망을 가지고 상급반 교사자격증을 준비하느라 다소 사그라진 열의로 다시 공부를 시작하고 있었는데, 나는 몬느에게서 다시는 받지 못할 거라고 생각하고 있던 그 마지막 세 번째 편지를 받았다.

그는 편지에 이렇게 썼다.

나는 여전히 그 창문 아래를 지나다니고 있어. 나는 일말의 희망도 없이 아직도 순수하게 미친 듯이 기다리고 있어. 가을의 추운 일요일의 끝 무렵, 어둠이 깔리기 시작할 때, 나는 얼어붙은 거리의 그곳에 다시 가지 않고서는 되돌아올 수도 없고 내 방의 덧창문을 닫을 수도 없어.

나는 매순간 문 앞에 나와서 이미 죽은 그의 아들이 돌아오지 않을까 보려고 눈 위에 손을 올려놓고 라 가르 역 쪽을 바라보는 생트-아가트의 그 미친 여자 같아.

나는 의자에 앉아 비참하게 몸을 떨면서, 누군가 살며시 내 팔을 잡는 상상을 하는 걸 좋아해…… 내가 돌아볼 것이고, 거기에 바로 그녀가 있을 거야. 그녀는 간단히 "제가 좀 늦었죠"라고 말할 거야. 그리고 모든 고통과 광란상태가 사라질 거야. 우리는 집으로 들어갈 거야. 그녀의 모피 옷은 완전히 얼어붙어 있고, 모자에 드리우는 베일은 젖어 있을 거야. 그녀는 바깥에서 안개 냄새를 가져왔을 거야. 그리고 그녀가 불로 다가가는 동안, 나는 서리로 뒤덮인 그녀의 금발과, 불꽃을 향해 아주 부드럽게 몸을 구부린 아름다운 그녀의 옆모습을 바라보고 있겠지.

아! 뒤로 커튼이 드리워진 그 유리창은 하얗게 되어 있어. 그리고 그 잃어버린 영지의 처녀가 창문을 연다고 해도 나는 이제 더 이상 그녀에게 할 말이 없어.

우리의 모험은 끝났어. 올해 겨울은 무덤처럼 죽은 것 같아. 아마도 우리가 죽게 되면, 아마도 그 죽음만이 실패한 모험의 결말과 후일담, 실마리를 우리에게 제공해 주겠지.

프랑수아, 지난번에 내가 너에게 나를 생각해달라고 부탁했었지. 지금은 반대로 나를 잊는 편이 더 나을 거야. 모든 것을 잊는 게 더 나을 거야.

A.M.

그리고 또 지난겨울이 신비로운 삶으로 인해 활기찼던 만큼이나 새로운 겨울이 죽은 듯한 겨울이 되었다. 보헤미안들이 없는 성당 광장, 4시면 아이들이 떠나 버리는 학교 운동장…… 나 혼자 아무런 의욕 없이 공부를 하곤 했던 교실…… 2월, 올 겨울 처음으로 지난 1년 동안의 우리의 모험담을 아주 묻어 버리고, 모든 자취를 흐리게 만들어 마지막 흔적들마저도 지워 버리는 눈이 내렸다. 그리고 나는 몬느가 편지에서 내게 부탁했듯이 모든 것을 잊으려고 노력했다.

제3부

제1장
물놀이

담배 피우기, 머리칼을 곱슬곱슬하게 만들기 위해 설탕물 바르기, 초등학교 보충과정 여자아이들을 길에서 껴안기, 지나가는 수녀를 놀리려고 울타리 뒤에서 '수녀 모자 쓴 아가씨!'하고 외치기, 이것이 그 지방 모든 불량배들의 기쁨이었다. 그러나 스무 살이 되면 이런 종류의 불량배들은 행실이 아주 좋아질 수도 있고 때로는 아주 동정심 많은 젊은이들이 된다. 문제의 불량배가 벌써 늙어 보이고 생기 없는 얼굴을 가지게 될 때, 그가 그 지방 부인들의 수상쩍은 이야기를 지껄여 퍼트릴 때, 그가 친구들을 웃기려고 질베르트 포클랭에 대한 여러 가지 우스갯소리를 할 때, 사태가 대단히 심각해진다. 그러나 결국 그 경우도 아직 절망적인 것은 아니다……

자스맹 들루슈의 경우가 바로 그랬다. 그는 이유는 모르겠지만 딱히 시험을 통과하고 싶은 마음도 없으면서도 계속해서 모두가 그에게 포기하기를 바랐던 상급반을 수강하고 있었다. 그동안에 그는 삼촌 뒤마와 함께 미장이 일을 배웠다. 그리고 곧 그 자스맹 들루슈와 부자르동, 그리고 부시장의 아들인 드니란 이름의 매우 유순한 녀석은 내가 어울리기를 좋아했던 유일한 상급반 학생들이 되었다. 왜냐하면 그들은 '몬느의 시절'부터 있었기 때문이었다.

어떤 점에서 들루슈도 내 친구가 되고 싶어 하는 매우 진심에서 우러나온 바람이 있었다. 요컨대 그는 대장 몬느의 적이었지만 학교에서 대장 몬느가 되기를 원했다. 적어도 그는 몬느의 보좌관이 되지 못했던 것을 후회하고 있을지도 몰랐다. 부자르동보다는 덜 둔감한 그는 몬느가 우리의 삶에 가져다준 대단히 예외적인 모든 것을 느끼고 있었던 것 같았다. 그리고 종종 나는 그가 다음과 같이 되풀이하며 말하는 것을 들었다.

"대장 몬느가 그렇게 말했어……" 라든가 아니면 "아! 대장 몬느가 말하기를……"

들루슈는 우리보다 훨씬 사나이다웠을 뿐만 아니라, 그 나이든 작은 녀석은 우리에게 자신의 우월성을 확고하게 만들 재미난 물건들을 가져오곤 했다. 희고 긴 털을 가진 잡종견 한 마리, 그 놈은, 베칼리라는 짜증나는 이름에 반응하고, 다른 운동에는 분명한 재능 없이 돌을 멀리 던지면 가지고 오곤 했다. 중고로 산 낡은 자전거, 들루슈가 방과 후 저녁때면 가끔씩 우리를 태워주곤 했지만, 그러나 그 고장 처녀들을 태워주는 것을 더 좋아했다. 거기에 마지막으로 하얗고 눈먼 당나귀, 그 놈은 특히 모든 수레들에 매달 수 있었다.

그것은 뒤마의 당나귀였지만 그는 여름에 우리가 셰르로 물놀이를 갈 때면 들루슈에게 그 당나귀를 빌려주곤 했다. 그럴 때 그의 어머니는 레모네이드 한 병을 주었고, 우리는 그것을 의자 밑의 마른 수영 팬츠들 사이에 넣어 두곤 했다. 그리고 우리 상급반의 여덟 명 내지 열 명의 학생들은 쇠렐 선생님과 함께 일부는 걸어서, 또 다른 일부는 당나귀가 끄는 마차에 올라타서 출발했고 셰르로 가는 길이 너무 가파르면 우리는 그 마차를 그랑퐁 농장에 맡겨두곤 했다.

내가 이런 산책을 아주 세세한 부분까지 기억하고 있는 것은 이유가 있다. 그때 우리가 뒤따라 걸어가고 있는 동안 들루슈의 당나귀는 우리의 수영복, 짐 꾸러미, 레모네이드 그리고 쇠렐 선생님을 셰르로 실어 날랐다. 8월이었다. 우리는 이제 막 시험을 끝냈다. 걱정에서 해방된 우리에게는 여름 내내 모든 행복이 우리 것인 양, 아름다운 목요일 오후에 머릿속에 생각나는 대로 노래를 부르며 길을 걸었다.

교외로 가는 길에는 이 순수한 그림 속에 오직 그림자 하나가 있을 뿐이었다. 우리는 우리 앞을 걸어가고 있는 질베르트 포클랭을 알아보았다. 그녀는 잘 빠진 몸매에 짧은 치마를 입고 높은 구두를 신었고, 소녀에서 처녀가 되어가는 상냥하면서도 부끄러워할 줄 모르는 표정을 지니고 있었다. 그녀는 길을 벗어나 아마도 우유를 찾으러 가려는 듯 에움길로 들어섰다. 그 즉시 꼬마 코팽이 들루슈에게 그녀를 따라갈 것을 제안했다.

"내가 그녀를 껴안는 게 첫 번째는 아닐 거야……" 들루슈가 말했다.

그리고 들루슈는 그녀와 그녀의 친구들에 대한 여러 외설적인 이야기를 하기 시작했고 그동안 쇠렐 선생님은 당나귀가 끄는 마차를 타고 계속해서 길로 앞서 가시도록 내버려두고 모든 무리가 허세를 부리며 그 에움길로 들어갔다. 그렇지만 결정적으로 거기서 무리는 흩어지기 시작했다. 들루슈조차도 달아나고 있는 그 말괄량이를 우리 앞에서 공격하는 것에 거의 관심이 없는 것 같았고 그는 50미터 이상은 그녀에게 접근하지 않았다. 몇 번의 휘파람 소리와 닭소리가 들렸고 우리는 쫓아가던 것을 포기한 채 약간 기분이 상해서 그 길을 되돌아 나왔다. 햇볕이 내리쬐는 가운데 우리는 길에서 뛰어야 했다. 우리는 더 이상 노래를 부르지 않았다.

우리는 셰르 강가를 두르고 있는 건조한 버드나무 숲에서 옷을 벗고 수영복으로 갈아입었다. 버드나무는 우리를 다른 사람의 시선으로부터는 보호해 주었지만 태양으로부터는 그렇지 못했다. 모래와 말라붙은 진흙을 발로 밟으며 우리는 셰르강 연안에 파인 그랑퐁 샘에 넣어 시원해졌을, 과부 들루슈가 준 레모네이드 병만을 생각했다. 샘 안에는 항상 청록색 풀과 두세 마리의 쥐며느리 같은 벌레가 있었다. 그러나 물이 어찌나 깨끗하고 투명한지 낚시꾼들은 지체 없이 무릎을 꿇고 가장자리에 두 손을 놓아 받치고는 거기서 물을 마시곤 했다.

아! 그날도 다른 때와 같았다…… 옷을 모두 입고 우리들이 두 개의 커다란 유리잔에다 따라놓은 시원한 레모네이드를 나눠 마시기 위해 책상 다리를 하고 둥그렇게 모여 앉았을 때, 그것은 각자 한 번씩밖에 돌아가지 않았다. 우리는 쇠렐 선생님에게도 그것을 드시도록 권했는데, 그것은 목구멍을 따끔하게 할 정도의 갈증을 돋우기만 할 뿐인 약간의 거품에 불과했다. 그래서 우리는 차례로 우리가 처음에는 거들떠보지도 않았던 샘으로 갔고 천천히 깨끗한 수면으로 얼굴을 가까이 갖다 대었다. 그러나 모두가 이런 시골 사람들의 풍습에 익숙한 것은 아니었다. 나와 마찬가지로 많은 아이들이 목을 축이지 못했다. 어떤 아이들은 그 물을 좋아하지 않아서였고, 또 다른 아이들은 쥐며느리를 삼킬지도 모르는 두려움에 목구멍이 달라붙었기 때문이었다. 그 밖의 아이들은 고요한 물이 너무 투명해서 잘못하다가 정확하게 수면과의 거리를 알지 못하고서 입과 동시에 얼굴 절반을 물에 빠뜨려 코로 물을 마셔 몹시 화끈거리는 물을 들이 마실까 봐 그랬고, 다른 애들은 이런 모든 이유를 한꺼번에 생각했기 때문이기도 했다…… 어쨌든! 우리에게 셰르 강의 메마른 둑 위에는 대지의 모든 차가움이 막혀버린 것 같았다. 그래서 지금도 여전히 어디서든 '샘'이라는 말을 들으면 오랫동안 나는 바로 그 샘을 떠올리곤 한다.

우리는 갈 때와 마찬가지로 처음에는 무사태평하게 해질녘이 되어 돌아왔다. 큰길 쪽으로 다시 올라가는 그랑퐁 길은 겨울에는 개울이었고, 여름에는 거대하게 늘어선 나무들 사이로 어둠 가운데 솟아올라 커다란 나무뿌리들과 구덩이로 인해 길이 끊긴 통행이 불가능한 협곡이 되었다. 물놀이를 하러 왔던 이이들 중의 일부가 물놀이 삼아 그곳으로 들어갔다. 그러나 우리들은 쉬렐 선생님, 들루슈, 그리고 여러 반 친구들과 함께 그 길과 평행하게 나 있는 부드러운 모랫길을 따라갔다. 우리는 우리 가까이 아래쪽에서 어둠에 가려 보이지 않는 다른 아이들이 웃고 이야기하는 소리를 들었다. 그동안 들루슈는 자신의 무용담들을 이야기하고 있었다…… 커다란 울타리 나무들의 꼭대기에는 밤벌레들이 맑은 하늘을 배경으로 나뭇잎 가장자리 주변을 온통 휘젓고 다니며 울어댔다. 때로는 벌레 한 마리가 갑작스레 굴러 떨어져 갑자기 윙윙거리는 소리가 나기도 했다—아름답고 고요한 여름 저녁이었다!…… 희망도 없고, 절망도 없는 소박한 시골길에서 되돌아가는 길. 본의 아니게 그러한 평온을 깨뜨린 건 바로 또 들루슈였다……

우리가 언덕 꼭대기, 큰 성의 흔적이라고들 하는 커다랗고 오래된 두 개의 돌이 남아 있는 장소에 이르렀을 때 들루슈는 그가 가 본 적이 있던 영지들에 대해 말하기 시작했고, 그중에서도 특히 비외-낭세 근처의 반쯤 폐허가 되어버린 어떤 영지, 즉 사블로니에르 가의 영지에 대해서 이야기하기 시작했다. 어떤 단어들은 거만하게 혀를 굴리고, 또 다른 어떤 단어들을 말할 때는 겉멋 부리며 철자를 생략하는 '알리에' 악센트를 사용하면서, 그는 몇 년 전 그 오래된 영지의 무너진 성당에서 다음과 같은 글이 새겨져있는 묘석을 보았다고 말했다.

신에게, 왕에게, 애인에게 충성스러웠던
기사 갈루아 여기에 잠들다.

"아니! 뭐! 너 이 녀석!" 쇠렐 선생님이 그가 하는 이야기의 말투에 약간 거북해하며 어깨를 가볍게 으쓱하고는, 그렇지만 내심 우리가 어른들처럼 말하도록 내버려 두며 이렇게 말했다.

그리고 들루슈는 마치 자기가 거기서 살았던 것처럼 그 성에 대해 계속해서 묘사했다.

비외-낭세에서 돌아오는 길에 여러 번, 뒤마와 그는 전나무 숲 위로 보이는 회색의 낡은 작은 탑을 궁금하게 여겼었다. 바로 거기 숲 한가운데에는, 소유주가 없을 때 들어가 볼 수 있는 매우 뒤얽히고 무너진 건물들이 있었다. 어느 날, 그들이 마차에 태워줬던 그곳의 문지기가 그들을 그 이상한 영지로 안내했다. 그러나 그때 이후로 사람들이 그곳을 모두 헐어버렸다. 더 이상 농장과 작은 별장밖에는 남아 있지 않다고들 했다. 그 집에 사는 사람도 항상 똑같았다. 그곳엔 거의 파산한 늙은 퇴역 장교와 그의 딸이 살고 있었다.

그는 이야기를 하고 또 했다…… 나는 바로 내가 잘 알고 있던 것을 이야기하고 있다고는 느끼지 못한 채 주의 깊게 듣고 있었다. 그때 갑자기, 일순간에 마치 이상한 일이 일어나기라도 한 것처럼 들루슈가 나를 향해 돌아서더니, 지금까지 결코 그에게서 떠오르지 않았던 어떤 생각에 사로잡혀서 내 팔을 붙들며 이렇게 말했다.

"야! 그런데, 내 생각엔 몬느가 말야—너도 알잖아, 그 대장 몬느?—그가 갔던 곳이 바로 거기였던 것 같아."

내가 대답하지 않자 그가 덧붙였다.

"아니야, 맞아. 그리고 그 문지기가 그 집 아들에 대해 말했던 것도 기억나. 이상한 생각을 가진 엉뚱한 사람이라고 했지 아마……"

나는 처음부터 그의 추측이 맞다는 것을, 그리고 몬느와는 먼, 모든 희망과도 멀어진 이곳 내 앞에서 마치 자주 다니는 친숙한 길처럼 쉽고 분명한 그 이름 없는 영지로 가는 길이 이제 막 열렸다고 확신하며 더 이상 그의 말을 듣지 않았다.

제2장

플로랑탱 삼촌 댁에서

나는 불행했고 꿈꾸길 좋아하며 내성적인 아이였던 만큼 이 중대한 모험의 출구가 나에게 달려 있음을 느꼈을 때, 더 확고해졌고 우리 집에서 하는 말로, '결단력을 가지게' 되었다.

결정적으로 내 무릎 통증이 멎은 것도 바로 그날 저녁부터였던 것 같다.

사블로니에르 영지가 있는 비외-낭세에는 아빠의 모든 친척이 살고 있었고, 특히, 우리는 9월 말에 가끔 그곳 상인인 플로랑탱 삼촌 댁에 들르곤 했다. 모든 시험으로부터 해방된 나는 지체할 것도 없이 바로 삼촌을 만나러가도 좋다는 허락을 받아냈다. 그러나 나는 몬느에게 몇 가지 좋은 소식을 알릴 수 있을 거라는 확신이 없는 한 몬느에게 아무것도 알리지 않기로 결심했다. 사실 그를 또다시 절망에 빠뜨리고 아마도 또 더 깊은 절망으로 빠뜨릴지도 모르는데 지금 당장 그를 절망에서 끌어올린다고 한들 무슨 소용이 있겠는가?

비외-낭세는 아주 오랫동안 내가 좋아했던 장소였다. 방학이 끝날 무렵이면 우리는 그곳으로 데려가 줄 마차를 빌릴 수 있을 때에만 그 지방으로 아주 드물게 가곤 했다. 오래전에 그곳에 살고 있었던 친척과 어떤 불화가 있었고, 아마 그 일 때문에 마차에 오르기 위해선 밀리에게 매번 무수히 간청을 했어야만 했던 것 같다. 그래서 나는 이러한 불화들을 무척이나 걱정했었다!…… 그러나 일단 도착만 하면, 곧바로 나는 내 마음을 사로잡는 수많은 재미있고 즐거운 일들이 행해지는 생활 가운데 삼촌들과 사촌들 사이에서 정신없이 뛰어놀았다.

우리는 플로랑탱 삼촌과 쥘리 숙모의 집에 머물렀다. 그 집에는 내 또래의 소년인 사촌 피르맹과 여덟 명의 딸들이 있었다. 누나 마리-루이즈와 샤를로트는 17세와 15세쯤 되었을 것이다. 삼촌 부부는 성당 앞 솔로뉴 마을 어귀에 매우 큰 상점을 운영하고 있었다. 그곳은 잡화점으로, 모든 역으로부터 30킬로미터나 떨어진 오지에 고립되어 있는 그 지역의 모든 성주이면서 사냥꾼인 사람들이 거기에서 필수품을 장만하고 있었다.

그 상점에는 식료품과 루앙산 면직물 판매대가 놓여 있었고, 상점의 많은 창문들이 길 쪽으로 나 있었고, 커다란 현관 유리문은 성당의 광장 쪽으로 나 있었다. 하지만 이상하게도, 너무나 가난한 지방에서는 흔히 그렇듯, 상점 전체에 마룻바닥 대신에 흙이 깔려 있었다.

뒤쪽으로는 방이 여섯 개 있었고, 방 하나하나는 하나의 단일한 상품으로 채워져 있었다. 모자 방, 원예용품 방, 램프 방…… 내가 뭘 알겠는가? 나는 내가 아이였고 그 흐트러진 물건들의 미로 속을 지나다녔을 때, 거기서 그 신비한 모든 물건들을 아무리 보고 있어도 지치지 않았던 것 같다. 그리고 또한 그 시절에 나는 그곳에서 보내는 방학만이 진정한 방학이라고 생각했다.

삼촌 가족은 상점으로 문이 나 있는 큰 부엌에서 살고 있었다—그 부엌에서는 9월 말이 되면 벽난로에 커다란 불꽃이 타올랐고, 플로랑탱 삼촌에게 사냥한 고기를 팔러온 사냥꾼들과 밀렵꾼들은 이른 아침부터 그곳에 와서 목을 축였으며, 그동안에 이미 일어난 어린 딸들은 뛰어다니며 소리를 질렀고 그들의 윤기 있는 머리 위에 '상티봉'을 서로에게 발라 주곤 했다. 벽에는 걸려 있던 오래된 사진들, 노랗게 빛바랜 오래된 학교 단체 사진에는 사범학교의 친구들 한가운데에 있는 아버지—교복을 입은 그를 알아보는 데 오랜 시간이 걸렸지만—가 보였다……

바로 그곳에서 우리는 아침 시간을 보내곤 했다. 아니면 안마당에서도 시간을 보냈는데 그곳에서 플로랑탱 삼촌은 달리아 꽃을 가꾸고 뿔닭을 키웠다. 그리고 그곳에서 우리는 비누 상자 위에 앉아 커피를 볶기도 했고, 늘 이름을 알 수 없던 정성껏 포장한 여러 가지 물건으로 가득 찬 상자를 풀곤 했다……

그 상점은 하루 종일 농부들이나 근처 성들의 마부들로 가득 찼다. 9월의 안개 속에서 시골에서 올라와 유리문 앞에 멈추어 선 짐수레들에서 물이 떨어지곤 했다. 그리고 우리는 부엌에서 그들이 하는 모든 이야기에 호기심을 갖고 농부 아낙네들이 말하는 것을 엿듣곤 했다……

그러나 저녁 8시 이후, 초롱불에 의지해 외양간에 있는 피부에서 김이 나는 말들에게 건초를 가져다줄 때가 되면, 상점 전체는 우리 차지였다!

내 사촌 누나들 중 가장 맏이이지만 키는 제일 작은 편인 마리-루이즈는 상점에서 직물 더미를 접어 정리하는 일을 했다. 그녀는 우리에게 자신의 무료함을 달래 주러 오도록 했다. 그래서 피르맹과 나,

그리고 사촌 누나들 모두는 함께 그 큰 상점의 램프들 아래로 난입해서 커피 빻는 기구를 돌리기도 하고, 판매대 위에서 묘기를 부리기도 하였다. 그리고 때때로 피르맹은, 왕래가 많아 잘 다져진 땅은 춤추고 싶은 마음이 들게 해서 온통 회녹색의 낡은 트롬본을 찾으러 다락방에 가곤 했다……

나는 몇 해 전, 갈레 양이 바로 그 시간에 와서 이런 유치한 짓을 하고 있는 우리를 보고 놀랐을 수도 있었다는 생각을 하면 아직도 얼굴이 붉어진다…… 그러나 내가 그녀를 처음으로 본 것은 내가 조용히 마리 루이즈와 피르맹과 함께 이야기하고 있었던, 해가 지기 얼마 전의 8월의 어느 날 저녁이었다……

내가 비외-낭세에 도착한 날 저녁부터, 나는 플로랑탱 삼촌에게 사블로니에르 영지에 대해 물어보았다. 그는 다음과 같이 대답했다.

"그건 이제 더 이상 영지가 아니야. 사람들이 모두 팔아 버렸어. 그리고 그 땅을 산 사냥꾼들은 그들의 사냥터를 넓히기 위해서 그 낡은 건물들을 모두 헐어 버렸지. 그 집의 자랑거리였던 안마당은 이제 히드와 가시양골담초 벌판에 지나지 않아. 옛 주인은 작은 2층 집 한 채와 농지만을 소유하고 있을 뿐이야. 너는 잘하면 이곳에서 갈레 양을 볼 기회가 있을 거야. 그녀가 직접 여기로 시장을 보러 오는데, 어떤 때는 말을 타고 오고, 또 어떤 때는 마차를 타고서 오지. 하지만 늘 똑같은 말과 함께 와, 바로 벨리제르라는 이름을 가진 늙은 말과 함께…… 참 별난 행렬이기도 하지!"

나는 너무 당황한 나머지 그에 대해 더 자세히 알기 위해서 어떤 질문을 해야 할지도 더 이상 생각나지 않았다.

"그렇지만 그들은 부자였잖아요?"

"그래, 갈레 씨는 독특한 생각으로 가득 찬 이상한 소년이었던 그의 아들을 즐겁게 해주기 위해 축제를 열었단다. 그는 아들의 기분을 좋게 하기 위해서 그가 할 수 있는 일을 생각하곤 했지. 파리의 남자들과 여자들, 그리고 그 밖에도 누구든지 오도록 만들었지.

갈레 부인이 거의 죽을 무렵, 사블로니에르 성 전체는 폐허가 되어 있었지만 여전히 그들은 아들을 즐겁게 해주려고 애썼고, 그가 가진 모든 환상을 만족시켜 주려고 했어. 바로 지난해 겨울—아니, 다른 해의 겨울이었을 거야— ,그들은 어마어마한 가장 무도회를 열었지. 그들은 파리 사람들과 시골 사람들을 반반씩 초대했어. 그들은 수많은 멋진 옷들과 장난감들, 말들과 배들을 사왔거나 빌려왔어. 단지 프란츠 드 갈레를 즐겁게 해주기 위해서였어. 사람들은 그가 곧 결혼할 것이고, 바로 그곳에서 그의 약혼식이 열릴 것이라고 했어. 그러나 그는 너무나 어렸어. 그래서 모든 것이 단번에 깨졌단다. 그는 달아나 버렸고, 아무도 그를 다시는 볼 수 없게 되었지…… 성의 여주인은 죽었고, 갈레 양은 늙은 해군 대령인 아버지와 함께 갑자기 홀로 남겨졌어."

"그녀는 결혼하지 않았나요?" 마침내 내가 물었다.

"아니, 전혀 그런 말은 들은 적이 없어. 네가 구혼자가 되어 볼래?" 삼촌이 말했다.

몹시 당황한 나는 가능한 한 간단하고도 조심스럽게 그에게 내 가장 친한 친구인 오귀스탱 몬느가 어쩌면 그중에 한 사람일 수 있다는 사실을 털어놓았다……

"아! 만약 그가 돈에 관심만 없다면, 좋은 결혼상대가 되겠구나…… 내가 이 소식을 갈레 씨에게 전해야겠지? 그가 여전히 가끔 여기까지 사냥용 소형 산탄을 사러 오거든. 나는 늘 그에게 내 오래된 브랜디를 맛보게 하곤 해." 플로랑탱 삼촌이 웃으며 말했다.

그러나 나는 재빨리 그에게 아무것도 하지 말고 기다려 달라고 부탁했다. 그리고 나 자신조차도 몬느에게 알리는 일을 서두르지 않았다. 그렇게 우연히 온 행운들이 나를 약간 불안하게 만들었다. 그리고 그 불안함이 나로 하여금 적어도 내가 그 처녀를 보기 전까지는 몬느에게 아무것도 알리지 말 것을 명령했다.

나는 오래 기다리지 않아도 되었다. 그다음 날 저녁식사 직전, 어둠이 내리기 시작할 때였다. 8월이라기보다는 오히려 9월에 가까운 싸늘한 안개가 어둠과 함께 내려앉고 있었다. 피르맹과 나는 상점에 잠시 손님이 없을 거라 예상하고는 마리 루이즈와 샤를로트를 보러 갔다. 나는 그때 당시에는 시기상조였지만, 나를 비외-낭세로 오게 한 그 비밀을 그들에게 고백했다. 우리들은 판매대 위에 팔꿈치를 괴거나 왁스칠을 한 나무판자 위에 두 손을 짚고 앉아서 그 신비로운 처녀에 관해 알고 있는 것들—그리고 그것은 결국 매우 하찮은 것까지로 이어졌다—을 서로 이야기했다. 그때 바퀴 소리가 나서 우리는 고개를 돌렸다.

"자, 바로 그녀야." 그들이 낮은 소리로 말했다.

잠시 후, 유리문 앞으로 이상한 마차가 멈추었다. 그것은 우리가 이제껏 그 지방에서는 전혀 본 적이 없었던 둥글게 만든 외판과 쇠시리로 장식한 작은 짐칸이 달린 낡은 농장용 마차였다. 늙은 백마가 마치 늘 길에서 풀을 뜯어먹고 싶어 하는 듯 걸을 때마다 고개를 숙이곤 했다. 그리고 마차의 좌석에는—나는 순수한 마음에서, 그러나 내가 무엇을 말하는지 잘 알면서 그것을 말한다—아마도 세상에 없을 가장 아름다운 처녀가 앉아 있었다.

나는 대단한 우아함과 근엄함이 그토록 어우러진 것을 결코 보지 못했다. 그녀의 옷은 어쩌나 그녀의 허리를 가늘어 보이게 만들었던지 그녀는 곧 부서질 것만 같았다. 그녀는 들어오면서 벗었던 커다란 밤색 외투를 어깨 위에 걸쳤다. 그녀는 처녀들 중에서 가장 위엄이 있었고, 부인들 중에서 가장 날씬했다. 숱 많은 금발이 섬세하게 윤곽이 고른 얼굴과 이마 위로 드리워져 있었다. 여름이 티 한 점 없이 깨끗한 얼굴빛 위로 불그스름한 두 점을 찍어 놓았다…… 나는 그토록 아름다운 모습에서 단지 흠 하나를 발견했다. 가령 슬프거나 낙담하거나, 혹은 단순히 깊은 생각에 잠겨 있는 순간에, 그토록 깨끗한 얼굴에 마치 아무도 모르는 중병에 걸린 사람들에게서 나타나는 것처럼 약간 붉은 반점이 생겨났다. 그래서 그녀를 보고 있던 사람들의 모든 감탄은 그녀가 놀란 것보다 더 비통한 일종의 동정심으로 바뀌어 버린다.

이것이 바로 그녀가 마차에서 천천히 내리고 마침내 마리-루이즈가 자연스럽게 나를 그 처녀에게 소개하여 나와 그녀가 이야기를 나누는 동안에 적어도 내가 발견한 것이다.

사람들이 그녀에게 밀랍 바른 의자를 내밀었고 그녀는 판매대에 등을 기대고 앉았다. 그동안 우리는 서 있었다. 그녀는 그 상점을 잘 알고 있고, 또 좋아하는 듯했다. 소식을 듣자마자 쥘리 숙모가 나왔다. 숙모가 배 위로 두 손을 가지런히 모으고, 하얀 모자를 쓰고 농부 겸 상인의 자세로 머리를 천천히 끄덕이며 얌전하게 말하는 그 시간으로 인해, 내가 대화를 시작하려는 그 순간—나를 약간 떨리게 만들었던—이 지체되었다······

그 대화는 매우 단순했다.

"그래서, 당신은 곧 교사가 되나요?" 갈레 양이 말했다.

숙모는 우리의 머리 위로 상점 안을 희미하게 밝혀 주는 도자기 램프를 켰다. 나는 그 처녀의 부드럽고 앳된 얼굴과 너무나 천진난만한 파란 눈을 보았다. 그리고 나는 매우 또렷하고 진지한 그녀의 목소리를 듣고 더욱 놀랐다. 그녀가 하던 말을 멈출 때, 그녀의 눈은 다른 곳에 고정된 채 대답을 기다리며 더 이상 움직이지 않았고 그녀는 입술을 약간 깨물었다.

"아버지가 원하신다면 저 또한 가르치는 일을 할 수 있을 텐데요! 저도 당신의 어머니처럼 어린 아이들을 가르칠 수 있을 거예요······." 갈레 양이 말했다.

그리고 그녀는 내 사촌들이 나에 관해서 들려준 이야기를 꺼내며 미소를 지었다.

"시골 사람들은 항상 제게 예의 바르고 따뜻하게 대해 주며 잘 도와준답니다. 그래서 전 그들을 매우 좋아해요. 하지만 그들을 좋아하는 것 말고 제가 또 어떤 장점을 가지고 있을까요?······

그들은 여선생에 대해서 트집을 잘 잡고 인색하죠. 그렇지 않나요? 잃어버린 펜대, 너무 비싼 공책, 혹은 잘 배우지 못한 아이들에 대한 이야기들이 끊임없이 나오지요…… 물론, 저는 그들에 굴하지 않을 것이고, 그럼에도 그들은 어쨌든 나를 좋아하게 될 거예요. 그건 참 어려울 것 같아요……" 그녀가 계속해서 이야기했다.

그리고 웃음기 없이, 그녀는 앳되고 생각에 잠긴 모습을 다시 보였고, 그녀의 파란 눈은 움직이지 않았다.

우리 셋 모두는 그녀가 민감한 것들, 은밀하고 예민한, 그리고 책 속에서나 말할 법한 것들을 너무 편안하게 말해서 난처했다. 잠깐 침묵이 흘렀다. 그러고는 천천히 대화가 다시 시작되었다……

그러나 그녀는 그녀 인생에서의 뭔지 모를 신비로운 어떤 것에 대해 일종의 회한과 증오를 가지고 계속해서 말했다.

"그리고 저는 제가 아는 지혜를 가지고서 아이들이 지혜로워지도록 가르칠 거예요. 쇠렐 씨, 당신도 아마 보조교사가 되면 그렇게 하겠지만, 저는 아이들에게 세계를 유랑하고자 하는 욕망을 심어주지 않을 거예요. 저는 그들 행복이 곁에 아주 가까이 있지, 허공에 있는 것이 아니라는 것을 가르칠 거예요……"

마리 루이즈와 피르맹도 나처럼 어리둥절해 있었다. 우리는 말없이 그대로 있었다. 그녀는 우리의 당혹감을 느끼고는 하던 말을 멈추고 입술을 깨문 다음 고개를 숙였다. 그리고 그녀는 마치 우리를 놀리는 듯 미소를 지으며 말했다.

"그리고 제가 여기, 플로랑탱 부인의 상점 램프 아래 있고, 제 늙은 말이 문에서 저를 기다리고 있는 동안에도 아마 세상 끝에서 저를 찾고 있는 어떤 키가 큰 미친 젊은이가 있을 거예요. 만약 그 젊은이가 저를 보게 된다면 그는 믿고 싶지 않을 거예요, 아마도?……

그녀가 미소 짓는 것을 보자 나는 용기가 생겼고 이제 말할 때가 왔다고 느끼고는 똑같이 웃으며 말했다.

"그러면 혹시 제가 그 미친 듯한 키 큰 젊은이를 알고 있다면요, 바로 제가요?"

그녀는 나를 강렬하게 쳐다보았다.

그 순간 출입문에 붙은 종이 울렸고 점잖게 생긴 부인 두 명이 바구니를 들고 들어왔다.

"식당으로 오세요. 거기가 편할 거예요." 부엌문을 밀며 숙모가 우리에게 말했다.

갈레 양이 거절하고 곧바로 떠나고 싶어 하자 숙모가 덧붙였다.

"갈레 씨가 여기 계시는 걸요. 난롯가에서 플로랑탱과 이야기를 나누고 계세요."

8월이었지만 큰 부엌에서는 여전히 이글거리며 소리를 내며 타는 전나무 단이 있었다. 그곳 또한 도자기 램프가 켜져 있고, 나이와 추억에 짓눌린 사람처럼 거의 침묵을 지키고 있는 볼이 움푹 들어간 한 늙은이가 면도를 하고 온화한 모습으로 플로랑탱 곁에서 브랜디 두 잔을 앞에 두고 앉아 있었다.

플로랑탱 삼촌이 인사했다.

"프랑수아!" 그는 마치 우리 사이에 강이 있거나 수십 헥타르의 땅이 있기라도 한 듯 노점상인의 목소리로 외쳤다.

"나는 방금 다음 주 목요일 오후에 셰르 강변에서 할 놀이 계획을 세웠단다. 사냥도 하고, 낚시도 하고, 춤도 추고, 수영도 하지!……

아가씨는 말을 타고 오세요. 이건 갈레 씨와 합의가 이루어진 거예요. 제가 모두 준비했어요……"

"그리고 프랑수아!" 그는 마치 방금 생각난 듯 덧붙였다. "너는 네 친구를 데리고 와도 돼, 몬느…… 그 아이 이름이 몬느 맞지?"

갈레 양은 갑자기 얼굴이 매우 창백해져서는 일어났다. 그리고 바로 그 순간, 나는 몬느가 예전에 그 이상한 영지의 연못가에서 그녀에게 자기 이름을 말해주었다는 것을 기억해냈다……

그녀가 떠나려고 내게 손을 내밀었을 때, 우리 사이에는 많은 이야기를 나누지 않았어도 훨씬 더 분명하게 죽음만이 깨뜨릴 수 있는 비밀스런 공모와 거대한 사랑보다 더 강한 우정이 자리 잡고 있었다.

…… 그다음 날 새벽 4시, 피르맹이 뿔닭을 기르는 안마당에서 내가 거하던 작은 방의 문을 두드렸다. 아직 밤이어서 나는 도착하기 전날 저녁, 내 방에 가구를 갖추기 위해 상점에서 새 성상들과 놋촛대들을 사와 어수선한 책상 위에서 내 옷들을 간신히 다시 찾았다. 안마당에서, 피르맹이 내 자전거에 바람을 넣고 있는 소리가 들렸고, 숙모가 부엌에서 불을 지피고 있는 소리도 들렸다. 내가 떠날 때에서야 겨우 이제 막 해가 떴다. 그러나 내 앞에 펼쳐질 하루는 대단히 길 것임에 틀림없었다. 나는 먼저 집을 비우는 날이 길어질 것임을 설명하기 위해 생트-아가트로 가서 점심을 먹을 것이었다. 그리고 계속 다시 출발해서 저녁 전에는 라 페르테-당지옹에 있는 내 친구 몬느의 집에 도착해야 했다.

제3장
유령

나는 결코 자전거를 타고 오래 달려본 적이 없었다. 이번이 처음이었다. 그러나 오래전부터 무릎이 아팠음에도 불구하고 자스맹 들루슈가 몰래 나에게 자전거 타는 법을 알려주었다. 그런데 보통 젊은이에게 있어서는 자전거가 아주 재미난 기구인 반면에, 예전에 4킬로미터만 달려도 땀으로 흠뻑 젖고 비참하게 다리를 끌었던 나처럼 불쌍한 소년에게 있어서는 꼭 그렇지는 않는 듯했다!…… 언덕 꼭대기에서부터 내려와 풍경의 한가운데로 빠져드는 것. 날갯짓을 하는 새처럼, 멀어졌다가 가까이 다가가면 풍성해지는 큰 길의 먼 곳들을 앞서 발견하는 것. 순식간에 마을을 지나고 눈 깜짝할 사이에 그 마을 전체를 스쳐 지나는 것…… 나는 그때까지는 그런 매혹적이고도 유쾌한 질주를 오로지 꿈속에서만 알고 있었다. 언덕조차도 나에게는 활기차게 느껴졌다. 내가 그렇게 받아들였던 것은 그곳이 바로 몬느가 사는 지방의 길이었기 때문이었다……

"마을 입구에 들어서기 직전에 바람에 의해 돌아가는 큰 풍차바퀴가 하나 보일 거야……" 몬느는 예전에 자신의 마을을 설명하면서 나에게 이렇게 말했었다. 그는 그것이 어디에 사용되는지 몰랐거나 아니면 내 호기심을 더욱 자극하기 위해 전혀 모르는 척했을 수도 있다.

내가 어느 거대한 초원에서 바람에 돌아가며 이웃 소작지에 물을 올려 보내는 데 쓰이는 것이 틀림없는 그 큰 바퀴를 본 것은 8월 말의 바로 그날 해질 무렵이었다. 목장의 포플러나무 뒤로 벌써 첫 번째 근교 마을들이 나타났다. 개울을 돌아가려고 만든 큰 우회로를 따라가자 경치가 펼쳐지면서 확 열렸다…… 다리 위에 도착한 나는 마침내 마을의 큰길에 도달했다.

암소들이 목초지의 갈대 속에 몸을 숨긴 채 풀을 뜯어 먹고 있었고 나는 그 소들의 방울 소리를 들었다. 그동안 나는 자전거에서 내려 두 손은 핸들을 잡은 채로 내가 곧 아주 엄청난 소식을 전해주게 될 그 고장을 쳐다보았다. 사람들이 작은 나무다리를 건너 들어가는 집들은 마치 황혼의 침묵 속에서 돛을 맨 채 정박한 배들처럼, 길을 따라 내려오는 시냇가를 따라 모두가 줄지어 있었다. 그때는 바로 모든 집의 부엌에서 불을 피울 시간이었다.

그런데 그와 같은 평온을 깨뜨리게 되는 것은 아닐까 하는 왠지 모를 막연한 후회와 두려움이 나에게서 모든 용기를 앗아가기 시작했다. 내 갑작스런 약함이 더 심해지던 그 순간, 나는 무아넬 고모가 바로 그곳, 페르테-당지옹의 작은 광장에 살고 있다는 것이 떠올랐다.

그녀는 내 고모들 중의 한 사람이었다. 그녀의 자식들은 모두 죽었는데 나는 막내였던 에르네스트를 잘 알았다. 그는 장차 교사가 되려고 했던 큰 소년이었다. 늙은 서기관이었던 무아넬 고모부는 곧이어 그를 뒤따라 저세상으로 갔다. 그리고 고모는 그 이상한 작은 집에서 혼자서 지내고 있었다. 그 집의 양탄자는 견본 조각을 기워서 만들어져 있었고, 식탁은 종이로 만든 수탉과 암탉, 고양이로 뒤덮여 있었다―그러나 벽은 오래된 학위 증명서와 고인의 사진과 죽은 사람의 머리카락 매듭에 달린 메달로 장식되어 있었다.

크나큰 회한과 슬픔을 지닌 그녀는 별나기도 했지만 좋은 성품을 가지고 있었다. 나는 그 집이 있는 작은 광장을 발견하고는 반쯤 열린 문틈으로 아주 큰 소리를 내어 고모를 불렀다. 그리고 나는 나란히 늘어선 세 방 중 맨 끝 방에서 찢어질 듯한 소리를 내지르는 것을 들었다.

"아니, 너! 세상에!"

그녀는 커피를 불 속에 쏟았다―왜 그 시간에 커피를 끓이고 있었을까?―그리고 그녀가 나타났다. 그녀는 몽골 여자나 호텐토트족 여자처럼 넓고 찌그러진 이마 위로 머리 꼭대기에 일종의 모자이자 두건, 머리쓰개 같은 것을 뒤로 젖혀서 쓰고 있었다. 그리고 그녀는 몇 개 남지 않은 매우 가느다란 이를 드러내 보이며 가볍게 웃었다.

그런데 내가 그녀를 껴안는 동안 그녀는 등 뒤에 있던 내 손을 급히 어설프게 붙들었다. 단지 우리 둘밖에 없어서 아무 소용이 없었는데도 그녀는 아주 비밀스럽게 내 손에 감히 확인할 수는 없었지만 1프랑임에 틀림없는 조그마한 동전 하나를 슬그머니 집어넣었다……그리고 내가 설명을 요하거나 혹은 사양하는 표정을 짓자 그녀는 이렇게 외치며 나를 툭 쳤다.

"괜찮아! 아! 네 마음 다 알아!"

그녀는 늘 가난했고, 늘 남에게 빚을 졌고, 늘 돈을 잘 썼다.

"난 늘 어리석었고 늘 불행했어." 그녀는 신랄하지는 않지만 가성의 목소리로 말했다.

나도 자기 자신처럼 돈 때문에 근심할 거라 확신하고서, 그 친절한 부인은 내 손 안에 그날 쓸 자신의 매우 보잘것없는 돈을 쥐어주고 내가 깜짝 놀랄 틈도 주지 않았다. 그리고 그 후에 그녀는 항상 이런 방식으로 나를 반겼다.

저녁식사는 그녀의 환영만큼이나 슬픈 동시에 묘한 이상한 분위기에서 이루어졌다. 언제나 촛불은 손에 닿을 장소에 있었지만, 어떤 때 고모는 나를 어둠 속에 남겨둔 채 촛불을 가져가기도 했고, 또 어떤 때는 깨지거나 이가 빠진 접시나 꽃병으로 뒤덮인 작은 식탁 위에 촛불을 놓아두기도 했다.

"이건 1870년에 프로이센 군인들이 가져갈 수 없으니까 손잡이를 깨뜨린 것이란다." 그녀가 말했다.

그러자 나는 비극적인 역사를 간직한 그 커다란 꽃병을 다시 보면서 우리들이 예전에 거기에서 저녁을 먹고 잠을 잤던 것을 기억했다. 아버지는 내 무릎을 치료해줄지도 모를 이온에 있는 한 전문의의 집으로 나를 데리고 갔다. 날이 밝기 전에 지나가는 급행열차를 잡아타야만 했다…… 나는 장미꽃 술병 앞에 팔꿈치를 괴고 있던 늙은 서기관의 모든 이야기와 옛날의 그 슬픈 저녁식사를 기억한다.

그리고 나는 또한 내게 공포를 주었던 것들도 기억하고 있다. 저녁식사 후 난로 앞에 앉은 고모는 귀신 이야기를 하기 위해 아버지를 따로 불러 앉혔다. "나는 돌아섰어…… 아! 내가 본 게 무엇이었냐면, 회색 머리의 작은 여자가……" 그녀는 머리를 그 무시무시한 한담으로 가득 채움으로써 시간을 보내곤 했다.

그리고 그날 저녁에도 저녁식사를 마친 후 자전거를 타고 와서 피곤해진 내가 무아넬 고모부의 줄무늬 잠옷을 입고 큰 방에서 잠자리에 누웠을 때, 그녀가 침대 머리맡에 와서 굉장히 비밀스럽고 날카로운 목소리로 이야기를 시작했다.

"프랑수아, 내가 지금까지 아무한테도 하지 않은 이야기를 네게 해야겠구나……"

나는 이렇게 생각했다.

'이런, 10년 전처럼 밤새도록 공포에 떨어야 하다니!……'

그리고 나는 이야기를 들었다. 그녀는 마치 스스로에게 이야기하듯 자기 앞을 똑바로 응시하며 머리를 끄덕였다.

"나는 무아넬 고모부와 함께 어떤 잔치에서 돌아오고 있었어. 우리 가엾은 에르네스트가 죽은 후 우리 두 사람이 다 처음으로 참석한 결혼식이었지. 그리고 나는 거기서 4년 동안이나 보지 못했던 내 동생 아델을 만났어! 매우 부자였던 무아넬 고모부의 한 오랜 친구가 사블로니에르 영지에서 열리는 아들의 결혼식에 그를 초대한 거였어. 우리는 마차를 한 대 빌렸지. 그건 우리한테는 대단히 비쌌어. 우리는 한겨울 아침 7시경에 다시 돌아오고 있었단다. 해가 뜨고 있었어. 길에는 아무도 없었고. 그런데 갑자기 우리 앞에서 길 위로 내가 무엇을 보았겠니? 작은 남자, 매우 아름다운 한 작은 남자가 멈춰 서서 꼼짝하지 않은 채 우리가 오는 것을 쳐다보고 있었어. 점차 가까워지면서 우리는 매우 하얗고 무서울 만큼 예쁘장한 그의 얼굴을 볼 수 있었단다!……

나는 무아넬 고모부의 팔을 붙들었지. 나는 나뭇잎처럼 떨고 있었지. 나는 그 남자가 바로 하나님이라고 생각했어!…… 내가 무아넬 고모부에게 말했지.

"저걸 봐요! 유령이에요!"

고모부가 화를 내며 매우 낮은 목소리로 대답했어.

"나도 봤어! 그러니까 입 다물어, 수다쟁이 늙은이 같으니라고……"

그는 어쩔 줄 몰랐지. 그때 말이 멈춰 섰어…… 아주 가까이서 보니 그의 얼굴은 창백했고, 이마는 땀에 젖어 있었어. 베레모는 더러웠고 바지는 길었어. 우리는 이렇게 말하는 그의 부드러운 목소리를 들었단다.

"저는 남자가 아니에요. 저는 소녀예요. 저는 도망쳤고 더 이상은 달아날 수 없어요. 아저씨, 아주머니, 저를 마차에 좀 태워주실 수 있으세요?"

그 즉시 우리는 그 아이를 태워주었지. 자리에 앉자마자 그녀는 의식을 잃었단다. 그런데 너, 그게 누구와 관련된 일인지 알겠니? 그건 바로 우리가 결혼식에 초대받았던 사블로니에르 영지의 청년 프란츠 드 갈레의 약혼녀였어!"

"그러나 결혼식은 못 올렸잖아요. 그 약혼녀가 달아나서 말이에요!" 내가 말했다.

"물론, 못했지. 결혼식이 거행되지 못했어. 왜냐하면 그 가엾은 미친 여자의 머릿속에는 우리에게 설명해 주었던 수천 가지의 광기 어린 생각들로 가득 차 있었기 때문이었어. 그녀는 가난한 방직공의 딸들 중 하나였어. 그녀는 그토록 큰 행복은 불가능하다고 생각했어. 그 청년이 그녀에겐 너무 어렸고, 그가 그 여자에게 묘사했던 모든 멋진 일들은 상상에 지나지 않았어. 그래서 마침내 프란츠가 그녀를 찾으러 왔을 때 발랑틴은 겁을 먹었어. 프란츠는 춥고 바람이 거세게 부는데도 불구하고 그녀와 그녀의 언니와 함께 부르주에 있는 대주교 저택 정원에서 산책을 했어. 그 청년은 분명히 조심스럽게, 그리고 발랑틴을 사랑했기 때문에 그녀의 언니를 대단히 친절하게 대했지. 그런데 그녀가 뭔지 모를 광기어린 상상을 한 거야. 그녀는 집에 숄을 가지러 가겠다고 말했어. 그리고 바로 거기서, 그녀는 그가 따라오지 않는다는 것을 확인하고는 남자 옷으로 바꿔 입고 파리로 가는 길로 걸어서 도망쳤어.

그 약혼자는 그녀에게서 편지를 받았는데 거기에는 그녀가 자기가 사랑했던 남자와 다시 만나게 될 거라고 했다고 해. 하지만 그것은 사실이 아니었지……

"전 그의 부인이 되는 것보다는 제 희생이 더 행복해요"라고 그녀가 나한테 말했지. 그런데 그 바보 같은 녀석은 기다리면서 그녀의 언니와는 결혼할 생각이 전혀 없었던 거야. 그는 권총 한 발을 자신에게 쏘았대. 사람들이 숲속에서 그의 피를 보았대. 하지만 시신은 찾을 수 없었다지."

"그래서 그 불쌍한 여자를 어떻게 하셨어요?"

"우리는 우선 그녀에게 술 한 방울을 먹였지. 그런 다음 먹을 것을 주었단다. 그리고 집으로 돌아와서 그 여자는 난로 곁에서 잠이 들었어. 그녀는 겨울 동안 우리 집에서 머물렀어. 하루 종일, 날이 밝으면 그녀는 재단을 하고 드레스를 만들었고 모자를 고치기도 하고 집안일을 열심히 하곤 했어. 저기 보이는 양탄자를 다시 붙인 것도 바로 그 여자야. 그리고 그녀가 온 뒤로 제비들이 밖에다가 집을 지었어. 그러나 저녁이 되어 어둠이 내리고 일이 끝나면 그녀는 항상 구실을 찾아 심지어 지독하게 추운 날에도 안마당으로, 정원으로, 아니면 문지방으로 나가곤 했어. 그리고 거기에 서서 슬피 우는 그녀를 보곤 했지.

"에이, 또 무슨 일이야? 응?"

"아무것도 아니에요, 부인."

그리고 그 여자는 다시 들어왔어.

이웃들은 이렇게 말하곤 했어.

"매우 예쁘고 귀여운 가정부를 구했군요, 부인."

우리의 애원에도 불구하고, 3월이 되자 그녀는 다시 파리로 가고 싶어 했어. 나는 그녀가 재단한 드레스들을 돌려주었고, 무아넬 고모부는 그녀에게 기차표를 사주고 약간의 돈도 주었지.

그녀는 우리를 잊지 않았어. 그녀는 파리의 노트르담 사원 근처에서 재단사가 되었어. 그녀는 우리에게 편지를 써서 사블로니에르 영지에 관해 아는 바가 없는지를 물어왔어. 이번에야말로 그녀가 그 생각에서 벗어날 수 있도록 나는 그 영지가 팔려서 헐렸고, 그 청년은 영원히 사라졌으며 그 집 딸은 결혼했다고 답장을 해주었지. 내 생각엔 이 모든 것이 사실일 거야. 그때 이후로 발랑틴은 자주 편지를 쓰지 않았어……"

무아넬 고모가 그런 이야기를 하기엔 아주 적격인 작고 날카로운 목소리로 이야기한 것은 유령 이야기가 아니었다. 그렇지만 나는 불안의 절정에 있었다. 그것은 바로 우리가 그 보헤미안 프란츠에게 형제처럼 그를 돕겠다고 맹세했기 때문이었고 바로 이제 그 기회가 나에게 주어져 있었다……

그런데 그다음 날 아침, 내가 몬느에게 선사하게 될 기쁨을 망치며, 내가 방금 들은 얘기를 그에게 말하게 될 때가 된 걸까? 수천 번이고 불가능한 그 일에 그를 던져 넣는 것이 무슨 소용이 있을까? 사실 우리는 그 처녀의 주소도 가지고 있었다. 그러나 세상을 유랑하고 다니는 그 보헤미안을 도대체 어디에서 찾는단 말인가?…… 정신 나간 놈들은 정신 나간 놈들끼리 있도록 내버려 두자고 나는 생각했다…… 들루슈와 부자르동은 틀리지 않았다. 그 공상적인 프란츠가 우리에게 얼마나 나쁜 짓을 했던가! 그래서 나는 오귀스탱 몬느와 갈레 양이 결혼하는 것을 보지 않고서는 절대 아무것도 말하지 않기로 결심했다.

이러한 확고한 결심에도, 내게는 여전히 불길한 징조에서 오는 괴로운 느낌—내가 속히 쫓아 버리곤 했던 터무니없는 느낌—이 남아 있었다.

촛불은 거의 다 타고 있었다. 모기 한 마리가 날아들었다. 그러나 심지어 잠잘 때만 벗는 벨벳 모자를 쓰고 머리를 숙인 채, 무아넬 고모는 팔꿈치를 무릎 위에 괴고 다시 이야기를 하기 시작했다…… 이따금 그녀는 갑자기 고개를 쳐들고 내 반응을 보기 위해서, 혹은 내가 잠들지나 않았는지를 보기 위해서 나를 쳐다보았다. 결국, 엉큼하게 베개에 머리를 댄 나는 슬며시 잠든 체하면서 눈을 감았다.

"야! 너 자는구나……" 그녀는 더 조용하고 약간 실망한 듯한 목소리로 말했다.

나는 그녀가 불쌍해져 우겨댔다.

"아니에요, 고모, 단언하건대 저는……"

"아니야, 맞는데 뭘! 이 모든 게 너한테는 아무런 재미가 없을 거란 걸 잘 알아. 네가 모르는 사람들 이야기를 했으니……" 그녀가 말했다.

이번에는, 비겁하게도, 나는 대답하지 않았다.

제4장
굉장한 소식

다음 날 아침, 내가 큰길로 들어섰을 때 날씨가 방학 중 가장 화창했고, 너무나 고요하고, 너무나 감미롭고 친숙한 소리들이 마을 전체에 퍼져 있어서, 나는 좋은 소식을 전하러 가는 사람의 즐거운 자신감을 다시 회복했다……

오귀스탱 몬느와 그의 어머니는 옛날 학교 건물에 살고 있었다. 일찍 은퇴하시고 유산이 많았던 그의 아버지가 돌아가셨을 때, 몬느는 아버지가 20년 동안 근무했었고 그 자신도 처음 글을 읽는 것을 배웠던 곳인 그 학교를 사주기를 바랐었다. 건물의 외관이 아주 아름다워서는 아니었다. 그 학교는 으레 그러하듯 읍사무소처럼 정사각형의 큰 집이었다. 길가로 향해 있는 1층의 창문들은 너무나 높아서 아무도 그곳을 들여다볼 수 없었다. 그리고 뒷마당에는 나무 한 그루조차 없었고, 그곳에 있는 높은 체육실이 들판의 전망을 가리고 있었다. 그 뒷마당은 내가 이제껏 본 적이 없는 가장 메마르고 황량하고 버려진 학교 마당이었다.

바깥과 통하는 네 개의 문이 있는 복잡한 복도에서, 나는 정원에서 거대한 빨래 더미를 가지고 들어오시던 몬느의 어머니를 만났다. 그녀는 방학의 긴 아침나절의 이른 시간부터 빨래를 말려 둔 것 같았다. 그녀의 회색 머리칼은 반쯤 흐트러져 있었다. 머리 타래가 그녀의 얼굴 위로 흘러내렸다. 옛날식 모자를 쓰고 있던 그녀의 얼굴은 밤을 샌 듯 지치고 부어 있었다. 그리고 그녀는 생각에 잠기고 풀죽은 모습으로 고개를 숙이고 있었다.

그러나 갑자기 나를 알아본 그녀는 나를 기억해내고는 미소를 지으며 말했다.

"때맞추어 잘 왔어. 자, 몬느가 길을 떠난다기에 말려 놓은 빨래를 가지고 오는 길이야. 난 그가 쓸 돈을 준비하고 그의 옷가지를 챙기느라 밤을 새웠어. 기차는 5시에 출발하지만 우리는 곧 모든 준비를 마칠 거란다……"

그녀가 너무나 확신에 차 있는 것으로 보여 마치 그녀 자신이 그 결정을 내린 것처럼 여겨졌다. 사실 그녀는 몬느가 어디로 가는지조차도 모르고 있었다.

"올라가자. 그러면 읍사무소에서 편지를 쓰고 있는 그 애를 찾을 수 있을 거다." 그녀가 말했다.

나는 황급히 계단을 올라가서 '읍사무소' 게시판이 그대로 남겨져 있는 오른쪽 문을 열고서, 벽에 그레비 대통령과 카르노 대통령의 빛바랜 초상화가 장식되어 있고 창문 네 개 중 두 개는 마을 쪽으로 나 있고, 나머지 두 개는 들판 쪽으로 나 있는 커다란 방으로 들어갔다. 방 안쪽을 전부 차지하고 있는 긴 단 위, 초록색 양탄자가 깔린 긴 탁자 앞에는 아직도 읍의원들의 의자들이 남아 있었다. 그 중앙에서 몬느는 읍장의 낡은 안락의자에 앉아 유행에 뒤떨어진 하트 모양의 사기 잉크병 속에 펜을 담그며 글을 쓰고 있었다. 마을의 몇몇 금리생

활자들을 위해 만들어 놓은 듯한 그곳에서 몬느는 긴 방학 동안 그 지방을 돌아다니지 않을 때면, 은둔생활을 하곤 했다……

그는 나를 보자마자, 그렇지만 내가 예상했던 바와는 달리 서두르는 기색 없이 자리에서 일어났다.

"프랑수아!" 그는 상당히 놀란 표정으로 이렇게만 말했다.

그는 여전히 살 없는 얼굴에 짧게 깎은 머리를 한 똑같은 키 큰 소년이었다. 덥수룩한 콧수염이 그의 입술 위로 자라기 시작했다. 늘 똑같은 그 솔직하고 정직한 눈빛…… 그러나 안개가 지난 세월의 열정 위로 내린 것처럼, 그의 예전의 큰 열정이 단지 순간적으로 흩어지고 있는 것 같아 보였다……

그는 나를 만나서 매우 당황스러운 듯했다. 나는 단번에 단 위로 올라갔다. 그러나 이상한 점은, 그가 내게 손을 내밀 생각조차 하지 않는다는 것이다. 그는 뒷짐 지고 테이블에 몸을 기댄 채 뒤로 몸을 젖히고 대단히 거북스런 표정으로 나를 향해 돌아섰다. 나를 보지도 않고 눈길만 준 채 그는 내게 할 말을 생각하느라 이미 정신을 온통 빼앗기고 있었다. 예나 지금이나 그는 은자들, 추적자들, 모험가들과 마찬가지로 말을 더디 시작하는 사람이었다. 그것을 설명하기 위해 필요한 말을 고민하지 않고 그는 결정을 내리곤 했었다. 그런데 내가 그의 앞에 있는 지금, 그는 그것을 어떻게 말해야 할지 단지 힘들게 심사숙고하기 시작했을 뿐이었다.

그동안 나는 밝은 목소리로 그에게 어떻게 내가 오게 되었는지, 전날 밤을 어디에서 보냈으며, 몬느의 어머니가 아들의 여행 준비를 하고 있는 것을 보고 내가 얼마나 놀랐는지를 이야기했다.

"아! 엄마가 너에게 말씀하셨어?······" 그가 물었다.

"그래. 긴 여행은 아니겠지?"

"아니, 아주 긴 여행이야."

말 한마디만으로도 내가 잘 알지도 못하는 그의 결정을 없었던 일로 만들어 버릴지도 모른다고 느껴서 순간적으로 당황한 나는 감히 아무 말도 할 수 없었고 어디서 내 임무를 시작해야 할지도 알지 못했다.

그러나 자신의 결정을 정당화시키고자 하는 사람처럼 마침내 그 스스로가 말을 꺼냈다.

"프랑수아! 생트-아가트에서의 나의 이상한 모험이 내게 얼마나 중요한지 너는 알지? 그것은 내가 살아가고 희망을 품는 이유였어. 바로 그 희망을 잃어버리고서 내가 뭐가 될 수 있었겠니?······ 어떻게 다른 사람들처럼 살 수 있었겠어!

그래, 물론 나는 모든 것이 끝났고 심지어 그 잃어버린 영지를 찾는 노력조차 더 이상 필요가 없다는 것을 알았을 때, 파리에서 살아보려고 했었어······ 그렇지만 한 걸음이라도 파라다이스에 내디딘 사람이 어떻게 그 후로 사람들의 생활에 적응할 수 있었겠어? 다른 사람들에게는 행복인 것이 나에게는 하찮은 일로 보였어. 그리고 진심으로 곰곰이 생각한 끝에 어느 날 내가 다른 사람들처럼 살기로 결정한, 바로 그날부터 아주 오랫동안 나는 후회를 쌓아왔어······"

단 위에 있던 의자 중 하나에 걸터앉아 고개를 숙인 채 그를 쳐다보지도 않고 그의 말을 듣고 있던 나는 이 모호한 설명들을 어떻게 생각해야 하는 건지 알지 못했다.

"그러니까, 몬느야, 더 잘 설명해 봐! 무엇 때문에 긴 여행을 떠나겠다는 거야? 뭔가 바로잡아야 할 잘못이 있는 거야? 지켜야 할 약속이라도 있는 거야?" 내가 말했다.

"맞아, 그래. 내가 프란츠에게 했던 그 약속을 너도 기억하지?……" 그가 대답했다.

"아! 단지 그 문제였던 거야?……" 나는 마음이 놓여 이렇게 말했다.

"그 문제야. 그리고 아마도 바로잡아야 할 잘못이 또 하나 있을지도 모르지. 그 두 가지를 동시에……"

잠깐의 침묵이 이어졌다. 그동안 나는 이야기를 해주기 시작하기로 결심하고 내가 할 말을 준비했다.

"내 생각엔 설명할 건 단지 하나뿐인 듯해. 물론 나는 다시 한 번 갈레 양을 만나고 싶었어, 단지 그녀를 다시 만나보기만 했으면……하지만 지금도 나는 그렇게 생각하지만, 내가 그 이름 없는 영지를 발견했을 때, 나는 다시는 결코 도달할 수 없는 고귀함과 완벽함, 순결함의 단계에 도달해 있었어. 내가 언젠가 네게 편지에서도 말했듯이 나는 아마도 오로지 죽어서나 그때의 아름다움을 다시 발견할 수 있을 거야……" 그가 또다시 말했다.

그는 내게로 다가오면서 이상한 열정을 가지고서 목소리를 바꾸어 말을 이었다.

"하지만 들어 봐, 프랑수와! 이 새로운 혼란과 긴 여행, 그리고 내가 저질렀고 그래서 속죄해야 할 그 잘못은 어떤 의미에서는 바로 내 예전 모험의 연속인 거지……"

잠시 동안 그는 힘들게 자신의 추억들을 다시 찾으려고 노력했다. 나는 앞서 말할 기회를 놓쳤다. 나는 무슨 일이 있어도 그 기회를 놓치고 싶지 않았다. 그래서 이번에는 내가 말했다——너무나 빨리, 왜냐하면 나는 훗날 그의 고백을 기다리지 않았던 것을 뼈저리게 후회했기 때문이었다.

어쨌든, 나는 조금 전에 준비해 두었던, 그러나 더 이상 적절하지 않는 내 이야기를 했다. 나는 겨우 고개를 약간 들었을 뿐 아무런 제스처 없이 말했다.

"그럼 만약에 내가 너에게 모든 희망이 사라지지 않았다고 알려주러 온 거라면?······"

그는 나를 쳐다보았고 뒤이어 갑자기 시선을 돌리면서 내가 이제껏 그토록 얼굴이 붉어지는 사람을 본 일이 없을 정도로 얼굴을 붉혔다. 피가 거슬러 올라와 마치 그의 관자놀이를 크게 치는 것 같았다······

"무슨 말을 하고 싶은 거야?" 마침내 그가 겨우 알아들을 정도로 물었다.

그래서 나는 단숨에 내가 알고 있던 사실과 내가 했던 행동, 그리고 바꿔 말하면 어떻게 나를 너에게로 보낸 것이 거의 이본 드 갈레일 수도 있다는 사실을 이야기했다.

그는 몹시 창백해졌다.

이 모든 이야기를 하는 동안, 그는 놀라서 어떻게 방어할 것인지, 숨을 것인지 아니면 도망갈 것인지를 모르는 사람의 태도로 머리를 약간 숙인 채 잠자코 듣고만 있었다. 내가 기억하기로 그는 단 한 번만 내 말을 끊었을 뿐이었다. 나는 지나가는 소리로 사블로니에르 영지는 모두 파괴되었고, 옛날의 그 영지는 더 이상 존재하지 않는다고 이야기하려던 참이었다.

"아! 거봐…… (마치 그는 자신의 행동과 자신이 빠져 있었던 절망을 정당화시킬 기회를 기다리고 있기라도 했던 것처럼) 거봐. 더 이상 아무것도 있지 않잖아……"

나는 끝으로 그토록 쉬운 확신이 그에게 남아 있는 고통을 날려보낼 것이라고 생각하며, 이야기를 끝마치려고 그에게 시골의 야유회가 플로랑탱 삼촌에 의해 열린다는 것과 틀림없이 갈레 양이 그곳에 말을 타고 올 것이라는 것, 그리고 몬느도 초대받았다는 것을 말해주었다…… 그러나 그는 완전히 당황한 듯 보였고 아무런 말도 하지 않았다.

"당장 네 여행을 취소해야만 해. 네 어머님께 말씀드리러 가자……" 참다못해 내가 말했다.

그리고 우리 둘 모두는 아래층으로 내려갔다.

"이 시골 야유회…… 그런데, 사실, 내가 꼭 거기에 가야만 하니?" 그가 망설이며 내게 물었다.

"그럼. 야, 그건 물어보나 마나야." 내가 즉각 대꾸했다.

그는 떠밀려가는 사람 같았다.

아래층으로 가 몬느는 어머니에게 내가 점심과 저녁식사를 같이 하고 여기서 잠을 자게 될 것이며, 다음 날 자기도 자전거를 빌려 타고 나를 따라 비외-낭세로 갈 것이라고 말씀드렸다.

"아! 아주 좋아." 그녀는 마치 그 소식들이 자신이 한 예상과 맞아

떨어지기라도 한 듯 고개를 끄덕이며 말했다.

　나는 작은 식당에 들어가 예전 해병대 군인이었던 몬느의 삼촌 중 한명이 먼 여행에서 가져왔다는 수단 가죽 부대와 장식 단도들, 그림이 그려진 달력들 아래로 앉았다.

　몬느는 식사 전에 잠깐 나를 그곳에 남겨 두었고, 나는 그의 어머니가 그의 여행 가방을 꾸렸었던 옆방에서 몬느가 어머니에게 목소리를 약간 낮춰서 큰 여행 가방을 풀지 말라고 말하는 것을 들었다──왜냐하면 그의 여행은 단지 일시적으로 늦어지는 것뿐일 수도 있기 때문이었다……

나는 비외-낭세로 가는 길에서 몬느를 따라가기 힘들었다. 그는 자전거 선수처럼 달렸다. 그는 언덕길에서도 내리지 않았다. 어젯밤의 알 수 없는 망설임에 뒤이어 더 빨리 그곳에 도착하고 싶은 욕망과 조바심, 열기가 일어났는데, 그것이 나를 조금 조금 불안하게 만들었다. 플로랑탱 삼촌 집에서도 그는 초조해 보였고, 다음 날 아침 10시쯤 강둑으로 떠나기 위한 준비를 끝내고 우리 모두가 마차에 탄 순간까지도 그는 어떤 것에도 결코 흥미를 느낄 수 없는 것처럼 보였다.

여름이 끝나가는 8월 말이었다. 이미 노랗게 된 밤의 빈 껍질들이 하얀 길에 흩어지기 시작했다. 거리는 멀지 않았다. 우리가 가는 셰르 강변 가까이에 있는 오비에 농장은 사블로니에르 영지 너머로 2킬로미터밖에 떨어지지 않은 곳에 있었다. 때때로 우리는 플로랑탱 삼촌이 대담하게 갈레 씨의 이름으로 초대해서 마차를 타고 오는 손님들과, 심지어 말을 타고 오는 젊은이들을 만나곤 했다…… 옛날처럼 부자와 가난한 사람, 성주들과 농부들을 섞으려고 애썼다. 또한 우리는 문지기 발라디에 덕분에 예전에 삼촌과 알고 지냈던 자스맹 들루슈가 자전거를 타고 온 것도 보았다.

"우리가 파리까지 가서 찾아보고 있던 동안 바로 저 녀석이 모든 것의 열쇠를 쥐고 있었단 말이지. 정말 실망스러운데!" 그를 알아보고서 몬느가 말했다.

　매번 그가 들루슈를 볼 때마다 이 원한은 커져만 갔다. 그와 반대로 완전히 우리와 다시 친해질 권리가 있다고 생각한 들루슈는 우리 마차를 매우 가까이서 끝까지 뒤따르고 있었다. 그는 옷치장에 상당히 돈을 많이 쓴 것처럼 보였지만 큰 효과는 없었고 낡아빠진 재킷의 끝자락은 그의 자전거의 흙받이에 부딪치고 있었다……

　다정하게 보이기 위해 그가 노력하고 있음에도 불구하고 그의 늙수그레한 얼굴은 도무지 마음에 들지 않았다. 그는 오히려 나에게 뭔지 모를 동정심을 유발했다. 그러나 그날이 시작되기 전 내가 누구인들 동정하지 않았을까?……

나는 그날의 야유회를 떠올릴 때면 어김없이 숨이 막히는 것과 같은 막연한 후회를 하게 된다. 나는 이날을 얼마나 손꼽아 기다렸던가! 모든 것이 우리가 행복하도록 너무나 완벽하게 미리 준비된 것 같았다. 하지만 우리는 조금도 행복하지 않았다!……

　그렇지만 셰르 강변은 얼마나 아름다웠는지! 우리가 멈춰 섰던 강둑 위까지 작은 산이 완만한 경사를 이루며 끝나 있었고, 그 지역은 작은 정원과 마찬가지로 작고 푸른 풀밭 사이에 울타리가 쳐진 버드나무 가로수 길로 나뉘어 있었다. 강 건너편에는 바위로 뒤덮인 회색빛의 가파른 언덕이 있었다. 그리고 더 멀리 전나무 숲 사이로 뾰족탑이 있는 낭만적인 작은 성곽들이 보였다. 때때로 멀리서 프레베랑주 성의 사냥개들이 짖는 소리가 들리곤 했다.

우리는 때로는 하얀 조각돌이 깔려 있고, 때로는 모래로 뒤덮여 있는 뒤얽힌 작은 길들을 지나 그 장소에 도착했는데, 그 길 주변에 있는 맑은 샘물이 시냇물로 바뀌기도 했고, 야생 까치밥나무의 가지들이 우리의 소매를 붙잡기도 했다. 그리고 때때로 우리는 깊은 골짜기의 시원한 어둠 속에 잠기기도 했고, 때로는 반대로 울타리들이 사라져 우리는 계곡 전체의 밝은 햇빛에 둘러싸이기도 했다. 저 강둑의 다른 곳에 우리가 가까이 다가갔을 때, 바위에 걸터앉은 한 사내가 느린 동작으로 낚싯줄을 던지고 있었다. 세상에, 얼마나 날씨가 좋았던지!

우리는 자작나무가 군집해 공터가 있는 잔디밭에 자리를 잡았다. 짧게 깎아져 있는 거대한 잔디밭이어서. 그곳에서 끝임 없이 게임을 할 수 있어 보였다.

마차에서 말들을 풀었다. 말들은 오비에 농장으로 보내졌다. 사람들은 숲속에서 음식을 풀어 놓기 시작했고, 풀밭 위로 삼촌이 가져온 작은 접이식 식탁을 차리기 시작했다.

그때 근처 큰길 입구에 가서 늦게 도착하는 사람들을 기다리다가 그들에게 우리가 있는 곳을 알려줄 지원자들이 필요했다. 나는 즉시 신청했고, 몬느도 신청을 해서 우리는 사블로니에르 영지에서 오는 길과 여러 개의 오솔길이 만나는 교차로의 현수교 가까이에 자리를 잡았다.

우리는 이리저리 걸으며, 지난날에 대해 이야기했고, 그럭저럭 시간을 잘 보내며 기다리고 있었다. 그때 얼굴을 모르는 농부들과 머리에 리본을 단 키 큰 소녀가 함께 탄 비외-낭세에서 온 마차가 도착했다. 그 이후로는 아무도 오지 않았다. 아니, 당나귀가 끄는 수레를 타고 세 명의 아이들이 왔는데, 예전에 사블로니에르 영지의 정원에서 보았던 아이들이었다.

"저 아이들이 낯이 익은 것 같은데. 내 생각에 바로 저 아이들이 옛날에 축제의 첫날 저녁에 내 팔을 붙들고 나를 저녁식사에 데리고 갔던 것 같아." 몬느가 말했다.

그러나 그 순간 당나귀가 더 이상 걸으려고 하지 않자 아이들이 수레에서 내려 당나귀를 막대기로 몰기도 하고 끌어당기기도 하고 힘껏 때리기도 했다. 그러자 몬느는 실망하여, 자기가 잘못 생각했기를 바랐다……

나는 그 아이들에게 오는 길에 갈레 부녀를 만났는지 물어보았다. 그들 중 한 아이가 모른다고 대답했다. 그런데 다른 아이는 "제 생각에는 본 것 같아요."라고 대답했다. 그리고 우리는 그 이상은 더 알 수 없었다. 어떤 아이들은 당나귀 고삐를 잡아당기고, 또 다른 아이들은 수레 뒤를 밀어서 그들은 마침내 잔디밭 쪽으로 내려갔다. 우리는 계속해서 다시 기다렸다. 몬느는 자신이 옛날에 그토록 찾았던 그 처녀가 오기를 기다리며 사블로니에르 영지의 길모퉁이를 뚫어지게 쳐다보았지만 어떤 두려움이 있었다. 이상하고 거의 우스울 정도의 흥분이 그를 지배하고 있었고, 그는 그것을 들루슈에게 표출했다. 멀리까지 길을 보려고 올라갔던 작은 경사지에서 우리는 낮은 쪽 잔디밭에서 한 무리의 손님들을 알아보았고 거기서 들루슈는 좋은 인상을 주려고 애쓰고 있었다.

"저 멍청한 녀석이 거드름을 피우며 말하는 것 좀 봐." 몬느가 내게 말했다.

그리고 나는 그에게 이렇게 대답했다.

"하지만 내버려 둬. 저 불쌍한 놈은 자기가 할 수 있는 만큼 하고 있는 거야."

몬느의 마음은 누그러지지 않았다. 그곳에서, 산토끼인지 다람쥐인지가 덤불숲에서 튀어나왔던 모양이다. 들루슈는 잘난 척 하려고 그것을 쫓아가는 척했다.

"저걸 봐! 그는 이제 뛰고 있어……" 몬느가 말했고, 진짜로 그 대담함이 다른 모든 사람들을 앞질렀다!

그리고 이번에는 내가 웃음을 참을 수 없었다. 몬느도 마찬가지였다. 그러나 그 웃음은 잠깐뿐이었다.

또다시 15분이 지난 후에 그가 말했다.

"만약 그녀가 오지 않는다면?……"

"하지만 그녀는 약속했어. 그러니까 더 기다려 봐." 내가 대답했다.

그는 다시 기다리기 시작했다. 그러나 마침내, 참을 수 없는 그 기다림을 더 이상은 견딜 수 없어서 그가 말했다.

"내 말을 들어 봐. 나는 다른 사람들과 함께 다시 내려갈래. 지금은 나와 반대되는 일만 일어나는 것 같아. 만약 내가 여기서 기다린다면 그녀는 결코 오지 않을 것 같아. 곧 이 길의 끝에서 그녀가 나타나는 것은 불가능할 것 같아."

그리고 그는 나를 혼자만 남겨두고 잔디밭 쪽으로 갔다. 나는 시간을 보내기 위해 작은 길을 한두 번 왔다갔다 걸어갔다. 그리고 첫 모퉁이에서, 나는 승마복을 입고서 늙은 백마를 타고 오는 이본 드 갈레를 알아보았다. 그 말은 그날 아침따라 너무 활기차서 그녀는 빨리 달리지 못하도록 말고삐를 당기고 있어야만 했다. 말 머리에, 갈레 씨가 간신히 말없이 걷고 있었다. 아마도 그들은 각자가 번갈아 그 늙은 말을 타고 그 길을 왔음에 틀림없었다.

그 처녀가 혼자만 있는 나를 보자 미소를 짓고 재빨리 말에서 내리더니 말고삐를 아버지에게 맡기고는 내가 달려오는 쪽으로 걸어왔다.

"당신이 혼자 있는 것을 보니 전 너무나 반가워요. 왜냐하면 당신 말고는 아무에게도 저 늙은 벨리제르를 보여주고 싶지도 않고, 그 말을 다른 말들과 함께 두고 싶지도 않기 때문이에요. 저 말은 우선 너무 추하고 늙었어요. 그리고 저는 늘 저 말이 다른 말로 인해 상처를 받지나 않을까 두렵답니다. 그런데 저는 단지 저 말밖에는 탈 수가 없지요. 그리고, 저 말이 죽게 되면, 저는 더 이상 말을 타지 않을 거예요." 그녀가 말했다.

갈레 양에게서 몬느에게 느낀 것과 마찬가지로 나는 이 매력적인 생기 속에서, 그리고 겉으로 보기에는 너무도 평온한 친절 속에서, 초조함과 거의 불안감과 같은 것을 느꼈다. 그녀는 평상시보다 더 빠르게 말했다. 그녀의 붉은 두 뺨과 광대뼈에도 불구하고 눈 주위와 이마에는 군데군데 온갖 괴로움을 읽어낼 수 있을 정도로 심한 창백함이 자리하고 있었다.

우리는 벨리제르를 길 근처 작은 숲속 나무에 매어 놓기로 했다. 늙은 갈레 씨는 보통 때처럼 말 한마디 없이 안장에 달린 가죽 가방에서 굴레를 꺼내서 말을 매었다—내가 생각했던 것보다 조금 아래에ㅡ. 나는 곧 농장에서 꼴과 연맥, 짚을 보낼 것을 약속했다.

그리고 갈레 양은 내가 생각한 대로 옛날처럼 잔디밭에 도착했고, 몬느가 처음으로 그녀를 만났던 때의 그 호수의 제방 쪽으로 내려갔다.

한 팔로 아버지를 붙들고, 왼손으로는 입고 있던 가볍고 큰 외투의 앞자락을 걷어 올리며 그녀는 너무나 진지하고 동시에 너무나 어린애 같기도 한 표정을 지으며 손님들이 있는 곳으로 나아갔다. 나는 그녀 곁에서 걸었다. 흩어져 있거나 멀리서 놀고 있던 모든 손님들이 그녀를 맞이하기 위해 모여서 서 있었다. 각자가 그녀가 다가오는 것을 쳐다보는 동안 일순간 짧은 침묵이 흘렀다.

몬느는 청년들 사이에 섞여 있었고 그의 큰 키가 아니고서는 결코 그의 친구들과 그를 구분할 수 없었다. 거기에는 거의 그만큼이나 키가 큰 청년들이 또 있었다. 그는 그녀의 주목의 대상이 되게 할 만한 어떤 몸짓도, 앞으로 한걸음 나아가는 것도 전혀 하지 않았다. 나는 그가 회색 옷을 입고 움직이지 않은 채 다른 모든 사람들처럼 너무도 아름다운 그 여인이 다가오는 것을 뚫어지게 쳐다보는 것을 보았다. 그렇지만 결국 그는 무의식적으로 난처할 때 하는 동작으로 마치 머리를 잘 다듬은 친구들 틈에서 농부처럼 빡빡 깎은 자신의 투박한 머리를 가리기 위해서인 듯 맨 머리를 긁적거렸다.

뒤이어 사람들이 갈레 양을 둘러쌌다. 사람들은 그녀가 잘 모르는 처녀들과 청년들을 그녀에게 소개했다…… 곧 내 친구의 차례가 되었다. 그리고 나는 그가 불안해하는 만큼이나 불안함을 느꼈다. 내가 이제 막 그 소개를 하려던 참이었다.

그러나 내가 미처 말을 꺼내기도 전에 그 처녀는 과단성 있고 놀라울 만큼 근엄한 태도로 그에게 다가가며 말했다.

　　"저는 오귀스탱 몬느, 당신을 알아요."

　　그리고 그녀는 그에게 손을 내밀었다.

제6장
야유회2

새로 온 사람들이 거의 동시에 이본 드 갈레에게 인사하기 위해 다가와서 그 둘은 떨어지게 되었다. 불행한 운명으로 인해 그들은 점심 식사용 작은 테이블에 함께 앉지도 못했다. 그러나 몬느는 자신감과 용기를 회복한 것 같았다. 들루슈와 갈레 씨 사이에 혼자 떨어져 앉아 있던 나는 여러 번 멀리서 내 친구가 나에게 우정의 손짓을 보내는 것을 보았다.

대부분 사람들이 여러 놀이들과, 수영, 대화들, 가까운 연못에서의 뱃놀이를 거의 어디서나 하고 있는, 오후의 끝자락이 되어서야 몬느는 다시 그 처녀와 대면하게 되었다. 우리가 미리 가져다 놓았던 정원 의자에 앉아서 들루슈와 함께 이야기를 하고 있었는데, 그때 갈레 양이 짐짓 지루한 듯한 표정을 지으며 한 무리의 젊은 사람들 곁을 떠나 우리 쪽으로 다가왔다. 내 기억으로 그녀가 우리에게 왜 다른 사람들처럼 오비에 호수에서 뱃놀이를 하지 않느냐고 물어보았던 것 같다.

"오늘 오후에 벌써 몇 번이나 돌았어요. 하지만 너무 지루해서 우린 금방 지쳐 버렸죠." 내가 대답했다.

"그랬군요! 왜 강으로는 가지 않으셨어요?" 그녀가 말했다.

"물살이 너무 세서 자칫 떠내려갈지도 몰라서요."

"옛날처럼 석유 보트나 증기선이 있어야 해요." 몬느가 말했다.

"우리는 더 이상 그것을 가지고 있지 않아요. 팔아 버렸어요." 그녀가 거의 속삭이듯 말했다.

그리고 불편한 침묵이 흘렀다.

들루슈가 그 틈을 이용해 갈레 씨를 만나러 가겠다고 말했다.

"저는 어디서 그분을 만날 수 있을지 잘 알고 있어요." 그가 말했다.

얼마나 이상한 우연인지! 닮은 데라곤 전혀 없는 그 두 사람이 서로 좋아해서 그날 아침부터 계속 거의 서로의 곁을 떠나지 않고 있으니 말이다. 갈레 씨는 초저녁에 잠깐 나를 따로 불러서 내가 재치 있고 공손하며 장점이 많은 한 친구를 두었다고 내게 이야기했었다. 아마도 심지어 그는 비밀스런 벨리제르의 존재와 그것을 숨겨둔 장소까지 들루슈에게 털어놓았을 것이었다.

나 역시도 그 자리를 피할 생각을 했지만 그 두 사람이 서로 얼굴을 맞대면 너무나 난처해하고 안절부절못할 것이라고 느껴져 그렇게 하지 않는 것이 현명하다고 생각했다……

들루슈의 그토록 큰 신중함과 나의 조심성은 소용이 없었다. 그들은 서로 이야기를 했다. 몬느는 변함없이 그 자신은 아직 확실히 깨닫지 못하였지만 고집스럽게 옛날의 그 모든 경이로운 일들을 다시 언급했다. 그리고 그때마다 괴로워하던 그 처녀는 그에게 모든 것이 사라졌다고 되풀이해야만 했다. 너무나 이상하고 복잡한 그 낡은 건물은 헐렸다는 것, 큰 연못은 말랐고 흙으로 메워졌다는 것, 그리고 매혹적인 옷을 입은 아이들도 흩어졌다는 것……

"아!" 몬느는 마치 이 사라진 것들 하나하나가 그 처녀나 나의 잘 못이기라도 한 것처럼 절망스럽게 이렇게만 외쳤다……

우리들은 나란히 걸었다…… 나는 우리 셋을 지배하고 있던 슬픔을 잠시 잊게 하려고 공연히 애를 썼다. 몬느는 무뚝뚝하게 질문 하나를 던지고는 또다시 자신만의 고정관념 속에 빠져 버렸다. 그는 자신이 옛날에 보았던 모든 것에 대한 정보들을 물었다. 소녀들, 낡은 베를린형 사륜마차의 마부, 경주용 조랑말들 등에 관한 것이었다. "조랑말들도 팔았습니까? 그 영지에는 더 이상 말이 없나요?……"

그녀는 더 이상 말이 있지 않다고 대답했다. 그녀는 벨리제르에 대해서는 말하지 않았다.

그러자 그는 자신의 방에 있던 물건들을 떠올렸다. 촛대들, 커다란 거울, 부서진 낡은 류트…… 그는 이상한 열의를 가지고서 이 모든 것을 물어보았다. 마치 자신의 그 아름다운 모험에는 아무것도 남아 있는 것이 없고, 잠수부가 물밑에서 조약돌과 해초를 가져오듯 그 처녀가 둘 다 꿈을 꾼 것이 아니었음을 증명해줄 수 있는 잔해 하나조차도 그에게 가져다주지 않았다고 믿고 싶어 하듯이 말이다……

갈레 양과 나는 유감스럽게 웃지 않을 수 없었다. 그녀는 그에게 모든 것을 설명해주기로 결심했다.

"당신은 아버지와 내가 가엾은 프란츠를 위해 꾸며놓았던 그 아름다운 성을 다시 보지 못할 거예요.

우리는 그가 원하던 모든 것을 하며 살아왔지요. 그는 너무나 기이하고 매력적인 존재였어요! 하지만 모든 것을 망쳐버린 약혼식 날 저녁 그와 함께 모든 것이 사라져버렸어요.

　우리는 모르고 있었지만 그때 아버지는 이미 파산한 상태였어요. 프란츠는 빚을 지고 있었고 그가 사라진 것을 안 그의 오랜 친구들은 그 즉시 우리에게 빚을 갚으라고 요구했어요. 우리는 가난해졌어요. 어머니는 돌아가셨고 우리는 며칠 만에 우리의 모든 친구들을 잃었어요.

　만약 프란츠가 죽지 않았다면, 다시 돌아오기를! 그가 그의 친구들과 약혼녀를 되찾기를! 중단된 결혼식이 이루어지기를! 그러면 아마 모든 것이 옛날처럼 될 거예요. 하지만 누가 과거로 다시 돌아갈 수 있을까요?"

　"불가능한 것은 아니죠!" 생각에 잠긴 몬느가 대답했다. 그리고 그는 더 이상 아무것도 묻지 않았다.

　짧고 벌써 약간 노래진 풀 위로 우리 셋은 소리 없이 걸었다. 몬느의 오른쪽 가까이에는 그가 영원히 잃어버렸다고 생각했던 그 처녀가 있었다. 그가 이런 괴로운 질문들을 하나씩 던질 때마다 그녀는 대답을 하려고 그 매력적이고 근심어린 얼굴을 천천히 그쪽으로 돌리곤 했다. 그리고 한 번, 그에게 이야기하면서 그녀는 그의 자신감을 신뢰하는 몸짓으로 그의 팔위로 손을 가만히 올려놓기도 했다. 왜 대장 몬느는 바로 거기에서 이방인처럼, 찾던 것을 발견하지 못하고 다른 것에는 아무런 흥미를 느끼지 못하는 사람처럼 있었을까? 3년 전이라면 그는 아마도 바로 그 행복을 공포와 광기 없이는 견딜 수 없었을 것이다. 그런데 지금은 대체 어디서 그의 마음속에 있는 이 공허감, 소외감, 행복할 수 없다는 느낌이 온 것일까?

우리는 그날 아침 갈레 씨가 벨리제르를 매어 놓았던 작은 숲 가까이에 갔다. 저물어가는 태양이 풀밭 위로 우리의 그림자를 길게 늘이고 있었다. 잔디밭 저쪽 끝에서는 멀어서 확실하게는 들리지 않았지만 행복하게 웅성거리는 소리처럼, 소녀들과, 놀이꾼들의 목소리가 들렸고 우리들은 그 놀라운 고요함 속에 말없이 머물러 있었다. 그때 우리는 숲의 다른 쪽, 강가의 오비에 농장 쪽에서 나오는 노랫소리를 들었다. 그것은 멀리서 누군가가 가축을 물 마시는 곳으로 데려가며 무도곡 같은 리듬의 노래를 부르는 젊은 목소리였다. 그러나 그는 오래된 슬픈 발라드처럼 끝을 늘이며 희미하게 불렀다.

> 내 구두는 빨간색……
> 잘 가요, 내 사랑……
> 내 구두는 빨간색……
> 잘 가요, 돌아오지 말아요!

몬느는 고개를 들고 듣고 있었다. 그것은 그 축제의 마지막 날 저녁, 이미 모든 것이 사라져 버렸을 때 이름 없는 영지에서 뒤늦게 돌아가던 농부들이 불렀던 곡들 중 하나일 뿐이었다…… 이제는 더 이상 다시 돌아올 수 없는 그 아름다운 날들에 대한 가장 비참한 추억일 뿐이었다.

"그런데 저 소리 들려요? 오! 누가 부르는지 보러 가야겠어요." 몬느가 낮은 목소리로 말했다. 그리고 곧바로 그는 작은 숲 속으로 들어갔다. 거의 그 즉시 그 목소리가 멈췄다. 또 잠깐 그 사내가 가축들을 멀리 몰고 가며 휘파람을 부는 소리가 들렸다. 그러고는 더 이상 아무 소리도 들리지 않았다……

나는 처녀를 바라보았다. 낙담하여 생각에 잠긴 듯한 그녀는 몬느가 방금 사라진 잡목림 위로 시선을 고정시키고 있었다. 후일 몇 번이나 그녀가 그렇게 생각에 잠겨 대장 몬느가 영원히 가버린 그 길을 쳐다보아야 할는지!

그녀가 나를 향해 돌아섰다.

"그는 행복하지 않아요." 고통스럽게 그녀가 말했다.

그녀가 덧붙였다.

"그리고 아마 저는 그를 위해서 아무것도 할 수가 없겠죠?"

나는 몬느가 틀림없이 뛰어가 농장에 도착했다가 지금은 숲으로 되돌아와서 우리의 대화를 듣고 놀라지나 않을까 두려워서 대답하는 것을 망설였다. 그렇다 하더라도 나는 그녀에게 용기를 북돋워주기로 했다. 그 키 큰 녀석을 다그치는 것을 두려워하지 말라고 그녀에게 이야기 했다. 틀림없이 그를 절망시켰던 어떤 비밀이 있을 것이고 그 비밀을 그가 그녀에게도 어느 누구에게도 스스로 고백하지 않을 것이라고도 이야기했다. 그때 갑자기, 숲의 다른 쪽에서 고함 소리가 터져 나왔다. 뒤이어 마치 말이 연속적으로 울리는 듯한 발 구르는 소리와 간간이 끊기는 목소리로 말다툼하는 소리가 들렸다…… 나는 그 즉시 늙은 벨리제르에게 무슨 사고가 생겼음을 알아채고는 떠들썩한 소리가 나는 장소로 달려갔다. 갈레 양이 멀리서 나를 뒤쫓아 왔다. 저 멀리 있는 잔디밭 안에서도 사람들이 우리의 움직임을 주목하고 있는 것이 틀림없었다. 왜냐하면 내가 잡목림 속으로 들어가는 순간, 우리 쪽으로 달려오는 사람들의 고함소리를 들었기 때문이다.

너무 낮게 메어져 있던 늙은 벨리제르의 앞발이 끈에 걸려 있었다. 그 말은 산책 중이던 갈레 씨와 들루슈가 가까이 다가갔을 때까지 움직이지 못하고 있었다. 말은 사람들이 주었던 괴상한 귀리를 보고 겁을 먹고 흥분해서 엄청나게 몸부림을 쳤던 것이다. 그 두 사람은 그 말을 풀어주려고 했으나 너무나 서툴러서, 위험하게 말발굽에 채일 위험을 무릅쓰고 오히려 그 말을 더욱 옭매었다. 바로 그때, 오비에에서 돌아오던 몬느가 우연히 그들과 마주쳤다. 너무나 서투른 그들의 모습에 화가 난 몬느가 그 두 사람을 떼밀어 하마터면 그들은 덤불 속으로 굴러갈 뻔했다. 조심스럽게, 그렇지만 눈 깜짝할 사이에 몬느는 벨리제르를 풀어주었다. 너무 늦은 것도 같았다. 왜냐하면 이미 상처가 나 있었기 때문이었다. 그 말은 아마도 신경이 다쳤거나 어딘가가 부러졌음에 틀림없었다. 왜냐하면 말은 가엾게도 고개를 떨어뜨리고 안장이 등 위로 반쯤 흘러내린 채 한 쪽 다리를 배 밑으로 접어 몹시 떨고 있었기 때문이었다. 몬느는 허리를 굽혀 아무 말도 하지 않은 채 그 말을 만져보고 살펴보았다.

그가 고개를 다시 들었을 때, 거의 모든 사람이 거기에 모여들어 있었지만 그는 아무도 보지 못했다. 그는 화가 나서 얼굴이 빨개져 있었다.

"도대체 누가 저런 식으로 말을 매어 둘 수 있었는지 궁금하군요! 게다가 온종일 등에 안장을 얹어 두다니요? 과연 누가 기껏해야 수레 한 대나 끌 저 늙은 말에다 대담하게 안장을 얹어 놓았단 말입니까?" 몬느가 소리쳤다.

들루슈가 모든 책임을 떠맡고 무언가를 말하려 했다.

"닥쳐! 네 잘못도 있어. 나는 네가 말을 빼내려고 끈 위로 말을 잡아당기는 것을 보았어."

그리고 그는 다시 몸을 구부리고 손바닥으로 말의 뒷다리 관절을 문지르기 시작했다.

그때까지 아무 말도 하지 않던 갈레 씨가 이렇게 대화에 참여하여 자신의 책임을 회피하고자 하는 것은 잘못된 일이었다. 그가 더듬더듬 말했다.

"해군 장교들은 습관적으로…… 내 말이……"

"아! 이 말이 당신 것입니까?" 몬느가 그 늙은이 쪽을 향해 고개를 돌리면서 다소 진정되었지만 상기된 얼굴을 하고 말했다.

나는 그가 곧 어조를 바꾸고 사과를 할 거라고 생각했다. 그는 잠시 숨을 내쉬었다. 그리고 나는 그가 다음과 같이 불손하게 말하면서 상황을 악화시키고 모든 것을 영원히 망쳐 버리는 데서 절망적이고 가혹한 기쁨을 느끼는 것을 목격했다.

"그래도 저는 당신을 칭찬할 수는 없습니다."

누군가 이렇게 제안했다.

"아마도 시원한 물로…… 냇물에 말을 담그면서……"

"머뭇거릴 시간이 없어요! 아직 걸을 수 있을 때 지금 바로 이 늙은 말을 데리고 가서 외양간에 두고서 다시는 거기서 말을 나오게 하지 말아야 해요." 몬느가 대꾸도 하지 않고 이렇게 말했다.

여러 청년이 그 즉시 나섰다. 그러나 갈레 양은 그들의 호의를 강하게 사양했다. 금방이라도 눈물을 흘릴 듯 새빨개진 얼굴을 하고서 그녀는 모든 사람들에게, 심지어 그녀를 감히 쳐다보지도 못한 채 당황해 있는 몬느에게까지 작별 인사를 했다. 그녀는 말을 이끌고 가기보다는 오히려 말에게 더욱 가까이 다가가서 마치 누군가를 도와주듯이 고삐로 말을 붙들었다…… 사블로니에르 영지의 길 위로 부는 늦여름의 바람이 어찌나 훈훈하던지 5월로 착각할 정도였고 울타리의 나뭇잎들은 남쪽에서 불어오는 미풍에 살랑대고 있었다…… 우리는 그녀가 팔을 반쯤 외투 밖으로 내놓고 작은 손에 두꺼운 가죽 고삐를 쥐고서 그렇게 떠나가는 것을 바라보았다. 그녀의 아버지는 그녀의 옆에서 힘겹게 걸어갔다……

얼마나 야회의 슬픈 결말이었나! 점차 사람들은 각자 그들의 짐들과 식기들을 주워 모았다. 의자를 접고 테이블을 분해하기도 했다. 하나씩 하나씩 짐과 사람을 실은 마차들이 떠나가며 마차에 탄 사람들이 모자를 벗고 손수건을 흔들었다. 마지막까지 우리들은 아무 말이 없이 우리처럼 후회와 크나큰 실망을 되새기고 있는 플로랑탱 삼촌과 함께 그 자리에 남았다.

우리 또한 우리의 밤색 명마에 잘 매달려 있던 마차를 타고 매우 화가 난 상태로 떠났다. 마차 바퀴가 길모퉁이에서 모래에 묻혀 삐걱거렸고 곧바로 뒷자석에 앉아 있던 몬느와 나는 작은 길 위로 늙은 벨리제르와 그 주인들이 접어들었던 지름길의 입구가 사라져가는 것을 보았다……

그런데 그때 이 세상에서 가장 울지 않을 거라고 생각했던 내 친구가 걷잡을 수 없이 흘러내린 눈물로 일그러진 얼굴을 갑자기 내 쪽으로 돌렸다.

"좀 세워 주실래요? 저는 신경 쓰지 마세요. 저는 혼자 걸어서 돌아갈게요."

몬느가 플로랑탱 삼촌의 어깨에 손을 얹으며 말했다.

그리고 마차의 발판에 손을 짚고 단번에 그는 땅으로 뛰어내렸다. 우리가 놀라고 있는 사이 그는 오던 길을 되돌아서 달려가기 시작했고 우리가 방금 지나온 작은 길, 바로 사블로니에르 영지의 길까지 달려갔다. 그는 틀림없이 옛날에 가보았던 전나무 사이로 난 작은 길을 통해 영지에 이르렀을 것이다. 그곳이 바로 그가 방랑자가 되어 낮은 나뭇가지에 몸을 감춘 채 낯모르는 아름다운 아이들의 신비로운 대화를 들었던 곳이었다······

그리고 바로 그날 저녁, 몬느는 흐느껴 울며 갈레 양에게 청혼을 했다.

제7장
결혼식 날

2월 초의 거센 바람이 불고 몹시 추운 어느 맑은 목요일 오후였다. 3시 반, 4시 경이었다…… 마을 옆 울타리 위에는 빨래가 정오부터 널려 있었고 돌풍에 마르고 있었다. 집집마다, 식당 불빛이 반짝이는 장난감이 놓여 있는 단을 비추고 있었다. 노는 데 지친 아이는 엄마 곁에 앉아, 그 결혼식 날에 대해 이야기해 달라고 하고 있다……

행복해지고 싶지 않은 사람은 그저 다락방으로 올라가기만 하면 될 것이고 그러면 그는 저녁까지 난파선들이 씽씽 소리를 내며 삐걱거리는 소리를 듣게 될 것이다. 아니면 집 밖 길가로 나가기만 하면 될 것이다. 그러면 바람이 그의 입술 위로 머플러를 부딪치게 만들어 마치 갑작스런 뜨거운 키스처럼 그를 눈물짓게 할 것이었다. 그러나 행복을 사랑하는 사람에게는, 어느 진흙탕 길가, 내 친구 몬느가 정오 이후로 그의 부인으로 맞은 이본 드 갈레와 함께 다시 돌아온 사블로니에르 영지의 집이 존재한다.

약혼 기간은 5개월 동안 지속되었다. 첫 만남이 파란만장했던 만큼이나 약혼 기간은 평온했다. 몬느는 자전거나 마차를 타고 사블로니에르 영지에 매우 자주 왔다. 1주일에 두 번 이상, 평야와 전나무 숲을 향해 나 있는 큰 창가에서 책을 읽거나 바느질을 하던 갈레 양은 갑작스레 커튼 너머로 빠르게 지나가는 그의 키 큰 실루엣을 보곤 했다. 왜냐하면 그는 항상 그가 옛날에 지나갔던 에움길로 해서 왔기 때문이었다. 그렇지만 그것이 바로 그가 과거를 유일하게 간접적으로 언급하는 묵언의 암시였다. 행복이 그의 이상한 고뇌를 잠재우고 있는 듯했다.

그 고요한 5개월 동안에 사소한 사건들이 일어났었다. 나는 생-브누아-데-샹이라는 작은 마을에서 교사로 임명되었다. 생-브누아는 큰 마을이 아니었다. 그곳은 들판에 흩어져 있는 농장들이었고 학교는 길가 언덕 위에 완전히 외따로 있었다. 나는 외로운 삶을 보내고 있었다. 그러나 밭들을 지나가면 사블로니에르 영지에 다다르는 데 걸어서 45분밖에 걸리지 않았다.

들루슈는 이제 비외-낭세에서 석공업자로 일하는 삼촌 집에서 살고 있었다. 그는 곧 사장이 될 것이었다. 그는 자주 나를 보러 왔다. 갈레 양의 부탁으로 몬느는 지금 그에게 아주 상냥하다.

그래서 이렇게 가까이 지냈던 까닭에 우리는 오후 4시경 결혼식 하객들이 이미 모두 떠났음에도 불구하고 두 사람 다 그곳을 떠나지 않고 있었다.

결혼식은 정오에 사블로니에르 영지의 옛 성당에서 아주 조용한 가운데 치러졌다. 성당은 근처 언덕 위에 허물어지지 않은 상태로 전나무 숲에 반쯤 가려져 있었다. 얼른 점심식사를 마친 후에 몬느의 어머니, 우리 부모님, 플로랑탱 삼촌과 다른 사람들은 마차에 다시 올라탔다. 자스맹 들루슈와 나밖에는 남아 있지 않았다……

우리들은 사블로니에르 영지의 집 뒤에 있는 숲의 가장자리, 지금은 헐린 영지의 옛 부지인 거대한 황무지 땅 가장자리를 거닐었다. 인정하고 싶지 않지만 왠지 모르게 우리는 불안감으로 가득 차 있었다. 우리들은 그 생각에서 벗어나려 했고, 돌아다니며 산책하는 동안에 산토끼들이 만든 고리들과 방금 막 긁어놓은 모래 위의 작은 홈들……혹은, 올가미나 밀렵꾼들의 발자국을 가리키며 우리의 불안함을 잠시 잊어보려 했지만 소용없었다. 그러나 우리는 끊임없이 숲의 가장자리로 되돌아오곤 했다. 그곳에서 조용하고 닫혀 있던 그 집을 볼 수 있었다……

전나무 숲을 내려다보는 커다란 십자형 유리창 아래로 나무 발코니 하나가 바람에 쓰러진 무성한 풀들로 뒤덮여 있었다. 불빛이 너울거리는 불의 빛처럼, 창문 유리에 비쳤다. 가끔씩 그림자 하나가 지나갔다. 주위 전체에, 주변의 밭과 채소밭에도, 옛날 부속 건물이 유일하게 남아 있는 농장에도 침묵과 정적이 흘렀다. 소작인들은 주인들의 행복을 축하하려고 마을로 떠났다.

가끔씩 거의 비처럼 습기를 머금은 바람이 우리의 얼굴을 적시고 우리에게 희미한 피아노 소리를 전해 주었다. 저 아래, 문이 닫힌 집에서 누군가가 연주를 하고 있었다. 나는 잠시 멈추고 조용히 들었다. 그것은 처음에는 아주 멀리서 행복을 감히 표현하지 않는 목소리 같았다…… 그것은 방에서 자신의 장난감을 모두 찾아 친구 앞에 그것들을 펼쳐 놓은 한 소녀의 웃음소리 같기도 했다. 나는 또한 아름다운 드레스를 입고 그것을 보여주러 와서는 그것이 맘에 들지 안 들지를 모르는 어느 부인의 소심한 기쁨이라고도 생각했다…… 내가 모르는 그 노래는 또한 기도였고, 너무 괴롭지 않게 해달라는 행복에 대한 간청이자 인사, 마치 행복 앞에 무릎을 꿇는 것과 같았다⋯⋯

나는 생각했다. '그들은 마침내 행복해졌어. 몬느는 저 아래 그녀 곁에 있어⋯⋯'

그리고 그 사실을 알고 확신하는 것으로 나와 같이 정직한 아이를 완벽히 만족시키기에 충분했다.

그 순간 그 생각에 푹 빠져 바다의 물보라로 인한 것처럼 초원의 바람에 의해 얼굴이 젖어있던 나는 누군가가 내 어깨를 치는 것을 느꼈다.

"들어봐!" 들루슈가 아주 낮은 목소리로 말했다.

나는 그를 쳐다보았다. 그는 나에게 움직이지 말라는 신호를 보냈다. 그러더니 그 자신도 고개를 숙인 채 눈썹을 찌푸리며 듣고 있었다⋯⋯

제8장

프란츠의 부름

"우--우!"

이번에는 나도 들었다. 그것은 내가 이미 옛날에 들은 적이 있는 높은 다음 낮은 두 음으로 된 부름이며 신호였다…… 아! 나는 기억을 해냈다. 그것은 바로 학교의 철문에서 어린 친구를 소리쳐 부를 때의 그 키 큰 희극배우의 외침이었다. 그것은 프란츠가 우리에게 언제 어디서든 응하도록 맹세하게 했던 바로 그 부름이었다. 그러나 오늘 그는 여기서 우리에게 무엇을 요구하는 것일까?

"왼쪽의 큰 전나무 숲에서 들려오는데, 분명 밀렵꾼일 거야." 내가 나지막이 말했다.

들루슈는 고개를 흔들었다.

"그게 아니라는 걸 너도 잘 알잖아." 그가 말했다.

그러고는 더욱 낮게 말했다.

"그들 두 녀석이 오늘 아침부터 이 지방에 와 있어. 나는 11시에 가나슈가 성당 근처 밭에서 망을 보고 있는 것을 발견했어. 그는 나를 보자 도망쳤어. 그들은 아마 멀리서 자전거를 타고 왔을 거야. 왜냐하면 그의 등 한가운데까지 진흙으로 뒤덮여 있었거든……"

"하지만 그들이 무얼 찾고 있는 걸까?"

"나도 잘 모르겠어. 그렇지만 확실한 것은 우리가 그들을 쫓아내야 한다는 사실이야. 그들을 이 근처에서 배회하게 놔두어서는 안 돼. 그렇지 않으면 온갖 터무니없는 일이 다시 벌어질 거야……"

나도 말은 안 했지만 그 의견에 동의했다.

"가장 좋은 방법은 그들을 만나서 그들이 원하는 것을 알아보고 그들을 알아듣게 설득하는 걸 거야……" 내가 말했다.

우리는 천천히 조용히 허리를 구부리고 잡목림을 지나 커다란 전나무 숲까지 슬며시 들어갔다. 그곳에서는 규칙적인 간격으로, 그 자체로는 다른 소리보다 더 슬픈 건 아니었지만 우리 둘 모두에게는 불길한 징조처럼 여겨지는 긴 외침 소리가 새어나오고 있었다.

나무들이 규칙적으로 심어져 있으며 그 사이로 시선이 모여드는 이 전나무 숲에서는 누군가를 습격한다거나 보이지 않게 다가가는 것이 어려웠다. 우리는 시도조차 해보지 않았다. 나는 숲 모퉁이에 자리를 잡았다. 들루슈는 반대쪽 모퉁이로 가서 자리를 잡아서, 우리 둘이는 직사각형의 두 쪽 외부를 내려다볼 수 있었고, 소리쳐 부르지 않고도 그 보헤미안 중의 하나가 도망치는 것을 막을 수 있었다. 나는 그런 조처를 취하고서 평화의 정찰자 역할을 수행하기 시작하며 이렇게 불렀다.

"프란츠!……

…… 프란츠! 두려워하지 마. 나야, 쇠렐. 난 너에게 할 말이 있어……"

잠시 침묵이 흘렀다. 나는 다시 한 번 소리치려고 했는데, 그때 내 시야가 완전히 미치지 못한 전나무 숲 한가운데서 어떤 목소리가 명령했다.

"네가 있는 곳에 그대로 있어라. 그가 너를 만나러 올 것이다."

나는 먼 거리에서는 함께 모여 있는 것처럼 보이는 커다란 전나무들 사이로 다가오고 있는 한 젊은이의 실루엣을 차츰 알아보았다. 그는 진흙투성이에 허름한 옷을 입고 있는 것 같았다. 자전거의 핀이 바지 아랫단을 죄고 있었고, 낡은 닻 모양의 모자는 너무 길어버린 그의 머리카락 위에 딱 달라붙어 있었다. 이제 그의 야윈 얼굴이 보였다…… 그는 울었던 것 같았다.

그는 내게로 다가오며 단호하게, 매우 공격적인 태도로 물었다.

"대체 뭘 원하는 거야?"

"그러는 너야말로, 프란츠, 여기서 뭘 하는 거야? 왜 행복한 저들을 괴롭히러 온 거지? 무엇을 요구하려고? 말해봐."

이렇게 직접적으로 질문을 받은 그는 약간 얼굴이 붉어지더니 더듬거리며 이렇게 대답할 뿐이었다.

"난 불행해, 나, 불행하다고."

그리고 그는 팔에 머리를 파묻고 나무에 몸을 기댄 채 비통하게 흐느껴 울기 시작했다. 우리는 전나무 숲속으로 조금 더 걸어갔다. 그곳은 너무도 고요했다. 숲 가장자리의 커다란 전나무들에 막혀 바람 소리조차 들리지 않았다. 규칙적으로 심어진 나무들 사이로 그 젊은이의 억누른 채 흐느껴 우는 소리만이 계속되다가는 사라지곤 했다. 나는 이 흐느낌이 잠잠해지기를 기다렸다가 그의 어깨에 손을 얹으며 말했다.

"프란츠, 나와 함께 가자. 내가 너를 그들 곁에 데려다 줄게. 그들은 너를 잃어버렸다가 다시 찾은 아이처럼 반갑게 맞이할 거고 그러면 모든 게 끝나게 될 거야."

그러나 그는 내 말을 들으려고 하지 않았다. 고집을 부리며 화가 나고 불행한 그가 눈물 때문에 잦아든 목소리로 다시 말했다.

"그러면 몬느는 더 이상 나에게 관심을 두지 않는 거야? 내가 그를 부를 때 왜 그는 대답을 하지 않는 거지? 왜 그는 약속을 지키지 않는 거야?"

"자, 프란츠, 환상과 유치함의 시절은 지나갔어. 어리석게도 네가 사랑하는 그들, 네 누이와 오귀스탱 몬느의 행복을 방해하지 마." 내가 대답했다.

"하지만 너도 잘 알다시피 오직 그만이 나를 구할 수 있어. 그만이 내가 잃은 그 발자취를 다시 찾을 수 있다고. 가나슈와 나는 3년 동안이나 프랑스 곳곳을 죄다 샅샅이 뒤졌지만 아무런 소득이 없었어. 나는 네 친구 말고는 더 이상 믿을 사람이 없어. 그런데 그가 더 이상 대답을 하지 않는단 말이야. 그는 자신의 사랑을 찾았어. 왜 이제는 그가 나를 생각해주지 않지? 그는 길을 떠나야 해. 이본은 그가 떠나도록 해줄 거야…… 그녀는 한 번도 내 말을 거절한 적이 없으니까."

그는 내게 먼지와 진흙 가운데로 눈물 자국이 지저분하게 얼룩져 흐른 얼굴을, 지치고 패배한 늙은 아이의 얼굴을 보였다. 그의 눈은 주근깨로 둘러싸여 있었고, 턱수염은 잘 깎여 있지 않았으며 너무 길게 자란 머리카락이 그의 지저분한 옷깃 위로 늘어져 있었다. 그는 두 손을 주머니에 넣고서 떨고 있었다. 그는 옛날의 누더기를 걸친 왕국의 어린이가 아니었다. 그는 진정코 틀림없이 옛날보다 더 어린아이였다. 거만하고, 몽상적이고, 즉시 절망에 빠진. 그러나 그 어린이 같은 모습이 이미 조금 늙어버린 이 소년에게는 차마 견딜 수 없는 것이었다…… 한때, 그에게는 오만한 젊음이 자리하고 있어서 세상의 모든 광기가 그에게 허용되는 것만 같았다. 지금, 사람들은 처음에는 그가 인생에서 성공하지 못했다는 이유로 그를 동정하려 들었다. 그러고 나서 내가 줄기차게 보아 왔던 바대로 이 낭만적인 영웅인 젊은 주인공의 터무니없는 역할을 비난하게 되는 것이다…… 그래서 결국 나는 본의 아니게 그토록 사랑을 받았던 우리 멋진 프란츠가 그의 친구 가나슈처럼 먹고 살기 위해 도둑질을 한 것임에 틀림없다고 생각하게 되었다…… 그의 대단한 오만함 때문에 결국 그렇게 된 것이었다!

"만약 며칠 안에 몬느가 너를 위해, 오직 너만을 위해 움직이기 시작할 거라고 내가 너에게 약속한다면?……" 마침내 나는 한참을 생각한 끝에 말했다.

"그는 성공할 거야, 그렇지? 너도 그걸 확신하지?" 그는 이를 딱딱 마주치며 내게 물었다.

"나도 그렇게 생각해. 그와 함께라면 모든 일이 가능할 거야."

"그런데 내가 그걸 어떻게 알 수 있지? 누가 나에게 그걸 알려줄 건데?"

"너는 정확하게 1년 뒤 이 시간에 여기로 다시 돌아오면 돼. 그러면 너는 네가 사랑하는 그 처녀를 만나게 될 거야."

그리고 이렇게 말하여 나는 그 신혼부부를 괴롭히지 않고 무아넬 고모에게로 가서 물어보고 내가 직접 서둘러 그 처녀를 찾으려고 생각했다.

프란츠는 진정으로 감탄할 만한 신뢰를 담은 눈으로 나를 쳐다보았다. 그는 여전히 정말로 우리 셋이 그 유치하고 무서운 맹세를 했던 그때, 교실청소를 한 그날 저녁 생트-아가트에서의 우리의 나이였던 열다섯 살이었다.

실망감이 그를 사로잡았고 그는 이렇게 말할 수밖에 없었다.

"그러면 자, 우린 떠날게."

그는 틀림없이 크게 상심해서는 곧 또다시 떠나게 될 주변의 숲을 바라보았다.

"우리는 사흘 뒤에는 독일로 가는 길일 거야. 우리는 멀리 마차를 놓고 왔어. 그리고 우리는 쉬지 않고 서른 시간이나 걸어왔어. 우리는 결혼식 전 몬느를 데려가기에 적당한 시간에 도착해서 그가 사블로니에르 영지를 찾았던 것처럼 그와 함께 내 약혼녀를 찾으러 가려고 생각했었어." 그가 말했다.

그리고 그는 무서운 어린애 같은 생각에 사로잡혀 이렇게 말하면서 사라졌다.

"네 친구 들루슈를 불러, 만약 내가 그를 만나게 되면 끔찍할 거 같으니까."

나는 점차 전나무들 사이로 그의 회색 실루엣이 사라져가는 것을 보았다. 나는 들루슈를 불렀고 다시 보초를 서러 갔다. 그런데 거의 그 직후에 우리는 저 아래서 몬느가 집의 덧문을 닫고 있는 것을 보았고, 그의 이상한 모습에 충격을 받았다.

제9장

행복한 사람들

나중에야 나는 바로 그 아래에서 일어났던 모든 일을 자세하게 알게 되었다.

사블로니에르 영지의 거실에는, 오후가 시작되면서부터 몬느와 내가 여전히 갈레양이라고 부르는 그의 부인만이 남아 있었다. 모든 초대 손님들은 떠났고, 늙은 갈레 씨는 문을 열어두어 잠시 동안 소리나는 거센 바람이 집안을 통과하도록 했다. 그리고 그는 비외-낭세로 향했고 모든 곳을 열쇠로 잠그고 소작인들에게 지시를 내리는 저녁식사 때나 되어서야 돌아올 것이었다. 그 젊은이들에게는 지금 밖의 어떠한 소리도 더 이상 들려오지 않았다. 단지 근처에서 잎이 떨어진 장미 가지만이 창유리를 두드릴 뿐이었고, 마치 표류하고 있는 배 속의 두 여행자처럼 그들은 거센 겨울바람 속에 갇혀 버린 행복한 두 연인 같았다.

"불이 꺼질 것 같아요." 갈레 양이 말하고는 상자에서 장작 하나를 꺼내려고 했다.

그러나 몬느가 재빨리 달려와서 자신이 직접 불 속에 나무를 넣었다.

그리고 그는 그 내밀고 있던 처녀의 손을 붙들었고 그들은 마치 말할 수 없는 엄청난 소식 때문에 그러기라도 한 듯 숨을 죽이고 그곳에 서로 마주 서 있었다.

바람이 넘쳐흐르는 강물 소리를 싣고 밀려들어왔다. 이따금 물방울이 기차의 창문에 떨어질 때처럼 유리창에 비스듬히 줄을 그었다.

그런데 그 처녀는 밖으로 나갔다. 그녀는 복도 문을 열고 신비한 미소를 지으며 사라졌다. 잠시 희미한 불빛 속에 몬느는 혼자 남겨졌다…… 작은 괘종시계의 똑딱 소리가 생트-아가트의 식당을 생각나게 했다…… 그는 아마도 이렇게 생각했을 것이다. '이곳이 바로 내가 그토록 찾던 집, 옛날 낯선 통행과 속삭이는 소리들로 가득 찼던 그 복도구나……'

바로 그 순간, 그는 집 근처에서 프란츠의 첫 외침 소리—훗날 갈레 양도 그 소리를 들었다고 내게 말했다—를 들었음에 틀림없었다.

그 젊은 부인은 자기가 가지고 있던 온갖 놀라운 물건들을 그에게 보여주려 했지만 소용이 없었다. 그것은 어린 소녀 시절의 장난감과 아이 때 사진들이었다. 프란츠와 함께 예쁜 어머니의 무릎 위에 앉아 있는 유니폼 옷차림이었다…… 그리고 나머지 모든 사진들에서는 예전의 수수한 작은 드레스들을 입고 있었다. "보세요, 바로 이 옷가지가 제가 당신이 저를 곧 알게 될 무렵, 제 생각에 당신이 생트-아가트의 학교에 도착했을 그 무렵까지 입었던 거예요……" 몬느는 더 이상 아무것도 보고 있지 않았고 아무 것도 듣고 있지 않았다.

그렇지만 잠깐 그는 놀랍고 믿기지 않는 그의 행복에 대한 생각을 되찾은 듯했다.

"당신이 여기 있네. 당신이 식탁 옆을 지나가고 있고 거기에 잠깐 손을 올려 뒀어……" 그는 마치 그 말만으로도 현기증이 나는 것처럼 둔탁하게 말했다.

그리고 또 그가 말했다.

"우리 어머니가 젊었을 때 내게 말을 하시면서 허리 위 상반신을 이렇게 약간 기울였었어…… 그리고 어머니가 피아노 앞에 앉으실 때도……"

그러자 갈레 양이 밤이 깊어지기 전에 피아노를 치겠다고 했다. 그러나 그 거실 모퉁이는 어두워서 촛불을 켜야만 했다. 그 처녀의 얼굴 위로 장밋빛 전등갓이 크나큰 불안함의 상징으로 양쪽 광대뼈에 나타나 있던 그녀의 붉은 빛을 더해주었다.

저기, 숲의 가장자리에서 나는 바람에 실려 오는 그 떨리는 음악 소리를 듣기 시작했다. 그런데 곧바로 전나무 숲속에서 우리에게 다가오고 있던 그 두 미치광이의 두 번째 외침 소리 때문에 더는 듣지 못했다.

몬느는 오랫동안 말없이 창 밖을 내다보며 그녀의 피아노 연주를 듣고 있었다. 그는 여러 차례 연약함과 불안함으로 가득 차 있는 그 여린 얼굴 쪽으로 돌아서곤 했다. 뒤이어 그는 갈레 양에게 다가갔고 아주 가볍게 그녀의 어깨 위에 손을 얹었다. 그녀는 목 주위로 이러한 어루만짐이 부드럽게 느껴졌고 거기에 응할 줄 알았어야 했다.

"날이 저물었어요. 나는 가서 덧문을 닫을게요. 그렇지만 당신은 연주를 계속하도록 해요……" 마침내 그가 말했다.

그런데 대체 그 도무지 알 수 없는 무질서한 그의 마음속에서 무슨 일이 일어났던 걸까? 나는 그에 대해 종종 자문해 보았지만 너무 늦게야 그것을 알게 되었다. 알 수 없는 후회? 설명할 수 없는 회한? 그가 그토록 붙들고 있었던 놀라운 행복이 곧 그의 손 사이로 흔적도 없이 사라지는 것을 보게 될까 하는 두려움? 그렇지 않으면 그가 얻어낸 그 놀라운 일을 즉각 다시 어쩔 수 없게 땅에 내던지고 싶은 무서운 유혹?

그는 다시 한 번 자신의 젊은 아내를 쳐다본 후에 말없이 천천히 밖으로 나갔다. 우리는 숲의 가장자리에서, 그가 처음에는 망설이며 덧문을 닫고는 우리 쪽을 막연하게 쳐다보다 또 다른 덧문을 닫더니 갑자기 우리 쪽 방향으로 전속력으로 달려오는 것을 보았다. 우리가 조금 더 숨어서 볼 생각을 하기도 전에 그는 벌써 우리 가까이에 도착해 있었다. 그는 목장의 경계를 이루고 있는 최근에 심어 놓은 작은 울타리를 뛰어넘었을 때 우리를 알아보았다. 그가 비켜섰다. 나는 그의 얼이 빠진 듯한 모습과 쫓기는 짐승 같던 표정을 지금도 기억한다…… 그는 작은 개울가의 울타리를 뛰어넘으려고 뒤로 물러서던 참이었다.

"몬느!…… 오귀스탱!……" 나는 그를 소리쳐 불렀다.

그러나 그는 고개조차 돌리지 않았다. 그때 오직 이것만이 그를 붙들 수 있을 거라 확신하며 내가 외쳤다.

"프란츠가 저기 있어. 멈춰!"

마침내 그가 멈춰 섰다. 그는 숨을 헐떡거리며 말할 것을 준비할 시간도 내게 주지 않은 채 말했다.

"그가 저기 있다고! 그가 나에게 뭘 요청했어?"

"그는 불행해. 그는 자신이 잃어버린 것을 찾기 위해 네게 도움을 청하러 왔었어." 나는 대답했다.

"아! 그럴 줄 알았어. 나도 그 생각을 떨쳐버리려 했지만 소용이 없었어…… 그런데 그는 어디 있어? 빨리 말해줘." 그는 고개를 떨어뜨리며 말했다.

나는 프란츠는 방금 막 떠났고, 확실히 이제는 더 이상 그를 따라잡을 수 없다고 말했다. 이 사실이 몬느에게는 크나큰 실망이었다. 그는 망설이다가 두세 발자국 옮기더니 멈춰 섰다. 그는 우물쭈물함과 슬픔이라는 깊은 곳에 있는 듯이 보였다. 나는 그에게 내가 그의 이름을 걸고 그 젊은 청년 프란츠에게 약속했던 것을 이야기해 주었다. 나는 또한 프란츠와 1년 후 바로 이 장소에서 만나기로 했다는 것도 말했다.

보통 때는 너무도 침착하던 몬느가 지금은 대단히 안절부절못하고 신경질적인 상태가 되어 있었다.

"아! 대체 왜 그렇게 한 거야! 하지만 맞아, 틀림없이 나는 그를 구할 수 있을 거야. 그렇지만 지금 즉시여야만 해. 나는 그를 만나야 하고, 그에게 말해야 하고, 그는 나를 용서해야 하고, 그래야 나는 그와 화해할 수 있어…… 그렇게 하지 않으면 나는 더 이상 그곳으로 갈 수 없어……" 그가 말했다.

그리고 그는 사블로니에르 집 쪽으로 돌아섰다.

"그래, 넌 그와 맺은 유치한 약속 하나를 위해서 네 행복을 망치려 들고 있어." 내가 말했다.

"아! 만약 그 약속뿐이었다면." 그가 말했다.

그렇게 해서 나는 뭔가 다른 것이 그 두 젊은이를 엮고 있다는 사실을 알게 됐지만, 그게 무엇인지는 짐작할 수 없었다.

"어쨌든, 더 이상 쫓아갈 시간은 없어. 그들은 지금쯤 독일로 가는 길일 거야." 내가 말했다.

그가 대답하려는 참에, 갑자기 머리를 풀어헤친 채 공포로 얼이 빠진 어떤 얼굴이 우리 사이로 불쑥 나타났다. 그것은 바로 갈레 양이었다. 그녀는 달려온 것이 틀림없었다. 왜냐하면 그녀의 얼굴이 땀에 젖어 있었기 때문이다. 그녀는 넘어져서 다쳤음에 틀림없었다. 왜냐하면 오른쪽 눈 위로 이마가 찢어지고 머리카락 속으로 피가 응고되어 있었기 때문이었다.

나는 파리의 가난한 구역에서 행복하고 화목하며 예의바른 줄로만 알았던 한 부부가 갑자기 길가에 내려와 싸움을 말리는 경찰들에 의해 떨어져 있는 모습을 본 적이 있었다. 그 치욕스런 사건은 갑자기, 아무 때나 상관없이, 일요일 외출하기 직전, 식사 도중, 어린 소년의 생일을 축하하는 순간에 발생했다…… 그리고 이제 모든 것이 잊힌 채 엉망이 되어버렸다. 그 소란 가운데 그 남자와 그 여자는 이제는 단지 딱한 두 악마에 지나지 않았고 아이들은 눈물을 흘리며 부모에게 달려들어 그들을 꼭 껴안으며 조용히 하고 더 이상 싸우지 말라고 애원했다.

갈레 양이 몬느 곁에 왔을 때, 그녀를 보니 바로 그 아이들 중 하나, 그 얼빠진 듯한 모습의 가엾은 아이들 중의 하나가 생각났다. 그녀가 급히 달려오며 넘어지고 이렇게 머리를 풀어헤치고 눈물을 흘리며 더러워지는 동안 그녀의 모든 친구들과 마을 사람들 모두가 그녀를 보았을 것이라고 나는 생각했다.

그러나 그녀는 몬느가 그곳에 있고, 적어도 이번만큼은 그가 자기를 버리지 않을 거라는 걸 알게 되자 그의 팔짱을 끼고는 어린애처럼 눈물을 흘리면서도 웃지 않을 수 없었다. 그들은 서로 아무 말도 하지 않았다. 그러나 그녀가 손수건을 꺼내자 몬느는 그것을 두 손으로 가만히 받아 쥐었다. 그러고는 조심스럽게 질서정연하게 그 처녀의 머리카락에 묻은 피를 닦아주었다.

"이제 돌아가야 해." 그가 말했다.

그리고 나는 세찬 겨울 밤바람이 그들의 얼굴에 휘몰아치는 가운데—걷기 힘든 곳에서는 그가 그녀를 손으로 부축했고, 그녀는 미소를 지으며 서둘러—그 두 사람이 잠시 떠났던 그들의 집으로 돌아가도록 내버려두었다.

제10장

'프란츠의 집'

전날 밤 소란의 행복한 결말도 해소시키지 못한 불확실함과 알 수 없는 불안에 사로잡혀, 나는 다음날 하루 종일 학교 안에 틀어박혀 있어야만 했다. 저녁 수업 다음에 있는 '자습' 시간이 지나자마자 나는 사블로니에르의 길로 들어섰다. 내가 그 집까지 이어지는 전나무 숲길에 이르렀을 때에는 어둠이 깔려 있었다. 모든 덧문은 이미 닫혀 있었다. 나는 결혼식 다음 날 이렇게 늦은 시각에 나타남으로써 귀찮게 나하는 건 아닐까 걱정되었다. 나는 문이 닫힌 그 집에서 누군가 나오기를 끝없이 바라며 집 근처와 정원의 가장자리를 아주 늦게까지 서성거렸다…… 그러나 내 생각은 기대에 어긋났다. 이웃 소작 농가에서조차 아무런 움직임이 없었다. 그래서 나는 매우 불길한 생각에 사로잡힌 채 집으로 돌아와야만 했다.

　그다음 날인 토요일도 여전히 불안했다. 그날 저녁, 나는 가는 길에 먹을 빵 한 조각과 내 지팡이와 짧은 외투를 급히 챙겼다. 그리고 나는 이미 밤이 되었을 때 도착해서 전날 저녁처럼 사블로니에르 영지의 모든 문이 닫혀 있는 것을 발견했다…… 2층에 약간의 불빛만이 보일 뿐이었다. 그러나 아무 소리도 들리지 않았고, 어떤 움직임도 없었다…… 그런데 소작 농가의 마당에서 나는 이번에는 그 건물의 문이 열려 있고, 커다란 부엌 안에 불이 켜져 있는 것을 보았다. 그리고 나는 식사 시간 때의 통상적인 목소리와 발자국 소리를 들었다. 이것을 보고 나는 안심하였지만 그렇다고 많은 정보를 얻은 것도 아니었다. 나는 그 사람들에게 아무 말도 할 수 없었고 아무것도 물을 수 없었다. 그래서 나는 계속해서 문이 열리고 마침내 몬느의 키 큰 실루엣이 나타나는 것을 볼 거라 생각하며 다시 돌아가 서성이며 기다렸지만 허사였다.

겨우 일요일 오후가 되어서야 나는 사블로니에르 영지의 문 초인종을 누르기로 결심했다. 잎이 떨어진 언덕을 올라가는 동안 나는 멀리서 겨울의 일요일 저녁 기도의 종을 울리는 소리를 들었다. 나는 외롭고 쓸쓸했다. 무엇인지 모를 슬픈 예감이 나를 엄습했다. 그래서 내가 누른 초인종 소리에 갈레 씨가 혼자서 나타나 거의 낮은 목소리로 갈레 양이 심한 열로 자리에 누워 있다고, 그리고 몬느는 금요일 아침이 되자마자 긴 여행을 떠났음에 틀림없었다고 말하는 것을 듣고도 나는 반만 놀랐을 뿐이었다. 언제 그가 돌아올지는 모르는 일이었다……

그리고 몹시 당황해서 슬퍼하던 그 노인이 내게 들어오라고 하지 않았기 때문에 나는 곧바로 그와 작별했다. 그 문이 다시 닫히자, 나는 가슴이 쥐어짜는 듯하였고, 완전히 혼란하여 잠시 돌계단에 앉아 햇살 속에서 슬프게 흔들리고 있는 메마른 등나무 가지를 무심히 쳐다보고 있었다.

몬느가 파리에 정착한 이후 품어왔던 그 비밀스런 회한이 그렇게 너무나 강한 것이었고, 내 친구는 결국 자신의 끈질긴 행복에서 벗어나야만 했다……

매주 목요일과 일요일, 나는 이본 드 갈레의 소식을 물으러 갔고, 마침내 회복기에 들어선 그녀는 그날 저녁 내게 들어오기를 간청했다. 나는 농지와 숲이 훤히 보이며 커다란 창문이 있는 거실의 난로 곁에 앉아있는 그녀를 발견했다. 그녀는 내가 그럴 거라고 상상했던 것처럼 창백하지 않았고 반대로 열기가 있어 눈 밑으로 선명한 빨간 반점들이 나 있었고 극도의 흥분 상태에 있었다. 그녀는 여전히 매우 힘이 없어 보였음에도 불구하고 외출할 때처럼 옷을 차려입고 있었다. 그녀는 거의 말을 하지 않았지만 마치 아직 행복이 사라지지 않았다는 것을 스스로에게 설득시키고자 하듯이 예외적일 정도로 강조하여 각 문장을 말했다…… 나는 우리가 말했던 것을 기억하고 있지 못한다. 단지 기억하고 있는 것은 내가 망설이며 몬느가 언제 돌아올 것인지를 물었다는 것이다.

"저는 그가 언제 돌아올지 몰라요." 그녀가 빠른 어조로 대답했다.

그녀의 눈에는 일종의 탄원이 있었고, 나는 그에 대해 더 이상 물어보지 않도록 조심했다.

나는 종종 그녀를 보러 갔다. 밤이 다른 곳보다 더 빨리 오는 천장이 낮은 응접실의 불 곁에서 나는 그녀와 이야기를 주고받았다. 그녀는 결코 자기 자신에 관해서도, 그녀의 고통에 관해도 이야기하지 않았다. 그러나 그녀는 끊임없이 나에게 생트-아가트에서 보낸 우리의 세세한 학창 시절 이야기들을 말하게 했다.

그녀는 우리 젊은이들의 역경과 시련에 관한 이야기를 거의 어머니 같은 관심을 가지고서 다정스럽고 심각하게 듣고 있었다. 그녀는 결코 놀라는 기색이 없었고, 심지어 우리의 가장 대담하고 매우 위험했던 유치한 행동들에서조차도 놀라는 것 같지 않았다. 그녀가 갈레씨로부터 물려받은 세심한 애정으로 인해 오빠의 눈물겨운 모험들이 그녀에게는 조금도 싫증나지 않았던 것이다. 그녀에게 그녀의 과거에서 드는 유일한 후회가 있다면 그것은 바로 오빠에게 아주 내밀한 속내 이야기를 할 수 있는 사람이 전혀 되어본 적이 없었다는 점인 것 같았다. 왜냐하면 엄청난 파탄에 빠졌을 때에도 그는 그녀뿐만 아니라 그 누구에게도 아무런 말을 하지 않았고, 스스로 어찌해 볼 도리가 없이 몰락했다고 판단해 버렸기 때문이었다. 그리고 내가 그 점을 생각했을 때, 그것이야말로 그 젊은 부인이 떠맡았던 무거운 짐이고, 그녀의 오빠처럼 광적으로 몽상가적인 생각을 가진 사람을 도와주어야 하는 위험한 짐이며, 내 친구 대장 몬느처럼 모험을 좋아하는 사람과 맺어지는 경우의 막중한 짐이었다.

그녀가 오빠의 어린 시절의 꿈들 가운데 간직하고 있던 이러한 믿음, 그가 스무 살까지 간직했던 이 꿈의 단편들을 최소한 지니도록 들인 그녀의 정성, 그녀는 어느 날 가장 감동적이고 또 가장 신비롭다고 할 만한 그 증거를 내게 보여주었다.

　가을이 끝날 무렵처럼 쓸쓸한 4월의 어느 날 저녁에 일어난 일이다. 거의 한 달 전부터 우리는 너무 일찍 찾아온 따뜻한 봄 날씨 속에 살고 있었고, 그래서 그 젊은 부인은 갈레 씨와 함께 자신이 좋아하는 긴 산책을 계속했다. 그러나 바로 그날, 노인은 피곤해했고 나는 한가했으므로 그녀는 내게 비 올 날씨에도 불구하고 함께 갈 것을 요청했다. 사블로니에르 영지에서 연못을 따라 2킬로미터 이상 나아갔을 때 폭풍우와 비, 우박이 갑자기 우리에게 쏟아졌다. 끝없는 소나기를 피해 들어간 헛간 아래로 바람이 불어와 우리 몸을 얼게 했고, 우리는 어두워진 풍경 앞에서 생각에 잠긴 채 서로 가까이 서 있었다. 내 기억에 그녀는 가볍고 검소한 그 드레스를 입고서 몹시 창백해진 채로 불안해하고 있었다.

"돌아가야겠어요. 우린 너무 오랫동안 나와 있었어요. 대체 무슨 일이죠?" 그녀가 말했다.

그러나 놀랍게도 마침내 우리가 있던 곳을 떠날 수 있게 되었을 때, 그 젊은 부인은 사블로니에르 영지로 돌아가는 대신에 가던 길을 계속해서 갔고 나에게 따라올 것을 요청했다. 오랫동안 걸은 후 우리는 프레베랑주로 이어짐에 틀림없는 파헤쳐진 길가에 외따로 떨어져 있어, 내가 알지 못하는 어떤 집 앞에 이르렀다. 그곳은 멀리 떨어져 고립되어 있다는 것만 아니면 그 지방의 통상적인 유형의 특이할 것이 없는 슬레이트 지붕을 얹은 조그마한 중산층 집이었다.

이본 드 갈레를 보아서는, 마치 그 집이 우리의 것인 듯했고, 우리가 긴 여행을 하는 동안 버려둔 것만 같았다. 그녀는 몸을 구부려 작은 철문을 열었고 서둘러 걱정스럽게 그 버려진 장소를 샅샅이 뒤졌다. 길고 긴 늦겨울의 저녁마다 아이들이 놀러 왔었을 그곳에 풀이 무성하고 커다란 안마당은 폭풍우로 인해 골이 패여 있었다. 굴렁쇠 하나가 물웅덩이 속에 빠져 있었다. 아이들이 꽃과 완두콩을 심었던 작은 뜰에는 큰비로 인해 하얀 조약돌만이 길게 이어져 있었다. 그리고 마지막으로 우리는 비에 젖은 문지방에 몸을 기대어 웅크리고 소나기에 젖어 있는 햇병아리 새끼들을 발견했다. 거의 전부가 어미닭의 주름진 깃털과 뻣뻣해진 날개 아래에서 죽어 있었다.

그 불쌍한 광경을 보고, 젊은 부인은 억눌린 외침을 내질렀다. 그녀는 몸을 구부렸고, 물도 진흙도 걱정하지 않고서 죽은 병아리들 사이에서 살아 있는 병아리들을 추려내고는 외투의 자락 속에 넣었다. 이윽고 우리는 그녀가 가지고 있던 열쇠로 문을 열고 그 집 안으로 들어갔다. 휘파람 소리를 내며 바람이 들이치는 좁은 복도로 네 개의 문이 나 있었다. 이본 드 갈레는 우리 오른쪽에 있는 첫 번째 문을 열었고 나를 어느 어두운 방 안으로 들어가게 했다. 그곳에서 나는 잠시 머뭇거린 후에 시골풍의 붉은색 비단 이불이 덮여 있는 작은 침대 하나와 큰 거울을 알아보았다. 그녀는 잠시 그 집의 나머지 부분을 돌아본 후에 솜털로 가득 찬 바구니에다 병든 병아리 새끼를 담아가지고 돌아와서 그 바구니를 조심스럽게 이불 아래로 집어넣었다. 새벽이나 황혼에 볼 수 있는 희미한 햇빛이 우리의 얼굴을 더욱 창백하게 만들고 황혼을 더 어둡게 만드는 동안, 우리는 바로 그곳, 그 이상한 집에서 추위에 떨고 불안해하며 서 있었다!

이따금 그녀는 열기가 있는 그 둥지 속을 살펴보고 다른 병아리가 죽지 않도록 또다시 죽은 병아리를 빼내었다. 그리고 매번, 다락방의 깨진 유리창을 통해 들어오는 거센 바람 같은, 미지의 아이들의 은밀한 슬픔과 같은 무언가가 조용하게 통탄하는 것 같았다.

"여기가 바로 프란츠가 어렸을 때의 집이에요. 그는 모두로부터 멀리 떨어져서 그가 마음이 내킬 때 가서 놀고 장난치고 살 수 있는 오로지 자기 혼자만의 집을 원했어요. 아버지는 그런 공상을 대단히 특이하고 재미있다고 생각해서 거절하지 않으셨어요. 그리고 목요일이건 일요일이건 언제든 프란츠는 마음만 내키면 마치 어른처럼 그의 집에 살러 가곤 했어요. 근처 농가의 아이들이 와서 그와 함께 놀고, 집안일을 돕고, 정원에서 일을 하기도 했어요. 그건 하나의 멋진 놀이였지요! 그리고 저녁이 와도 그는 혼자서 자는 것을 무서워하지 않았어요. 우리는 오빠의 그러한 모습을 놀라워하며 전혀 불안해하지는 않았어요." 마침내 그녀가 내게 말했다.

"지금, 그리고 오래전부터 이 집은 비어 있어요. 나이가 들고 슬픔에 빠진 아버지는 오빠를 다시 찾으려 하지도, 다시 부르려 하지도 않았어요. 그가 무엇을 할 수 있었겠어요?" 그녀는 한숨을 쉬며 말을 이었다.

"나는 여기에 자주 와요. 근처의 어린 농부들이 옛날처럼 안마당으로 놀러 오지요. 그리고 저는 그들이 프란츠의 옛 친구들이라고 상상하는 것을 즐기곤 하죠. 그 또한 아직 어린아이이고 머지않아 그가 선택한 약혼자와 함께 돌아오리라고.

저 아이들은 나를 잘 알아요. 나는 그들과 함께 놀아요. 이 병아리들도 우리 것이었고……"

그녀는 자신이 전혀 말하지 않았던 이 모든 큰 슬픔과, 너무나 광기 어리고 매력적이고 놀라워할 만한 오빠를 잃어버린 것에 대한 그 큰 회한을 내게 고백하기 위해서 이렇듯 소나기와 어린 시절의 파산이 필요했는지도 모르겠다. 그래서 나는 아무런 대꾸도 하지 않은 채 눈물로 가득 찬 마음으로 그 이야기를 듣고 있었다……

문과 철책을 모두 닫고 병아리들은 집 뒤에 있던 나무로 된 닭장

속에 다시 넣은 다음 그녀는 슬픈 듯이 내 팔을 다시 붙들었고, 나는 그녀를 데려다주었다······

여러 주, 여러 달이 지나갔다. 지나간 시절! 잃어버린 행복! 내 친구가 떠나 있는 동안, 우리 청춘의 신비로운 연인이었고 공주였고 요정이었던 그녀의 슬픔을 달래기 위해 필요한 말을 하고 그녀의 팔을 붙들어 주어야 하는 일을 바로 내가 맡게 되었다. 그 시절에, 생-브누아-데-샹의 언덕에서 수업을 마친 후 저녁마다 나눈 대화에 관해서, 이야기해야하는 유일한 것이라면 단지 그에 관해서 우리가 입을 다물기로 결심한 그 산책에 관해서 이제 와서 내가 무슨 말을 할 수 있겠는가? 그 기억은 벌써 반쯤 지워졌지만 이제는 내면의 세계밖에는 볼 수 없는 것처럼 나를 바라보는 동안 눈꺼풀이 천천히 내려지던 두 눈과 야위었지만 잘생긴 한 얼굴에 대한 기억 외에는 다른 추억을 간직하고 있지 않다.

그리고 나는 봄과 여름 내내, 결코 더 이상 그런 일이 있을 수 없는 것처럼 그녀의 충실한 친구─우리가 그렇게 이야기하지는 않았지만 기다림의 친구─로 남아 있었다. 우리는 여러 번 오후에 프란츠의 집으로 다시 가보곤 했다. 그녀는 바람이 통하도록, 젊은 부부가 돌아왔을 때 곰팡내가 나지 않도록 하기 위해 문들을 열어 놓았다. 그녀는 가축 사육장에 있는 반야생의 가축들을 돌보았다. 그리고 매번 목요일이나 일요일이면 우리는 근처 시골 꼬마들이 놀 수 있도록 해주었고 아무도 없는 그곳에서 들리는 그들의 고함 소리와 웃음소리는 버려진 그 작은 집을 더욱 더 쓸쓸하고 공허하게 보이도록 했다.

제11장

빗속의 대화

방학 때인 8월, 나는 사블로니에르 영지와 그 젊은 부인을 떠나 있었다. 나는 내 두 달 간의 휴가를 생트아가트에서 보내러 가야 했다. 나는 말라 있는 커다란 운동장과 체육실, 빈 교실을 다시 보았다…… 모든 것이 대장 몬느에 대해 말하고 있었다. 모든 것이 이제는 끝나 버린 우리의 청춘에 대한 추억들로 가득 차 있었다. 노랗게 물든 기나긴 대낮 동안 나는 예전 몬느가 오기 전처럼 문서관이나 아무도 없는 교실에 틀어박혀 있었다. 나는 책을 읽고, 글을 쓰고, 추억하곤 했다…… 아버지는 멀리 낚시를 나가셨다. 어머니 밀리는 옛날처럼 거실에서 바느질을 하거나 피아노를 연주했다…… 그리고 교실의 완전한 고요함 속에서 초록색 종이로 만든 찢어진 왕관들, 값비싼 책표지들, 닦여진 칠판, 이 모든 것이 그 학기가 끝났고 상장도 수여되었으며, 모두가 가을을 향해, 10월의 새 학기와 새로운 노력을 기다리고 있음을 말해주고 있었다. 나는 이처럼 우리들의 청춘도 끝났고 행복도 놓쳐 버렸다고 생각했다. 그러면서 나는 또한 사블로니에르 영지로 다시 돌아갈 것을, 아마도 결코 돌아오지 않을 오귀스탱의 귀환을 기다리고 있었다……

그런데 밀리가 내게 그 신혼부부에 대해 물어보았을 때, 나는 그녀에게 알려줄 행복한 소식을 하나 가지고 있었다. 나는 가장 비밀스런 생각을 알아맞혀서 상대방을 갑작스럽게 곤란에 빠뜨리는 어머니의 질문들과 매우 단순하면서도 꾀바른 질문 방식을 두려워하곤 했다. 나는 내 친구 몬느의 젊은 부인이 10월에 어머니가 될 거라고 알리면서 모든 말을 중단시켜 버렸다.

나는 마음속으로 이본 드 갈레가 그 대단한 소식을 내게 알려주었던 그날을 떠올렸다. 잠깐의 침묵이 흘렀다. 나로서는 젊은 남자가 가질 수 있는 약간의 당황스러움을 가질 수밖에 없었다. 그리고 나는 곧 지각없이 그 침묵을 해소하기 위해서 이렇게 말했고, 내가 그럼으로써 그 모든 비극을 건드렸다는 사실을 너무 늦게야 깨달았다.

"당신은 아주 행복할 거예요, 그렇죠?"

그러나 그녀는 어떤 주저함이 없이, 후회도, 회한도, 원한도 없이 행복하고 아름다운 미소를 지으며 대답했었다.

"네, 아주 행복해요."

대개는 가장 아름답고 낭만적이어야 하지만, 폭우가 쏟아지고 사람들이 불을 지피기 시작한 그 방학의 마지막 1주일 동안, 그리고 여느 때 같았으면 내가 비외-낭세의 축축하고 어두운 전나무 숲에서 사냥을 하며 보냈을 그 일주일 동안, 나는 곧바로 생-브누아-데-샹으로 돌아가기 위한 채비를 하고 있었다. 피르맹과 쥘리 숙모, 비외-낭세의 내 사촌 누이들은 대답하고 싶지 않은 질문들을 내게 너무 많이 했다. 나는 이번에는 8일 동안 시골 사냥꾼으로 황홀하게 살기를 단념했고 신학기 시작 나흘 전에 학교 사택으로 돌아왔다.

나는 어두워지기 전에 벌써 노란 나뭇잎으로 뒤덮인 운동장에 이르렀다. 마부는 떠났고 나는 소리가 잘 울리고 '사방이 막혀있는' 식당에서 처량하게 어머니가 만들어 준 식료품 꾸러미를 풀었다…… 마지못해 가볍게 식사를 한 후, 초조하고 걱정이 된 나는 짧은 외투를 입고서 사블로니에르 영지 주변으로 곧장 이어지는 열띤 산책을 시작했다.

나는 도착한 첫날 저녁부터 불청객이 되고 싶지는 않았었다. 그렇지만 나는 젊은 부인의 방 창문에만 유일하게 불이 켜져 있는 영지의 주위를 돌아본 후, 2월보다 더 대담하게 집 뒤편 정원의 울타리를 뛰어넘었고, 바로 거기, 세상에서 나를 가장 열광시켰고 나를 가장 불안하게 했던 그 사람의 바로 곁에 있다는 것만으로도 행복해하며 어둠이 깔리기 시작하는 가운데, 벤치에 앉아 울타리에 기대고 있었다.

밤이 되었다. 이슬비가 내리기 시작했다. 나는 고개를 숙인 채 아무 생각도 없이, 점점 젖어 물로 반짝거리는 내 구두를 바라보고 있었다. 어둠이 서서히 나를 에워쌌고 서늘함이 내 몽상을 방해하지 않으며 내게 다가왔다. 감정이 복받쳐 올라 슬픔에 잠겨, 나는 9월말 같은 날 저녁, 생트-아가트의 진흙길을 떠올렸다. 나는 안개로 가득한 광장, 펌프장으로 가면서 휘파람을 불던 그 정육점 소년, 환하게 빛나던 카페, 방학이 끝나기 전, 플로랑탱 삼촌 집에 있을 때 도착한 차양을 걷은 마차의 즐거운 승객들을 생각했다…… 그리고 나는 슬프게 혼잣말을 했다. '내 친구 몬느도 그의 부인도 그곳에 있을 수 없는데 이 모든 행복이 무슨 소용이야……'

바로 그때, 나는 고개를 들고 내 바로 앞에 와 있는 그녀를 보았다. 그녀의 신발은 모래 속에서 내가 울타리에서 나는 물방울 소리로 혼동할 만큼 희미한 소리를 냈던 것이었다. 그녀는 머리와 어깨 위로 커다란 검은색 모직 숄을 쓰고 있었고 이슬비가 그녀의 이마 위 머리 카락을 하얗게 만들었다. 아마도 그녀는 방에서 정원 쪽으로 나 있는 창문을 통해서 나를 알아보았을 것이다. 그리고 그녀는 내게로 왔던 것이다. 옛날에 어머니가 걱정하며 나를 찾고는 내게 이렇게 말했었 다. "돌아가야지", 그러나 밤에 비를 맞으며 하는 이러한 산책을 좋아 하게 된 그녀는 단지 부드럽게 말했다. "감기 들겠어요!" 그리고 나와 함께 오래 이야기를 하며 머물러 있었다……

이본 드 갈레는 몹시 뜨거운 한 손을 내게 내밀었다. 그리고 나를 사블로니에르 영지로 들여보내는 것을 단념한 그녀는 녹청으로 뒤덮 인 이끼 낀 벤치의 가장 덜 젖은 부분에 앉았다. 반면 나는 같은 벤 치에 한쪽 무릎으로 기대어 서서 그녀의 이야기를 듣기 위해 그녀 쪽 으로 몸을 기울였다.

그녀는 우선 내가 그렇게 휴가 기간을 줄인 것에 대해 우정 어 린 질책을 했다.

"당신 곁에 머물기 위해서 훨씬 일찍 왔어야만 했어요." 내가 대 답했다.

"맞아요, 나는 여전히 혼자예요. 오귀스탱은 돌아오지 않았어 요……" 그녀는 한숨을 쉬며 거의 매우 낮게 말했다.

이 한숨을 후회와 억압된 비난으로 이해한 나는 천천히 말하기 시작했다.

"그토록 고결한 머릿속에 그렇게나 많은 광기가 있는지. 아마 모험에 대한 애착이 모든 것보다 더 강했을지도……"

그러나 그 젊은 부인이 내 말을 가로막았다. 그리고 바로 그날 저녁, 그곳에서 처음이자 마지막으로 그녀가 내게 몬느에 관한 이야기를 했다.

"나의 친구 프랑수아 쇠렐, 그렇게 말하지 말아요." 그녀는 부드럽게 말했다.

"우리뿐…… 비난받아 마땅한 건 나뿐이라고요. 우리가 한 짓을 생각해 봐요……

우리는 그에게 말했어요. '여기에 행복이 있어. 네가 젊은 시절에 내내 찾았던 것이 바로 여기 있어. 마침내 네 꿈의 전부였던 그 처녀가 바로 여기 있다고!'

우리가 그렇게 어깨로 밀쳐낸 그 사람이 어떻게 망설임과 두려움, 뒤이어 공포에 사로잡히지 않을 수 있겠어요, 어떻게 달아나고 싶은 유혹에 굴하지 않을 수 있었겠냐고요!"

"이본, 당신도 자신이 바로 그 행복이고, 바로 그 처녀라는 걸 잘 알잖아요." 내가 아주 낮은 소리로 말했다.

"아! 어떻게 제가 잠깐 그런 오만한 생각을 가질 수 있었을까요? 바로 그 생각이 모든 것의 원인이 되었어요." 그녀가 탄식하며 말했다.

"저는 당신에게 말했었어요. '아마도 저는 그를 위해 아무것도 할 수 없을 거예요'라고. 그러고는 마음속으로 저는 이렇게 생각했어요. '그가 그토록 나를 찾았고 나도 그를 사랑하기 때문에 내가 그를 행복하게 해주어야 해'라고. 하지만 제가 곁에서 온통 욕망과 근심과 알 수 없는 후회로 가득 찬 그를 보았을 때, 저는 제가 다른 여자들처럼 한 불쌍한 부인일 뿐이라는 사실을 깨달았어요.……

　'나는 당신에게 어울리지 않아', 그는 결혼식 날 밤이 지나 동틀 무렵까지 계속해서 말했어요.

　그리고 저는 그를 달래고 안심시키려고 했어요. 그렇지만 전혀 그의 불안을 가라앉히지 못했어요. 그래서 저는 이렇게 말했어요. '만약 당신이 떠나야 한다면, 만약 내가 당신을 전혀 행복하게 해줄 수 없는 순간에 당신에게 온 것이라면, 만약 당신이 다음에 마음이 가라앉아 내 곁으로 돌아오기 위해 잠시 나를 떠나야만 한다면, 전 당신에게 떠나라고 하겠어요.……'

　어둠 속에서 나는 그녀가 나를 향해 눈을 들고 있는 것을 보았다. 그녀가 내게 했던 것은 마치 일종의 고해성사 같았고, 그녀는 내가 그녀를 칭찬할지 아니면 비난할지를 걱정스럽게 기다리고 있었다. 그러나 내가 무슨 말을 할 수 있겠는가? 물론, 나는 마음속으로는 자신에게 확실한 허락을 요구하거나 변명을 하기보다는 오히려 항상 벌을 받았던 어긋나고 거칠었던 예전의 대장 몬느를 떠올렸다. 물론 그때 반드시 이본 드 갈레는 그에게 강요해야 했고, 두 손으로 그의 머리를 붙잡으며 이렇게 말했어야 했다. "당신이 무슨 일을 했든 상관없어요. 저는 당신을 사랑해요. 모든 사람이 죄인이 아니던가요?" 당연히 그녀가 관용과 희생정신으로 그를 그렇게 모험의 길로 내보낸 것은 엄청난 잘못이었다…… 그렇지만 어떻게 내가 그런 착함과 그런 사랑을 비난할 수 있단 말인가!……

　긴 침묵이 흘렀고 그동안 마음속까지 혼란스러워진 우리들은 울타리와 나뭇가지에 차가운 빗방울이 흘러 떨어지는 소리를 들었다.

"그래서 그는 그날 아침에 떠났어요. 그렇지만 이제 더 이상 아무 것도 우리를 갈라놓지 않을 거예요. 그러고서 그는 긴 여행을 떠나기 전, 젊은 아내와 헤어지는 남편처럼 단지 저를 안아주었죠……" 그녀가 뒤이어 이야기했다.

그녀는 일어섰다. 나는 내 손으로 열이 나는 그녀의 손과 팔을 잡고서 우리는 깊은 어둠 속에서 길을 다시 올라갔다.

"그렇지만 그는 당신에게 한 번도 편지를 쓰지 않았죠?" 내가 물었다.

"네, 한 번도요." 그녀가 대답했다.

그때 그 시간에 프랑스나 독일의 길 위에서 하고 있을 그의 모험 생활에 대한 생각이 우리 둘 다에게 떠올라, 우리는 그동안 한 번도 하지 않았던 그에 관한 이야기를 하기 시작했다. 세세한 것들은 잊어버렸지만 과거에 느꼈던 인상들이 우리의 기억 속에 되살아났다. 그동안 우리는 우리의 추억들을 더 잘 나누기 위해 길게 쉬어 걸으며 천천히 집으로 되돌아왔다……오랜 시간 동안 정원의 울타리 뒤에 이르기까지, 어둠 속에서 나는 그 젊은 부인의 섬세하고 낮은 목소리를 듣고 있었다. 그리고 나는 내 지난날의 열정에 다시 사로잡혀, 깊은 우정을 가지고서 그녀에게 우리를 버린 그 친구에 관해 지치지 않고 이야기했다……

제12장
집

수업은 월요일에 다시 시작될 것이었다. 토요일 저녁 5시경, 내가 열심히 겨울에 쓸 나무를 학교 운동장 안에서 자르고 있었는데, 영지의 한 부인이 들어왔다. 그녀는 나에게 사블로니에르 영지에서 딸이 태어났다는 사실을 알리러 왔다. 난산이었다. 저녁 9시에 프레베랑주의 산파를 불러와야 했다. 자정에 사람들은 비에르종으로 의사를 데리러 가기 위해 또다시 말을 수레에 맸다. 의사는 겸자를 사용해야 했다. 그 딸은 머리에 상처를 입었고 많이 울었지만 충분히 건강해 보였다. 이본 드 갈레는 지금은 무척 쇠약해져 있지만 아주 꿋꿋하게 견뎌내고 있었다.

나는 그곳에 하던 일을 놓아두고 급히 다른 외투를 입었다. 그리고 나는 너무나 이 소식에 기뻐하며 사블로니에르 영지까지 그 부인과 함께 갔다. 아픈 두 사람 중 누군가가 잠든 건 아닐까 걱정하며 조심스럽게 나는 2층으로 이어진 좁은 나무 계단을 올라갔다. 그리고 바로 그곳에서 피곤하지만 행복한 얼굴을 한 갈레 씨가 임시로 만들어 놓은 커튼으로 둘러싸인 요람이 있는 방으로 나를 안내했다.

나는 어느 아이가 태어나도 바로 그날 그 집에 들어가 본 적이 없었다. 그 일이 내겐 얼마나 이상하고 신기하고 좋아보였던지! 너무도 좋은 날씨의 저녁이었고—진정한 여름 저녁이었다—갈레 씨는 거리 낌 없이 안마당이 훤히 보이는 창문을 열었다. 내 곁에서 십자형 유리 창문턱에 팔꿈치를 괸 채로 그는 기진맥진해 있으면서도 행복하고 극적이었던 그 밤에 대해 나에게 이야기해 주었다. 그리고 그 이야기를 듣고 있던 나는 문득 낯선 누군가가 지금 우리와 함께 그 방안에 있다는 것을 어렴풋이 느꼈다……

커튼 속에서 바로 그 사람이 날카롭고 긴 소리를 내며 울기 시작했다…… 그러자 갈레 씨는 나에게 작은 소리로 이렇게 말했다.

"바로 머리에 난 상처 때문에 저 아이가 우는 겁니다."

기계적으로—아침부터 그렇게 했기 때문에 그는 이미 그것에 습관을 붙인 것 같았다—그는 커튼에 둘러싸인 그 작은 아이를 흔들어 달래기 시작했다.

"아이가 벌써 웃었고 손가락도 잡는답니다. 그런데 당신은 그 아이를 보지 못했죠?" 그가 말했다.

그는 커튼을 열었고 나는 부어오른 붉고 작은 얼굴과 겸자를 써서 일그러지고 길쭉한 작은 머리를 보았다.

"괜찮아요, 의사가 이 모든 것이 저절로 가다듬어질 거라고 말했어요…… 아이에게 당신의 손가락을 줘 보세요. 그럼 그걸 꽉 쥘 거예요." 갈레 씨가 말했다.

나는 바로 여기가 알려지지 않은 세계처럼 보였다. 나는 예전에 알지 못했던 낯선 기쁨으로 가슴이 부풀어 오르는 것을 느꼈다.

갈레 씨가 조심스레 젊은 부인의 방문을 반쯤 열었다. 그녀는 자고 있지 않았다.

"들어가도 돼요." 그가 말했다.

그녀는 헝클어진 금발 사이로 흥분된 얼굴을 하고 누워 있었다. 그녀는 지친 표정으로 미소를 지으며 내게 손을 내밀었다. 나는 그녀에게 딸에 대해 칭찬을 했다. 평소와는 다르게 흡사 싸우고 온 사람처럼 거칠고 약간 쉰 목소리로 그녀가 웃으면서 말했다.

"그래요, 그렇지만 그 아이에게 상처를 입혔어요."

그녀를 피곤하게 하지 않기 위해서 곧 떠나야만 했다.

다음 날 일요일 오후, 나는 기뻐하며 서둘러 사블로니에르 영지로 갔다. 문에, 핀으로 고정된 종이 한 장이 내가 이미 그렇게 하려던 그 동작을 멈추게 했다. '벨을 누르지 말아 주시기 바랍니다'.

나는 도대체 무슨 일인지 짐작하지 못했다. 나는 매우 세게 노크를 했다. 나는 안에서 조심조심 급히 오는 발걸음 소리를 들었다. 내가 모르는 누군가가 내게 문을 열어주었다. 그는 비에르종의 의사였다.

"저기, 무슨 일이 있나요?" 내가 급히 물었다.

"쉿! 쉿! 딸아이가 어젯밤 죽을 뻔했어요. 그리고 아이 어머니도 상태가 아주 안 좋아요." 애석한 표정을 한 그가 아주 낮은 목소리로 내게 대답했다.

완전히 당황한 나는 까치발을 하고서 2층까지 그를 따라갔다. 요람 속에 잠들어 있는 그 딸아이는 마치 죽은 아기처럼 너무도 창백하고 하얗게 질려 있었다. 의사는 그 아이를 구할 거라고 생각했다. 그러나 아이의 어머니에 관해서는 그는 어떠한 확언도 하지 못했다······ 그는 나에게 마치 그 집안의 유일한 친구에게 하는 것처럼 긴 설명을 해주었다. 그는 폐충혈과 폐혈전에 대해 이야기했다. 그는 주저했고 확신하지 못했다…… 이틀 만에 끔찍하게 늙어버린 갈레 씨가 얼이 빠져 떨면서 들어왔다.

그는 자신이 무얼 하는지도 잘 모르고 나를 방으로 데리고 갔다.

"그녀가 겁먹지 않도록 해야 해요. 의사가 지시했듯이 그녀에게 잘될 거라고 납득시켜야 해요." 그가 나에게 아주 낮은 소리로 이야기했다.

얼굴에 온통 피가 몰린 이본 드 갈레는 전날 저녁처럼 고개를 뒤로 젖히고 누워 있었다. 볼과 이마는 검붉었고, 이따금 두 눈이 질식한 사람처럼 뒤집히던 그녀는 말할 수 없는 용기와 온화함을 가지고 죽음과 맞서 싸우고 있었다.

그녀는 말을 할 수는 없었지만 내게 우정 어린 마음으로 자신의 열나는 손을 내밀었고, 나는 자칫 오열을 터뜨릴 뻔했다.

"좋아! 좋아! 보시다시피 환자치고 그다지 그녀의 안색이 나쁘지는 않지요!" 갈레 씨는 정신 나간 사람처럼 몹시 쾌활하게 매우 큰소리로 말했다.

그리고 나는 무슨 대답을 해야 할지 몰랐지만 죽어가는 그 젊은 부인의 지독하게 뜨거운 손을 내 손 안에 꼭 쥐고 있었다……

그녀는 나에게 무언가를 말하려 노력했고 알아듣지 못할 무언가를 묻고자 했다. 그녀는 내게 마치 누군가를 찾으러 밖으로 나가라는 신호를 하기 위해서인 듯 내 쪽으로 눈을 돌렸다가 뒤이어 창문 쪽으로 시선을 돌렸다…… 그런데 그때, 끔찍한 발작이 그녀를 사로잡았다. 그토록 비참하게 나를 부르던 그녀의 아름답고 푸른 두 눈이 잠간 뒤집혔다. 그리고 볼과 이마가 검어지더니 그녀는 마지막까지 공포와 절망을 참아내려고 애쓰면서 가만히 몸부림쳤다. 의사와 부인들이 산소 탱크와 수건과 병을 가지고 달려들어 왔다. 그동안 그녀 쪽으로 몸을 기울이고 있던 그 늙은이가 마치 이미 그녀가 자기에게서 멀어져 있는 것처럼 거칠고 떨리는 목소리로 소리쳤다.

"무서워하지 마라, 이본. 별일 아닐 거야. 무서워할 필요 없어!"

이윽고 발작이 가라앉았다. 그녀는 조금 숨을 내쉴 수 있었지만 계속해서 반쯤 숨이 막혀 흰자위가 보이고 고개는 젖혀진 상태로, 여전히 잠깐이라도 나를 보고 나에게 말하기 위해서 이미 깊이 빠져 있던 심연으로부터 벗어나려고 애썼지만 그것은 불가능했다.

…… 그리고 나는 아무런 도움이 되지 못했기 때문에 떠나기로 마음먹어야 했다. 아마도 나는 잠시라도 더 남아 있을 수 있었을 것이다. 그래서 그 생각을 하면 나는 끔찍한 후회로 가슴이 조여 오는 것을 느낀다. 그러나 그게 무슨 소용이 있단 말인가? 나는 여전히 희망을 가지고 있었다. 나는 결말이 그토록 가까이 닥쳐오지는 않을 거라 믿고 있었다.

창 쪽으로 돌리던 그 젊은 부인의 시선을 생각하며 집 뒤쪽 전나무 숲의 가장자리에 도착한 나는 옛날에 몬느가 지나왔던 곳이자 지난겨울에 달아났던 곳이기도 한 이 숲의 깊숙한 곳을 사냥꾼이나 보초들처럼 주의 깊게 살펴보았다. 이런! 아무것도 움직이지 않았다. 수상적은 그림자 하나 없었다. 움직이는 나뭇가지 하나도 없었다. 그런데 마침내, 저기, 프레베랑주에서 뻗어 있는 작은 길 쪽에서 나는 매우 가느다란 작은 종소리를 들었다. 그러나 곧 신부와 그를 뒤따르는 붉은 모자를 쓰고 학생 블라우스를 입은 한 소년이 오솔길 모퉁이에 나타났다…… 그리고 나는 눈물을 삼키며 떠났다.

그다음 날은 개학날이었다. 7시에 이미 두세 명의 어린 아이들이 운동장에 와 있었다. 나는 내려가서 내 모습을 보일지 말지를 오랫동안 망설였다. 그리고 마침내 내가 나타나, 두 달 전부터 잠겨 있던 곰팡내 나는 교실의 열쇠를 돌릴 때, 내가 세상에서 가장 두려워했던 일이 일어났다. 나는 가장 키가 큰 학생이 체육실 밑에서 놀고 있던 아이들 무리에서 빠져나와 나에게 다가오는 것을 보았다. 그는 내게 와서 "사블로니에르 영지의 젊은 부인이 어제 해질 무렵에 돌아가셨어요."라고 말했다.

　나에게서 모든 것이 뒤섞였고, 모든 것이 고통 속에 뒤섞였다. 이제 나는 더 이상 수업을 다시 시작할 용기가 결코 없는 듯했다. 학교의 메마른 운동장을 지나가는 것만으로도 내게는 무릎이 부서질 것 같은 피곤이 느껴졌다. 그녀가 죽었기 때문에 모든 것이 비통했고 모든 것이 쓰라렸다. 온 세상이 공허하고 휴일은 끝났다. 마차를 탄 채 길을 헤매던 긴 여정도 끝났다. 그 신비로운 축제도 끝났다…… 모든 것은 다시 고통이 되었다.

　나는 아이들에게 오늘 아침에는 수업이 없을 거라고 말했다. 아이들은 삼삼오오 짝을 지어 그 소식을 다른 아이들에게 전하러 들판을 가로질러 갔다. 나는 검은색 모자를 쓰고 내가 가지고 있던, 가장자리에 수를 놓은 재킷을 입고 비참하게 사블로니에르 영지를 향해 갔다……

…… 나는 바로 지금 여기, 우리가 3년 전에 그토록 찾았던 그 집 앞에 있다! 바로 이 집에서 오귀스탱 몬느의 부인 이본 드 갈레가 어젯밤 죽었다. 낯선 누군가가 그녀를 성당으로 옮길 것이었고 그 외딴 장소에는 어제 이후 침묵이 흐르고 있었다.

바로 이것이 개학날의 아름다운 아침, 나뭇가지들 아래로 미끄러지듯 스며드는 가을의 믿을 수 없는 태양이 우리에게 예정해 두었던 것이었다. 내가 얼마나 그 끔찍한 분노와 숨이 막힐 정도로 흘러나오는 눈물과 싸워야 했던지! 우리는 그 아름다운 처녀를 되찾았다. 우리는 그 여자의 마음을 사로잡았었다. 그녀는 내 친구의 부인이었고, 나는 한 번도 말하지 않았던 그 깊고 은밀한 사랑으로 그녀를 사랑했었다. 나는 그녀를 쳐다보고 어린아이처럼 기뻐했었다. 언젠가 아마 나는 다른 처녀와 결혼할 것이고, 바로 그녀에게 처음으로 나는 그 큰 비밀을 고백했을 것이다……

문의 한구석에 있는 초인종 옆에는 어제의 알림판이 그대로 남겨져 있었다. 사람들은 이미 관을 아래층 현관에 옮겨 놓았다. 2층 방에서는 그 아기의 유모가 나를 반기고 임종에 대해 이야기해 주었으며 문을 살며시 열어주었다…… 그녀가 바로 그곳에 있었다. 더 이상 열기도 투쟁도 없었다. 얼굴의 홍조도 기다림도 없었다…… 오로지 침묵만이, 그리고 솜으로 둘러싸인 창백하고 마비된 굳은 얼굴과 숱이 많고 뻣뻣한 머리칼이 나와 있는 생기 없는 이마만이 보일 뿐이었다.

한쪽 구석에 웅크리고 앉아 우리에게서 등을 돌리고 있는 갈레 씨는 신발을 신지 않고 양말만 신고 있었고 옷장에서 끌어낸 뒤죽박죽인 서랍들을 심할 정도로 집요하게 뒤지고 있었다. 그는 때때로 폭소를 터뜨릴 때처럼 어깨를 들썩이고 오열하는 소리를 내지르며 거기에서 이미 노랗게 바랜 딸의 옛 사진을 꺼냈다.

장례식은 정오로 예정되어 있었다. 의사는 가끔 혈전증에 뒤따르곤 하는 시신의 빠른 부패를 염려했다. 그래서 몸의 다른 곳 모두를 그리했듯이 얼굴도 페놀에 젖은 솜으로 둘러싸여 있었다.

옷 입히기가 끝났다. 사람들은 그녀에게 곳곳에 은으로 만든 작은 별들이 박힌 짙은 푸른색의 아름다운 벨벳 드레스를 입혔다. 그러나 지금은 유행이 지난 어깨가 부푼 아름다운 그 소매는 주름을 잡고 잘 다렸어야 했다. 관을 들어 올린 순간 사람들은 너무 좁은 복도에서 돌아 나올 수 없다는 것을 알았다. 줄을 가지고 창문을 통해 밖으로 관을 끌어올리고 그다음에는 같은 방법으로 그것을 내려야 했다…… 그렇지만 낡은 물건들에 여전히 몸을 기울인 채 어떤 잃어버린 추억을 찾고 있던 갈레 씨가 그때 매우 격렬하게 끼어들었다.

"차라리, 차라리 그런 끔찍한 일을 하도록 내버려두느니, 내가 직접 그 아이를 내 팔에 안고 내려가겠소……" 그는 눈물과 분노로 인해 억눌려진 목소리로 말했다.

그는 가는 도중에 기절해 시신과 함께 구를 위험을 무릅쓰고 그렇게 하려는 것이었다!

그렇지만 그때 내가 나서서 가능한 해결책을 결정했다. 한 부인과 의사의 도움으로 누워 있는 시신의 등 밑으로 한 팔을 집어넣고 다른 팔은 다리 밑으로 집어넣은 채 내 가슴에 기대어 그녀를 안았다. 내 왼팔 쪽으로 눕고 오른팔에 어깨를 대고 내 턱밑으로 뒤집혀 축 늘어진 머리를 한 그녀는 내 가슴을 무섭게 짓눌렀다. 나는 천천히 한 걸음 한 걸음 길고 가파른 계단을 내려왔고, 그동안 아래층에서 사람들은 모든 준비를 하고 있었다.

　나는 금세 지쳐 두 팔이 떨어질 것 같았다. 가슴을 짓누르는 그 무게로 걸음을 옮길 때마다 나는 숨이 가빴다. 무겁고 생명이 없는 시신을 움켜잡은 나는 내가 옮기고 있는 그녀의 머리 위로 고개를 숙였다. 내가 크게 숨을 들이마시자 빨아들여진 그녀의 금발이 내 입 속으로 들어왔다. 흙냄새가 나는 죽은 자의 머리카락이었다. 그 흙냄새, 죽은 자의 냄새, 가슴 위의 무게, 바로 이 모든 것이 굉장한 모험과 그토록 찾고 사랑했던 젊은 부인, 이본 드 갈레 당신으로부터 내게 남아있었다……

제13장

숙제공책

부인들이 하루 종일 아픈 어린아이를 흔들어 재우고 달래는 그 슬픈 추억들로 가득 찬 집에서, 늙은 갈레 씨가 머지않아 자리에 몸져누웠다. 그해 겨울 첫 맹렬한 추위가 있던 무렵, 그는 평온하게 세상을 떠났고 나는 그 매력적인 노인의 머리맡에서 눈물을 쏟지 않을 수 없었다. 바로 그 노인의 관대한 사고와 아들의 환상과 어우러지는 그의 환상이 우리의 모든 모험의 원인이 되었다. 그는 과거에 일어났던 모든 일을 완전히 이해하지 못한 채 그리고 거의 절대적인 침묵 속에서 운 좋게 죽었다. 오래전부터 프랑스의 그 지방에 친척도 친구도 없었기 때문에, 그는 유서를 통해 나를 몬느가 돌아올 때까지 포괄 유증 수혜자로 지정했다. 그래서 만약 그가 언젠가 돌아오게 되면 나는 그에게 모든 계산을 해줘야 할 것이다…… 그 후로 나는 바로 사블로니에르 영지에서 살게 되었다. 나는 수업을 하러 갈 때만 제외하고는 생-브누아에 가지 않았다. 아침 일찍 떠나 정오에는 영지에서 준비해간 식사를 난로에 데워 먹고, 저녁에는 자습시간이 끝나자마자 곧장 돌아오곤 했다. 그래서 나는 농가의 하녀들이 돌보아 주었던 그 아이를 내 곁에서 돌볼 수 있게 되었다. 그리고 특히 만약 어느 날 오귀스탱 몬느가 사블로니에르 영지로 돌아올 때를 대비해 나는 그를 만날 기회를 늘려 둘 수 있었다.

한편 나는 그 집의 가구들과 서랍들 속에서 지난 몇 년의 긴 침묵의 시간 동안 그가 어떻게 시간을 보냈는지를 내게 알려주고, 그리고 어쩌면 그가 도망친 이유나 적어도 그의 흔적을 다시 찾을 수 있게 해줄지도 모르는 어떤 단서가 될 만한 문서를 마침내 찾아내리라는 희망을 버리지 않았다…… 이미 나는 얼마나 헛되이 벽장과 옷장을 뒤지고 다락방에서 온갖 모양의 많은 옛날 종이상자들을 열어보았는지 모른다. 그 상자들은 오래된 편지 묶음들과 갈레씨 가족의 빛바랜 사진들로 가득 차 있기도 했고, 조화와 펜대, 깃털 묶음 장식들과 구닥다리 박제 새들로 가득 차 있기도 했다. 그 상자들에서는 무엇인지 모를 열은 냄새와 약한 향수 냄새가 새어나왔고 그것은 갑작스레 나에게서 바로 그날 추억들과 회한들을 되살아나게 해 찾던 일을 중단하게 만들었다……

마침내 어느 휴일, 나는 다락방에서 반쯤 좀이 슬어 있던 돼지 털 가죽을 입힌 길쭉하고 높이가 납작한 낡고 작은 가방 하나를 찾아냈다. 나는 그것이 오귀스탱 몬느의 학교 가방이라는 것을 알아차렸다. 나는 그곳을 한 번도 찾아보지 않았던 것이 후회스러웠다. 나는 녹슨 자물쇠를 쉽게 비틀어 열었다. 그 가방은 생트-아가트에서 썼던 공책과 책들로 가장자리까지 가득 차 있었다. 수학책들, 문학책들, 문제풀이 공책, 이게 뭐였더라? …… 호기심에서라기보다는 오히려 감동에 젖은 채, 나는 정말 여러 번 받아써서 아직도 외우고 있는 정도인 받아쓰기 문제들을 다시 읽으면서 그 모든 것을 뒤지기 시작했다! 루소의 《라드튀크》, 쿠리에의 《칼라브르에서의 모험》, 《아들에게 보낸 조르주 상드의 편지》……

　또한 '숙제공책'이 한 권 있었다. 나는 그것을 보고 놀랐다. 왜
냐하면 그 공책들은 수업시간에만 쓰는 것이었고, 학생들은 그것을
절대 밖으로 가지고 나오면 안 되었기 때문이었다. 그것은 가장자리
가 완전히 바래 버린 초록색 공책이었다. 학생 이름인 '오귀스탱 몬느'
가 표지 위로 멋지고 둥글게 쓰여 있었다. 나는 그 공책을 펴보았다.
189X년 4월이라고 쓰여 있는 숙제 날짜를 보고서 나는 몬느가 생트-
아가트를 떠나기 바로 며칠 전에 그것을 쓰기 시작했다는 것을 알 수
있었다. 처음 몇 페이지는 누군가 이 작문 공책에 공부를 했을 때 관
례적으로 그리했듯 세심한 정성을 들여서 쓰여 있었다. 그렇지만 글
씨가 쓰여진 페이지는 세 장을 넘지 않았고 나머지는 백지로 있었다.
그래서 몬느가 그것을 가져갔었나 보았다.

　바닥에 무릎을 꿇고 앉아 우리의 청년기에서 그토록 큰 비중을
차지했던 그 유치한 규칙들과 관례들에 대해 떠올리며 나는 엄지손
가락으로 쓰지 않은 공책 페이지들의 가장자리를 넘겼다. 그러다가
나는 다른 페이지에 글씨가 씌어 있는 것을 발견했다. 네 페이지를 백
지로 남겨두고 다시 쓰기 시작했던 것이다.

　역시나 몬느의 필체였지만 빨리 써서 엉망인 문장이었고 겨우
읽을 수 있는 정도였다. 간격이 일정치 않은 작은 문단들이 여백들로
나뉘어져 있었다. 때때로 미완성인 문장도 있었다. 때로는 날짜만 있
었다. 첫 줄을 읽자마자, 나는 거기에 몬느가 파리에서 보낸 지난 시
절에 대한 정보와 내가 찾고 있는 그의 발자취에 대한 단서들이 있을
수도 있겠다고 판단했다. 그래서 나는 햇빛을 받으며 여유롭게 그 낯

선 기록을 읽어보려고 식당으로 내려왔다. 맑고 기복이 심한 겨울날이었다. 어떤 때는 강렬한 태양이 창문의 하얀 커튼 위로 창유리 십자가들을 그리기도 했고, 때로 갑작스런 바람이 유리창에 차가운 폭우를 흩뿌리기도 했다. 그리고 바로 그 창문 앞 난로 곁에서 나는 내게 너무도 많은 것을 설명해 주었던 그 글을 읽었고, 바로 그 매우 정확한 복사본이 여기에 있다……

제14장
비밀1

나는 다시 한 번 그 창문 아래로 지나갔다. 그 유리창은 여전히 먼지가 덮여 있었고, 창 뒤로 드리워진 이중 커튼으로 인해 하얗게 보였다. 이본 드 갈레가 결혼을 했다니 그녀가 그 창문을 연다하더라도 나는 그녀에게 아무 말도 할 수 없을 것이다…… 이제 무얼 해야 하지? 어떻게 살아야 하나?

2월 13일, 토요일─나는 강가에서 지난 6월에 나처럼 닫힌 그 집 앞에서 나를 기다리고 있다가 정보를 알려주었던 그 처녀를 만났다…… 나는 그녀에게 말을 걸었다. 그녀가 걷는 동안, 나는 옆에서 그녀의 얼굴에 난 경미한 상처를 보았다. 입술 가장자리에 있는 잔주름, 약간 꺼진 두 볼, 콧날에 뭉친 분. 그녀는 갑자기 고개를 돌리더니 아마도 옆얼굴보다는 정면 얼굴이 더 아름다웠기 때문인지 나를 정면으로 똑바로 쳐다보며 무뚝뚝한 목소리로 내게 말했다. "당신은 내 마음을 아주 사로잡는군요. 당신은 예전에 부르주에서 내 마음을 사려고 애쓰던 한 청년을 생각나게 해요. 그는 바로 내 약혼자였어요……"

그런데 밤늦은 시간, 가스 가로등 불빛에 반사된 축축하고 인기척 없는 거리에서 그녀가 갑자기 내게 다가와 오늘 저녁 자기 언니와 함께 극장에 데리고 가 달라고 청했다. 나는 처음으로 그녀가 상복을 입고, 자신의 젊은 얼굴에 비해 너무 늙은이 같은 여성 모자를 쓰고 있으며, 지팡이와 비슷한 가늘고 긴 우산을 쓰고 있다는 것을 알아차렸다. 그리고 내가 그녀와 너무 가까이에 있었기 때문에 조금만 움직여도 내 손톱이 그녀의 블라우스의 상장을 긁었다…… 나는 좀처럼 그녀가 요구한 것을 허락하지 않았다. 화가 난 그녀는 곧바로 떠나려 했다. 그리고 이제 그녀를 붙들고 사정해야 할 사람은 바로 나였다. 그때 어둠 속에서 지나가던 한 노동자가 낮은 목소리로 장난삼아 말했다.

"아가씨, 가지 말아요, 그가 당신에게 나쁜 짓을 할 거예요!"

그리고 우리는 둘 다 당황해 있었다.

극장에서─발랑틴 블롱도라 하는 내 친구와 그녀의 언니는 초라한 숄을 두르고 도착했다.

발랑틴은 내 앞에 자리를 잡았다. 매순간 그녀는 마치 내가 그녀에게 바라는 것을 궁금해 하는 것처럼 마음을 졸이며 고개를 돌렸다. 그리고 나는 그녀 곁에서 거의 행복하다고 느꼈다. 나는 매번 그녀에게 미소로 응답했다.

우리 주위에는 어깨와 가슴을 너무도 많이 드러낸 여자들이 있었다. 그래서 우리는 농담을 했다. 처음에 그녀는 웃더니 이렇게 말했다. "나는 웃으면 안 되겠어요. 나 역시 너무 어깨와 가슴을 많이 드러냈거든요." 그리고 그녀는 숄을 둘렀다. 실제로 검은색 레이스 숄 안에서 서둘러 옷을 갈아입은 그녀가 꾸밈없이 깃을 세운 블라우스의 윗

부분을 밀어 넣는 것이 보였다.

그녀에게는 무언지 모를 가련함과 미숙함이 있었다. 그녀의 시선에는
무언지 모르게 나를 사로잡는 고통스럽고 위험한 분위기가 있었다.
세상에서 나에게 그 영지의 사람들에 대한 정보를 알려줄 수 있었던
유일한 존재인 그녀 곁에서, 나는 끊임없이 예전의 내 이상한 모험에
대해 생각하고 있었다…… 나는 그녀에게 다시 큰길에 있는 그 작은
저택에 관해 묻고 싶었다. 그런데 이번에는 그녀가 내게 너무나 난처
한 질문을 해서 나는 뭐라고 대답해야 할지를 몰랐다. 나는 그 후로
우리 둘 다 그 문제에 관해서는 말을 하지 않을 것이라고 느꼈다. 그
렇지만 나는 내가 그녀를 다시 만날 것이라는 것 또한 알고 있다. 그
게 무슨 소용이지? 그리고 왜?…… 나는 이제 내 실패한 모험의 가장
불분명하고 막연한 흔적을 가지고 있는 어떤 존재의 자취를 좇아갈
수밖에 없는 것일까?……

자정, 인적이 없는 그 거리에서 나는 홀로 그 새롭고 이상한 이야기가
나에게 요구하는 것이 무엇인지를 자문했다. 나는 그 속에 모든 사람
이 잠들어 있을, 줄지어 서 있는 종이 상자 같은 집들을 따라 걸었다.
그리고 나는 갑자기 내가 지난달에 했던 결심이 생각났다. 나는 한밤
중인 새벽 1시경에 거기로 가서, 저택을 돌아 도둑처럼 정원 문을 열
고 들어가 그녀를 다시 만나기 위해, 단지 그것만을 위해 내게 잃어버
린 영지를 되찾게 해줄 어떤 한 단서라도 찾기로 결심했었다…… 그
러나 나는 피곤했다. 나는 배가 고팠다. 나 또한 극장 앞에서 서둘러

옷을 갈아입었고, 그래서 나는 저녁식사를 하지 못했다…… 그렇지만 들뜨고 불안한 나는 잠자리에 들기 전, 막연한 회한에 휩싸여 오랫동안 침대 가장자리에 앉아 있었다. 왜였을까?

나는 이 사실을 더 적는다. 그녀들은 내가 바래다주기를 바라지도 않았고, 내게 그들이 사는 곳을 말하고 싶어하지도 않았다. 그러나 나는 할 수 있는 만큼 오랫동안 그녀들을 따라갔다. 나는 그녀들이 노트르담 사원 근처로 향하는 작은 길에 살고 있다는 것을 알았다. 그런데 몇 번지였더라? 나는 그녀들이 재단사나 여성용 모자 제조인일 거라고 추측했다.

발랑틴은 언니 몰래 내게 목요일 4시에 우리가 갔었던 그 극장 앞에서 만나자는 약속을 했다

"만약 내가 목요일에 거기 못 나가면, 금요일 같은 시간에 다시 오세요, 그래도 못 나가면 토요일, 그 이후로도 마찬가지로 매일 오세요"

2월 18일 목요일—비를 몰고 오는 거센 바람이 부는 가운데 나는 그녀를 만나러 출발했다. 사람들이 끊임없이 서로 말하고 있었다. 마침내 비가 내릴 거라고.

나는 마음에 무거운 짐을 진 채 땅거미가 지는 거리를 걸었다. 물방울 하나가 떨어졌다. 나는 비가 오는 것이, 그래서 소나기가 그녀를 못 나오도록 할 수도 있다는 사실이 걱정스러웠다. 그렇지만 바람이 다시 불기 시작하더니 이번에는 비가 내리지 않았다. 저 높이 때로는 흐렸다가 또 때로는 환해지곤 하는 오후의 흐린 하늘에 거대한 구름

이 바람에 물러나고 있었다. 그리고 나는 비참하게 기다리는 가운데 이곳에 들어박혀 있다……

극장 앞—15분 후, 나는 그녀가 오지 않을 거라는 걸 확신했다. 내가 서 있던 강가에서 나는 멀리 그녀가 올지도 모르는 다리 위로 연달아 지나가는 사람들을 지켜보고 있었다. 나는 상복을 입고 오고 있는 모든 처녀들을 주의 깊게 관찰했다. 나는 아주 오랫동안, 가장 내가까이에서 그녀와 닮아 나에게 희망을 갖게 해준 그녀들에게 거의 고마울 지경이었다……

한 시간의 기다림—나는 지쳤다. 밤이 되자 한 경관이 깡패 한 녀석을 옆 파출소로 끌고 가고 있었는데, 그 녀석은 짓눌린 소리로 경관에게 자신이 알고 있는 온갖 욕설과 추잡한 말을 퍼부었다. 그 경관은 화가 난 상태로 창백한 얼굴에 입을 꾹 다물고 있었다…… 로비에들어서자마자 그는 깡패를 때리기 시작했고, 뒤이어 그는 그 불쌍한 녀석을 완전히 마음 놓고 때리기 위해서 문을 닫아버렸다…… 내가 천국에서 떠나 지옥문에서 오도 가도 못하고 있는 것 같은 무시무시한 생각이 스쳐지나갔다.

할 수 없이 나는 그곳을 떠나 내가 그녀들의 집이 있는 곳일 거라고 거의 알고 있는 센 강과 노트르담 사원 사이의 좁고 낮은 그 길에 도착했다. 나 혼자만이 왔다 갔다 했다. 때때로 하녀나 주부가 어두워지기 전에 장을 보러 보슬비 속을 지나갔다…… 그곳에서 내게는 아무것도 할 일이 없었다. 그래서 나는 그곳을 떠났다…… 나는 어둠을 늦추는 투명한 빗속을 지나 우리가 서로 기다리기로 했던 그 곳으로 다시 갔다. 조금 전보다 사람들이 더 많았다.—검은 옷을 입은 많은 사람들……

예상—실망—피곤. 나는 '내일'이라는 생각에 매달렸다. 나는 같은 시간 같은 장소에서 내일 그녀를 다시 기다릴 것이다. 그래서 나는 어서 속히 내일이 오기를 바라고 있다. 나는 무기력하게 보내게 될 오늘 밤과 다음 날 아침을 지겹게 상상하고 있다…… 그렇지만 오늘도 벌써 거의 끝나고 있지 않은가?…… 집에 돌아와 난롯가에 앉아 있던 나는 석간신문이 나왔다고 외치는 소리를 들었다. 틀림없이 노트르담 사원 근처 구역의 어느 곳에 숨겨진 집에서, 그녀도 그 소리를 듣고 있을 것이었다.

내가 말하고 싶은 그녀란…… 발랑틴이다.

내가 감추고 싶었던 그날 저녁이 이상하게 나를 짓누르고 있다. 시간이 가고, 곧 그 하루가 끝날 것이었고, 이미 나는 그것이 끝나기를 바라고 있는 동안, 서로에게 모든 희망과 사랑과 최상의 능력을 털어놓는 사람들도 있을 것이다. 죽어가는 사람들도 있을 것이고, 지불 만기일을 기다리는, 그래서 내일이 영원히 오지 않기를 바라는 사람들도 있을 것이다. 내일이 마치 후회처럼 나타나게 될 사람들도 있을 것이다. 지쳐 버린 사람도 있을 것이고 이 밤은 그들에게 필요한 만큼의 휴식을 가져다주기에는 결코 충분히 길지 않을 것이다. 그리고 나, 하루를 잃어버린 나는 무슨 권리로 감히 내일을 불러낼 수 있을까?

금요일 저녁—나는 뒤이어서 '나는 그녀를 다시 만나지 못했다'라고 쓸 생각이었다. 그러면 모든 것이 끝났을 것이었다.

그런데 그날 오후 4시에 그 극장 모퉁이에 도착했더니 바로 거기에 그녀가 와 있었다. 그녀는 예민하고 심각한 얼굴에 검은색 옷을 입고 있었지만, 얼굴에는 분을 바르고, 목 주위에는 죄를 지은 피에로 같은 인상을 주는 주름장식을 하고 있었다. 슬프고 장난기 있는 모습이었다.

그녀는 당장 나를 떠나겠다고, 다시는 오지 않을 거라고 내게 말하기 위해 그곳에 온 것이었다.

그렇지만 어두워질 무렵까지 우리는 천천히 튈르리의 자갈길을 나란히 걸으며 여전히 둘이서 그곳에 있었다. 그녀는 내게 자기 이야기를 했지만 너무 모호하게 말을 해서 나는 잘 알아듣지 못했다. 그녀는 자신이 결혼하지 않았던 약혼자에 대해 이야기하면서 '나의 연인'이라는 말을 했다. 내 생각에 그녀는 일부러 내 감정을 상하게 해서 내가 다시는 그녀에게 매달리지 않게 하려고 그렇게 한 듯했다.

내가 마지못해 옮겨 적는 그녀가 한 말이 이것이다.

"나를 절대 믿지 마세요. 나는 정신 나간 짓만 했어요. 나는 혼자서 달아났어요. 나는 내 약혼자를 실망시켰어요. 나는 그가 나를 너무 좋아했기 때문에 그를 버렸어요. 그는 나를 환상 속의 여자로만 보고, 있는 그대로의 나는 전혀 보지 못했어요. 그런데, 나는 단점 투성이에요. 우리는 매우 불행했을 거예요."

매 순간 나는 그녀가 실제 자신보다 자기를 더 나쁘게 가장하고 있다는 것을 알아차렸다. 나는 그녀가 스스로에게 예전에 그녀가 말한 어리석은 짓을 한 것이 옳았다고, 결코 후회하지 않는다고, 또 자기에게 주어졌던 행복에 그녀가 어울리지 않았다는 것을 증명하고 싶어 한다고 생각했다.

한번은 그녀가 오랫동안 나를 쳐다보면서 내게 말했다.

"내가 당신에게서 마음에 드는 건, 그건 바로, 왜인지는 모르겠지만, 바로 내 추억들이……"

또 한 번은 그녀가 말했다.

"나는 여전히 그를 사랑해요. 당신이 생각하는 것보다 훨씬 더요."

그러더니 갑자기, 느닷없이, 난폭하게, 슬프게 말했다.

"결국 뭘 원하는 거죠? 당신도 나를 사랑하나요? 당신도 내게 결혼 승낙을 요청할 건가요?……"

나는 말을 더듬었다. 나도 내가 뭐라고 대답했는지 모르겠다. 아마도 '맞아요'라고 말했던 것 같다.

이런 식의 일기는 바로 거기서 중단되었다. 그러고는 뒤죽박죽 적힌 알아보기 힘들고 완성되지 않고 지워져 버린 글자들이 시작되었다. 불안정한 약혼 시절!…… 그 처녀는 몬느의 간청으로 일을 그만두었다. 그는 결혼 준비에 전념했다. 그러나 또다시 자신의 잃어버린 사랑의 흔적을 찾아 떠나고자 하는 욕망에 끊임없이 사로잡힌 그는 아마도 틀림없이 여러 번 사라졌을 것이다. 그래서 그 글들 속에서 그는 비통한 유감을 지닌 채 발랑틴 앞에서 자신의 무죄를 증명하려 애썼다.

제15장
비밀2

그리고 그 일기는 계속되었다.

　그는 둘이서 어딘지 모를 어느 시골에서 머물렀던 추억에 대해 적어 놓았다. 그런데 이상한 것은 그 순간부터, 아마도 비밀스런 수치심 때문이었는지 그 일기는 군데군데 끊어지고 완성되지 않은 채로 쓰여 있었고, 너무도 급히 휘갈겨 쓰여 있어서 나는 직접 훑어보고 나서 그의 이야기 가운데 이 부분을 고치고 복구해야만 했다.

6월 14일.—그가 아침 일찍 여관방에서 잠이 깼을 때, 태양은 검은색 커튼의 붉은 도안들을 밝히고 있었다. 아래층 방에서는 농부들이 아침 커피를 마시며 큰 소리로 이야기를 하고 있었다. 그들은 자기들의 상관 중 한 사람에 대해 거칠고도 조용한 말로 격분하고 있었다. 아마도 오랫동안 몬느는 잠결에 그 조용한 소리를 듣고 있었을 것이다. 사실 그는 처음에는 거기에 신경조차 쓰지 않았다. 햇빛으로 붉어진 꽃송이 무늬가 있는 커튼, 조용한 침실로 들려오는 아침의 목소리, 그 모든 것이 달콤한 방학 시작 무렵 시골에서 깨어났을 때의 독특한 그 느낌과 혼동되었다.

　그는 일어나서 조용히 옆방 문을 두드렸고, 대답이 없자 소리를 내지 않고 그 문을 조금 열었다. 그리고 그는 발랑틴을 알아보았을 때 그토록 평온한 행복이 거기로부터 나왔음을 깨달았다. 그녀는 마치 새가 자는 것처럼 숨소리조차 들리지 않게 아주 조용히, 움직임도 없이 잠들어 있었다. 오랫동안 그는 두 눈을 감고 있는 어린아이 같은 그 얼굴을, 너무나 평온해 보여서 누구도 깨우고 싶지 않고 방해하고 싶지 않을 정도인 그 얼굴을 바라보았다.

그녀는 두 눈을 뜨고 쳐다보는 것 말고는 자신이 더 이상 잠을 자고 있지 않다는 것을 보여주는 어떤 다른 움직임도 취하지 않았다.

그녀가 옷을 입자마자 몬느는 그녀 곁으로 갔다.

"우리 늦었어요." 그녀가 말했다.

그러더니 그 즉시 그녀는 주부처럼 행동했다.

그녀는 방 안을 정돈하고 몬느가 전날 입었던 옷에 솔질을 했다. 그리고 바지에 솔질을 하려고 할 때, 그녀는 속상해 했다. 바짓단이 두꺼운 진흙으로 뒤덮여 있었다. 그녀는 망설이다가 이윽고 솔질을 하기 전, 조심스럽게 정성을 들여 칼로 진흙의 처음 한 겹을 쓸어내기 시작했다.

"생트-아가트의 어린 아이들도 진흙 속에서 뒹굴었을 때 이렇게 하죠." 몬느가 말했다.

"전, 어머니께서 이걸 알려주셨어요." 발랑틴이 말했다.

그리고 이러한 것은 물론 신비로운 모험을 하기 전까지 사냥꾼이자 농부였던 대장 몬느도 틀림없이 바랐을 그러한 아내의 모습이기도 했다.

6월 15일.—그들을 부부로 소개해 준 친구들 덕분에 그들은 농가의 저
녁식사에 초대되었고 대단히 곤혹스럽게도 그들은 신혼부부처럼 수
줍어하는 태도를 보이고 있어야 했다.

시골의 조용한 결혼식에서처럼 하얀 식탁보를 덮은 식탁의 양쪽
끝에 있는 두 개의 촛대에는 촛불이 켜졌다. 이 희미한 불빛 아래에서
는 몸을 구부리는 즉시 얼굴이 어둠 속에 묻혀 버렸다.

그 농가의 아들인 파트리스의 오른편에 발랑틴, 그리고 몬느가 앉
아 있었는데 몬느는 사람들이 거의 그에게 계속 말을 걸었음에도 불
구하고 끝까지 과묵한 채로 있었다. 이 외딴 시골에서 그들에게 말 나
오는 것을 피하기 위해 발랑틴에게 자신의 아내 행세를 하도록 결심
한 뒤부터 그는 어떤 후회와 회한이 일어 비탄에 잠기게 됐다. 그리고
파트리스가 시골 신사가 하는 방식으로 저녁식사를 좌지우지하고 있
을 때, 몬느는 생각했다.

'오늘 저녁, 여기처럼 천장이 낮은 방에서, 내가 잘 알고 있는 어느
훌륭한 방에서 내 결혼 피로연을 주재해야 할 사람은 바로 나라고.'

그의 옆에 앉은 발랑틴은 사람들이 자기에게 권했던 모든 음식을
수줍어하며 거절했다. 마치 어느 시골 처녀 같았다. 매번 새로운 시도
가 있을 때마다 그녀는 그 친구를 쳐다보았고 피하고 싶어하는듯했
다. 오랫동안 파트리스는 그녀에게 잔을 비우라고 권했지만 소용없었
다. 결국 그때 몬느가 그녀에게 몸을 기울이고 조용히 말했다.

"발랑틴, 마셔야 해요."

그러자 그녀는 고분고분하게 마셨다. 그리고 파트리스는 웃으면서 몬느에게 순종하기까지 하는 아내를 가진 것을 축하했다.

그러나 발랑틴과 몬느는 둘 다 말없이 생각에 잠겨 있었다. 무엇보다 그들은 피곤했다. 산책길에 진흙에 흠뻑 젖은 그들의 발이 부엌의 말끔한 타일 위에서 얼어 있었다. 그리고 때때로 몬느는 이렇게 이야기를 해야만 했다.

"내 아내, 발랑틴, 내 아내가……"

그리고 매번, 어두운 그 방, 그 낯선 농부들 앞에서 이런 말을 슬쩍 하던 몬느는 어떤 죄를 저지르는 듯한 느낌을 받았다.

6월 17일.─그 마지막 날의 오후는 시작이 좋지 않았다.

파트리스 부부가 그들과 함께 산책에 나섰다. 히드로 뒤덮인 울퉁불퉁한 비탈길에서 두 쌍의 부부는 서로 점점 떨어졌다.

몬느와 발랑틴은 작은 잡목림 속, 노간주나무들 사이에 앉았다.

바람이 빗방울을 몰고 왔고, 구름이 낮게 드리운 침침한 날씨가 되었다. 그날 저녁은 쓸쓸했고, 사랑조차도 달래줄 수 없을 것 같은 그런 우울한 느낌이었다.

오랫동안 그들은 거의 말도 하지 않은 채 나뭇가지 아래에 몸을 숨기고 있었다. 이윽고 날씨가 개었다. 햇빛이 났다. 그들은 이제 모든 것이 잘될 거라고 믿었다.

그리고 그들은 사랑에 대해 말하기 시작했다. 발랑틴은 말하고 또 말했다……

"내 약혼자는 어린아이처럼 내게 이렇게 약속했어요. 즉시 우리가 시골에 있는 외딴 초가집 같은 집 한 채를 갖게 될 거라고요. 집은 완전히 준비되어 있다고 그가 말했죠. 우리는 결혼식 날 저녁, 밤이 가까워 오는 이 시간 무렵에 대단한 여행에서 돌아온 것처럼 그곳으로 가게 될 거라고요. 그리고 길에서, 안마당에서, 숲에서 숨어 있던 낯선 아이들이 '신부 만세!'라고 외치며 우리를 뜨겁게 반길 거라고 했어요…… 얼마나 터무니없는 이야기예요! 그렇지 않나요?"

몬느는 당황하고 걱정하며 그녀의 이야기를 듣고 있었다. 그는 그 모든 이야기에서 이미 들었던 어떤 말의 메아리와 같은 것을 찾아냈다. 그리고 또한 그녀가 이 이야기를 하고 있을 때 그녀의 어조에는 어렴풋한 후회도 담겨 있었다.

그러나 그녀는 그에게 상처를 주었을까 봐 두려웠다. 그녀는 열정적으로, 감미롭게 그를 향해 고개를 돌려 말했다.

"당신에게, 저는 제가 가지고 있는 모든 것을 주고 싶어요. 바로 내게는 무엇보다도 소중했던 어떤 것을 말이에요……; 그리고 당신이 그것을 불태워줄 수 있지요!"

그리고 불안한 표정으로 그를 뚫어지게 쳐다보면서 그녀는 주머니에서 작은 편지 꾸러미, 즉 약혼자의 편지들을 그에게 내밀었다.

아! 그 즉시 그는 그 공들인 필체를 알아보았다. 어떻게 그가 좀 더 일찍 그 생각을 하지 못했는지! 그것은 그가 옛날에 영지의 방에 놓여 있던 그 절망적인 편지에서 보았던 그 보헤미안 프란츠의 필체였던 것이다……

그들은 이제 오후 5시의 햇빛으로 비스듬히 밝혀진 데이지와 건초들 사이로 난 좁고 작은 길을 따라 걷고 있다. 너무나 깜짝 놀란 몬느는 아직까지도 그 모든 것이 그에게 어떤 파국을 의미하는지 깨닫지 못하고 있었다. 그는 그녀가 읽어 달라고 해서 읽어 주었다. 유치하고 감상적이고 비장한 문장들…… 마지막 편지에는 이렇게 적혀 있었다.

…… 아! 그렇게 당신이 작은 하트를 잃어버렸어요, 용서받을 수 없는 발랑틴. 우리에게 무슨 일이 일어날까요? 아니, 나는 미신을 믿지는 않아요……

몬느는 후회와 분노로 인해 반쯤 이성을 잃고 굳어 버렸지만 완전히 창백한 얼굴로 눈 아래쪽을 떨면서 편지를 읽었다. 그런 그를 보고 불안해진 발랑틴은 그의 상태와 그를 그토록 화나게 하는 것을 쳐다보았다.

"그건 바로 그가 나에게 늘 간직하도록 맹세하게 하며 주었던 보석이었어요. 그게 바로 그의 정신 나간 생각이라고요." 그녀가 재빨리 설명했다.

그러나 그녀는 몬느를 더 화나게 했을 뿐이었다.

"정신 나갔다고! 왜 그 말을 되풀이하죠? 왜 절대 그를 믿으려고 하지 않는 거예요? 나는 그를 알아요. 그는 바로 이 세상에서 가장 훌륭한 남자라고요!" 그는 편지를 주머니에 집어넣으며 말했다.

"당신이 그를 알고 있다고요? 프란츠 드 갈레를 알아요?" 그녀가 완전히 흥분하여 말했다.

"그는 바로 나의 가장 훌륭한 친구였고 모험을 함께 한 형제였어요. 그런데 내가 그에게서 약혼녀를 빼앗다니!

아! 당신이 우리에게 얼마나 나쁜 짓을 했는지! 당신은 아무것도 믿지 않았어요. 모두 당신 탓이에요. 당신 때문에 모든 것을 잃었어요! 모두 잃었다고요!" 그는 격분하며 계속 말했다.

그녀는 그에게 말을 하려고, 그의 손을 붙들려고 했지만 그는 그 손을 거칠게 밀어냈다.

"저리 가요. 나를 내버려 둬요."

"네 그래요, 그렇다면 정말 떠나겠어요. 저는 언니와 함께 부르주에 있는 저희 집으로 돌아가겠어요. 그리고 만약 당신이 나를 찾으러 오지 않는다면, 당신도 알고 있죠, 그렇죠? 우리 아버지는 너무 가난해서 나를 돌볼 수 없다는 사실을요. 네 그래요! 저는 다시 파리로 가야 할 거고, 이미 한 번 그래본 것처럼 거리를 헤매게 될 거예요. 이제 더 이상 직장도 없는 저는 분명 매춘부가 되겠죠……" 그녀가 붉어진 얼굴을 하고 말을 더듬거리고 반쯤 울먹이며 말했다.

그리고 그녀는 기차를 타기 위해 짐을 찾으러 가버렸다. 그동안 몬느는 그녀가 떠나는 것조차 보지 않은 채 계속해서 정처 없이 걸었다.

일기는 또다시 중단되었다.

불확실하고 방황하는 한 사나이의 뒤죽박죽인 글들이 또 계속되었다. 라 페르테-당지옹으로 돌아온 몬느는 발랑틴에게 겉으로는 절대 그녀를 다시 보지 않겠다는 결심을 분명하게 내보이기 위해, 그리고 그에 대한 구체적인 이유를 알려 주기 위해서 편지를 썼지만, 실상은 어쩌면 그녀가 자신에게 답장을 쓰도록 하기 위해서였는지도 모른다. 그 편지들 중 하나에서 그는 극도의 혼란 속에서도 처음에는 물어

볼 생각조차 하지 않았던, 그토록 찾던 영지가 있는 곳을 아는지를 묻고 있었다. 다른 편지에서 그는 그녀에게 프란츠 드 갈레와 다시 화해할 것을 간청하고 있었다. 몬느 스스로가 그를 다시 찾는 일을 맡겠다고 하며…… 내가 본 뒤죽박죽인 모든 글들이 다 부쳐지지는 않았음에 틀림없었다. 그러나 분명 그는 한 번도 답장을 받지는 못했지만 두세 번 편지를 보냈던 것 같다. 그에게 있어 바로 그때가 절대적인 고독 속에서 비참하고 무서운 투쟁을 벌인 시기였던 것이다. 이본 드 갈레를 다시 만날 희망이 완전히 사라진 상태에서 그는 점점 자신의 거대한 결심이 무너지는 것을 느꼈음에 틀림없었다. 뒤이어 있는 그의 일기의 마지막 부분인 페이지를 보고 나는 그가 틀림없이 방학 초의 어느 화창한 아침에 부르주로 가서 성당을 방문하기 위해 자전거를 빌리러 갔을 것이라고 생각했다.

그는 도중에 화해를 구하지 않은 채 자신이 쫓아 버린 그녀 앞에 의연하게 나타나기 위한 수많은 구실을 만들며 아침 일찍 숲 속으로 곧게 난 아름다운 길을 따라 출발했다.

내가 가까스로 복구해 놓은 마지막 네 페이지는 그 여행과 마지막 실수에 대해 이야기하고 있다……

제16장
비밀3

8월 25일. 부르주의 맞은편, 새로 생긴 변두리 지역 끝에서 그는 오랫동안 찾은 끝에 발랑틴 블롱도의 집을 찾아냈다. 한 부인이 마치 그를 기다렸다는 듯 현관에 나와 있었다. 그녀는 발랑틴의 어머니였는데 묵직하고 주름이 졌지만 여전히 아름다운 마음씨 좋은 주부의 얼굴이었다. 그녀는 호기심 어린 눈으로 그가 오는 것을 보고 있었다. 그리고 그가 그녀에게 "혹시 블롱도 자매가 이곳에 사나요?" 하고 묻자, 그녀는 그에게 상냥하고 친절하게 그녀들이 8월 15일에 파리로 돌아갔다고 설명해 주었다.

"아이들이 어디로 갔는지는 말하지 말라고 했어요. 그렇지만 이전 주소로 편지를 보내면 편지가 전해질 수 있을 거예요." 덧붙여 말했다.

자전거를 손으로 끌며 작은 정원을 지나 돌아오면서 그는 생각했다.

'그녀는 떠났어…… 모든 것이 내가 바랐던 대로 끝났어…… 바로 내가 그녀를 그렇게 하도록 강요한 거야. "나는 분명 매춘부가 될 거예요"라고 그녀가 말했었지. 그녀를 그곳으로 던져 넣은 것은 바로 나라고! 바로 내가 프란츠의 약혼녀를 파멸시켰어!'

그리고 아주 낮은 소리로 그는 미친 듯이 되뇌었다. '거 참 잘 됐어! 잘 됐어!' 물론 그것은 반대로 '모든 게 잘못 되었어'라는 의미였고, 그 부인이 보는 앞에서 철문에 도착하기도 전에 그는 두 발이 걸려 무릎을 꿇을 뻔했다.

그는 점심을 먹을 생각도 하지 않고 어떤 카페에 멈춰 서서는 거기에서 그는 발랑틴에게 자신을 짓누르는 절망에서 벗어나 단지 애원하기 위해 오랫동안 편지를 썼다. 그의 편지는 다음과 같은 말을 끝없이 되풀이하고 있었다. '당신이 그럴 수 있다니! 당신이 그럴 수 있다니! 당신이 그 일에 몸을 맡길 수 있다니! 그렇게 스스로를 파멸시킬 수 있다니!'

그의 곁에서는 장교들이 술을 마시고 있었다. 그중 한 사람이 큰 소리로 토막토막 들리는 여자 이야기를 떠들어댔다. '…… 내가 그녀에게 말했어…… 당신도 나를 잘 알 텐데…… 나는 매일 밤 당신 남편과 함께 노름을 하지!' 다른 사람들이 웃었고, 고개를 돌려 의자 뒤로 침을 뱉었다. 창백하고 먼지투성이의 몬느는 거지처럼 그들을 쳐다보았다. 그는 그들이 무릎 위로 발랑틴을 껴안고 있는 것을 상상했다.

오랫동안 자전거를 타고서 그는 알아듣기 힘든 말을 중얼거리며 성당 주위를 돌아다녔다. '결국 성당을 보러 온 거군.' 모든 길 끝에 있는 인적이 없는 광장 위로 거대하지만 무관심한 성당이 서 있는 것이 보였다. 그 길들은 시골 교회 주위에 있는 골목길처럼 좁고 더러웠다. 여기저기 홍등이 켜진 갈보집 간판이 있었다…… 몬느는 성당의 반 아치형의 걸침벽 아래에서 이전시대에서처럼 버려지고 타락하고 불

결한 그 구역에서 잊고 있었던 괴로움을 다시 느꼈다. 모든 악의 이미
지가 하나하나 조각된 그 도시의 성당에 대한 농부의 혐오감과 두려
움이 그에게 떠올랐다. 그 성당은 사창가 한가운데 세워졌고, 사랑으
로 인한 가장 순수한 고통은 치료하지 못했다.

거리의 여자 두 명이 서로 허리를 붙들고 뻔뻔스럽게 그를 쳐다보
며 막 지나갔다. 혐오감에서인지 아니면 장난에서인지, 자신의 사랑
에 복수를 하기 위해서인지 아니면 그 사랑을 망가뜨리기 위해서인
지 몬느는 자전거를 타고서 천천히 그녀들을 뒤따라갔다. 그리고 그
중 한 명인 숱이 적은 금발 위로 가발을 뒤로 잡아당긴 여자가 그에
게 대사교관 정원에서 6시에 만나자고 약속했다. 그 정원은 프란츠
가 그의 편지들 중 하나에서 그 가엾은 발랑틴과 만나기로 약속했
던 곳이었다.

그 시간이면 그는 이미 한참 전에 그 마을을 떠났을 것이라는 사
실을 알면서도 그는 못 간다고 말하지 않았다. 그리고 비탈길의 낮
은 창문에서 그녀는 오랫동안 그에게 모호한 몸짓을 하며 서 있었다.

그는 서둘러 다시 길을 떠났다.

떠나기 전에, 그는 발랑틴 집 앞을 마지막으로 한 번 지나가고 싶
은 구슬픈 욕망을 견뎌낼 수 없었다. 그는 똑바로 쳐다보고는 슬픔
을 충분히 비축할 수 있었다. 그곳은 그 변두리 지역의 끝집 중 하나
였고 골목길은 그곳에서 시작되어 큰길로 이어졌다…… 정면으로는
일종의 버려진 땅들이 작은 광장처럼 형성되어 있었다. 창가에도, 안
마당에도, 그 어떤 곳에도 아무도 없었다. 다만 얼굴에 분을 바른 한

지저분한 여자만이 누더기를 걸친 어린 아이 두 명을 데리고 벽을 따라 지나가고 있었다.

바로 이곳에서 발랑틴의 어린 시절이 흘러갔고, 바로 이곳에서 그녀는 신뢰하고 온순한 눈으로 세상을 보기 시작했던 것이다. 그녀는 저 창문 뒤에서 일을 하고 바느질을 했던 것이다. 그리고 프란츠는 이 변두리 지역의 길로 지나다가 그녀를 보고 그녀에게 미소를 지었다. 그러나 지금은 그곳에는 더 이상 아무것도, 아무것도 없었다…… 슬픈 저녁이 이어졌고 몬느는 단지 이 동일한 오후 동안 어디선가 파멸한 발랑틴이 이제 더 이상 돌아가지 않을 그 구슬픈 장소를 마음속에서 떠올리고 있을 거라는 것만 알고 있었다.

돌아가기 위해서 해야 할 긴 여행은 그의 불행으로부터의 마지막 방어였고, 그 불행 속에 완전히 빠지기 전에 해야 할 마지막 기분전환이 될 것이었다.

그는 출발했다. 큰길 근처의 계곡에는 농가의 아름다운 집들이 물가의 나무들 사이로 초록색 철골 구조물을 댄 뾰족한 합각머리를 내보이고 있었다. 아마도 바로 저기 잔디 위에서는 들뜬 처녀들이 사랑에 대해 이야기를 하고 있을 것이었다. 바로 저기에 있는 영혼들, 아름다운 그 영혼들이 상상되는 듯했다……

그러나 그 순간 몬느에게는 단 하나의 사랑만이, 너무도 잔인하게 빼앗겨 버린 충족되지 못한 그 사랑만이 존재할 뿐이었다. 그리고 그가 모든 것 중에서도 지켜내고 보호해야 했던 바로 그 처녀를 그가 파멸로 이끌었던 것이었다.

서둘러서 적은 몇 줄의 일기는 또다시 그가 너무 늦기 전에 기어
코 발랑틴을 찾으려는 계획을 세웠음을 나에게 알려주었다. 페이지
의 한 귀퉁이에 있는 날짜는 내가 라 페르테-당지옹에 가서 그의 모
든 계획을 뒤틀리게 했을 때, 몬느 어머니가 그 긴 여행을 위해 짐을
꾸리고 있었던 바로 그때일 거라는 확신이 들었다. 8월 말 어느 맑은
아침, 쓰이지 않던 읍사무소에서 몬느는 자신의 추억과 계획을 적고
있었고, 바로 그때 내가 문을 밀고 들어가 그에게 그가 더 이상 기대
하지 않고 있던 그 엄청난 소식을 전해 주었던 것이다. 그는 아무것도
하지 않고 아무 말도 하지 못하고 그저 그 옛날의 모험에 꼼짝없이
사로잡혀 있었다. 그때부터 전나무 숲에서 그 보헤미안의 외침이 그
로 하여금 극적으로 젊은이의 첫 맹세를 상기시켜 주었던 결혼식 날
까지, 때로는 억눌렸다가 또 때로는 넘쳐나기도 하는 고통과 후회와
회한이 시작되었던 것이다.

그 전날부터 그의 부인이 된 이본 드 갈레의 허락을 받고 영원히 떠나
기 전 새벽에 그는 이 숙제공책에 황급히 몇 자를 써 두었다.

"나는 떠난다. 나는 어제 전나무 숲으로 와서 자전거를 타고 동쪽
으로 떠난 그 두 보헤미안의 흔적을 다시 찾아야 한다. 나는 결혼한
프란츠와 발랑틴을 함께 데리고 와서 '프란츠의 집'에 정착할 수 있게
한 후에라야 이본의 곁으로 다시 돌아올 것이다."

"내가 비밀 일기처럼 쓰기 시작했고, 이제는 내 고백이 된 이 원고
는 만약 내가 다시 돌아오지 않는다면 내 친구 프랑수아 쇠렐의 소
유가 될 것이다."

그는 서둘러 이 공책을 다른 공책들 밑에 집어넣고, 옛날 학생 시절의 그 작은 가방을 열쇠로 잠근 다음 사라졌을 것이다.

에필로그

시간이 흘렀다. 나는 내 친구를 다시 만나게 될 거라는 희망을 잃어 가고 있었고, 시골 학교에서의 우울한 나날들과 인적 없는 집에서의 슬픈 나날들이 흘러갔다. 프란츠는 내가 그와 정했던 약속 장소에 오지 않았고, 게다가 무아넬 고모는 오래전부터 발랑틴이 어디에 사는지를 더 이상 알고 있지 못했다.

사블로니에르 영지의 유일한 기쁨은 바로 목숨을 구제받은 그 어린 여자아이였다. 9월 말, 그 아이는 튼튼하고 예쁜 여자아이가 되어 있었다. 그 아이는 곧 한 살이 될 것이었다. 의자 다리에 매달려서 넘어지지 않고 걸으려 애쓰면서 그것을 혼자서 밀고 다니기도 했고, 시끄러운 소리를 내서 빈방 안에 오랫동안 희미한 메아리를 만들어내기도 했다. 내가 그 아이를 팔로 안을 때, 아이는 절대 내가 입 맞추는 것을 허락하지 않았다. 그 아이는 거칠면서도 호감이 가는 모습으로 빠르게 움직이며, 큰 소리로 웃으면서 작은 손을 벌려 내 얼굴을 떼밀기도 했다. 자신의 모든 명랑함과 어린아이 특유의 격렬함을 가지고서 그 아이는 태어날 때부터 그 집을 짓누르고 있었던 슬픔을 쫓아내고 있는 것 같았다. 나는 때때로 이런 생각을 하곤 했다. '거친 성격을 가졌지만 어쩌면 그 아이는 조금은 내 아이인 것 같기도 해.' 그러나 신은 한 번 더 다른 결정을 내렸다.

9월 말의 어느 일요일 아침, 나는 어린 아이를 돌봐 주는 시골부인보다도 앞서, 아주 이른 시간에 일어났다. 나는 생-브누아에서 온 두 사람과 자스맹 들루슈와 함께 셰르 강으로 낚시를 하러 갈 예정이었다. 종종 이렇게 근처의 시골 사람들은 나와 함께 밤에 하는 손낚시나 불법 투망 낚시 등의 대부분의 밀렵을 같이 하곤 했다…… 여름 내내 우리는 쉬는 날마다 새벽이 되자마자 떠났다가 정오만 되면 돌아오곤 했다. 그것은 거의 이 모든 사람들의 생계수단이었다. 그렇지만 나에게 그것은 유일한 오락이었고, 예전에 했던 충동적인 모험들을 생각나게 하는 유일한 모험들이었다. 그래서 결국 나는 연못의 갈대숲에서나 긴 강을 따라 하는 오랜 시간이 걸리는 낚시와 긴 산책을 좋아하게 되었다.

바로 그날, 나는 아침 5시 30분에 집 앞 농장의 채소 정원과 사블로니에르 영지의 영국식 정원을 갈라놓은 담벼락에 등을 기댄 채 작은 헛간 밑에 서 있었다. 나는 지난 목요일에 무더기로 쌓아 놓았던 내 그물을 푸는 데 열중해 있었다.

해가 완전히 뜨지는 않았다. 그것은 9월의 화창한 아침의 새벽빛이었다. 내가 서둘러 도구를 풀고 있던 그 헛간은 반쯤 어둠에 잠겨 있었다.

나는 그곳에서 말없이 분주하게 일했다. 그때 갑자기 나는 철문이 열리는 소리와 자갈길 위로 소리를 내는 어떤 발자국 소리를 들었다.

'오! 오! 내가 생각했던 것보다 훨씬 일찍 사람들이 오네. 그런데 나는 아직 준비가 안 됐는데!……' 나는 이렇게 생각했다.

그러나 안마당으로 들어선 사람은 내가 모르는 사람이었다. 나는 그저 그가 사냥꾼이나 밀렵꾼처럼 옷을 입고 수염이 난 키 크고 건장한 남자라는 정도만 알 수 있었다. 다른 사람들이 약속 시간에 늘 내가 있는 곳을 알고 그곳으로 나를 찾으러 오는 것과는 달리 그는 곧바로 입구의 문으로 갔다.

'뭐 어때! 저 사람은 그들이 내게 말하지 않고 초대한 친구들 중 한 사람일 거야. 정찰하라고 보냈을 테고.' 하고 나는 생각했다.

그 사내는 천천히 소리 없이 문고리를 만졌다. 그렇지만 나는 밖으로 나오면서 그것을 다시 닫아 놓았었다. 그는 부엌문에도 똑같은 행동을 했다. 그러고는 잠깐 망설이다가 그는 새벽빛에 비친 불안한 얼굴을 하고 내 쪽으로 몸을 돌렸다. 그리고 바로 그제야 나는 대장 몬느를 알아보았다.

나는 갑자기 그의 귀환으로 인해 되살아난 온갖 고통에 사로잡힌 채 놀라고 절망스러운 상태로 한참동안 거기에 서 있었다. 그는 집 뒤로 사라져 집을 한 바퀴 돌고 나서는 어찌할 바를 몰라 하며 다시 돌아왔다.

그때 나는 그에게 다가갔고, 말없이 오열하며 그를 껴안았다. 그 즉시 그는 알아차렸다.

"아! 그녀가 죽었어, 그렇지?" 그가 짧은 소리로 말했다.

그리고 그는 견디기 힘들어 하며 움직이지 않고 아무 말도 들으려 하지 않은 채 거기에 서 있었다. 나는 그의 팔을 붙들고 천천히 그를 집안으로 데리고 들어갔다. 이제 날이 밝았다. 곧바로, 가장 견디기 힘든 일을 하기 위해서 나는 그를 죽은 그녀의 방으로 통하는 계단으로 올라가게 했다. 들어가자마자, 그는 침대 앞에 두 무릎을 꿇고는 오랫동안 머리를 두 팔 사이에 파묻고 있었다.

마침내 그가 자신이 있는 곳이 어딘지도 모르는 정신 나간 눈빛을 하고서 비틀거리며 일어섰다. 그리고 나는 다시 그의 팔을 이끌고서 어린 딸아이의 방과 그 방을 이어주는 문을 열었다. 그 아이는 유모가 아래층에 있는 동안 혼자 깨어서 씩씩하게 요람 속에 앉아 있었다. 놀란 아이가 우리를 향해 놀란 모습으로 고개를 돌렸다.

"바로 자네 딸이야." 내가 말했다.

그는 소스라치게 놀라며 나를 쳐다보았다.

그리고 그는 아이를 안아 두 팔로 들어올렸다. 그는 눈물이 흘러 처음에는 아이를 잘 볼 수 없었다. 그래서 이 어마어마한 감동과 흘러내리는 눈물을 조금이나마 멈춰보기 위해, 그는 아이를 품에 꼭 안았다가 자신의 오른팔에 앉힌 다음 고개를 숙이고 내게로 몸을 돌려 말했다.

"내가 그 두 사람을 데려왔어…… 그들의 집으로 가면 보게 될 거야."

그리고 실제로 그날 아침 일찍, 나는 완전히 생각에 잠겨 행복한 마음으로 이본 드 갈레가 옛날에 비어 있던 것을 보여주었던 프란츠의 집으로 갔다. 나는 멀리서 하얀 칼라를 하고 문지방을 비로 쓸고 있는 한 젊은 주부 차림의 여자를 알아보았다. 그녀는 미사에 가기 위해 나들이옷을 입은 여러 명의 어린 목동들에게 호기심과 열광의 대상이 되어 있었다……

그런데 그 어린 딸아이는 그렇게 꼭 안기는 것이 싫증나기 시작했는지 오귀스탱 몬느가 눈물을 숨기고 멈추기 위해 고개를 옆으로 숙이며 아이를 계속 쳐다보지 않자, 그 아이는 그 작은 손으로 수염이 나 있고 축축하게 젖어 있는 그의 입을 마구 쳐댔다.

이번에는 그 아버지가 자신의 딸을 아주 높이 들어 허공에 던져 뛰어 오르게 해주었고 웃는 듯한 얼굴로 아이를 바라보았다. 만족한 아이는 손뼉을 치고 있었다……

나는 그들을 더 잘 보기 위해 뒤로 약간 물러섰다. 감탄하여 그리고 약간 실망스러웠지만, 나는 그 어린 아이가 마침내 막연히 기다려 왔던 동반자를 바로 거기서 찾았다고 생각했다. 나는 대장 몬느가 나에게 남겨 주었던 유일한 기쁨을 이제는 내게서 가져가려고 돌아온 것이라고 느꼈다. 그리고 벌써 나는 그날 밤, 외투 속에 자신의 딸을 싸안고 함께 새로운 모험을 하러 떠나는 그의 모습을 상상하고 있었다.

대장 몬느

초판 1쇄 인쇄 2011년 6월 10일
초판 1쇄 발행 2011년 6월 15일

지은이 알랭 푸르니에
옮긴이 김현화
편집인 신현부
발행인 모지희
발행처 부북스

주소 100-835 서울시 중구 신당2동 432-1628
전화 02-2235-6041
팩스 02-2253-6042
이메일 boobooks@naver.com

ISBN 978-89-93785-22-7 04080
ISBN 978-89-93785-07-4 (세트)